監修《かんしゅう》・制作《せいさく》　NHK「ヴィランの言《い》い分《ぶん》」制作班《せいさくはん》

ヴィランの言《い》い分《ぶん》

嫌《きら》われ王《おう》対決《たいけつ》

BATTLE FOR VILLAIN KING

KADOKAWA

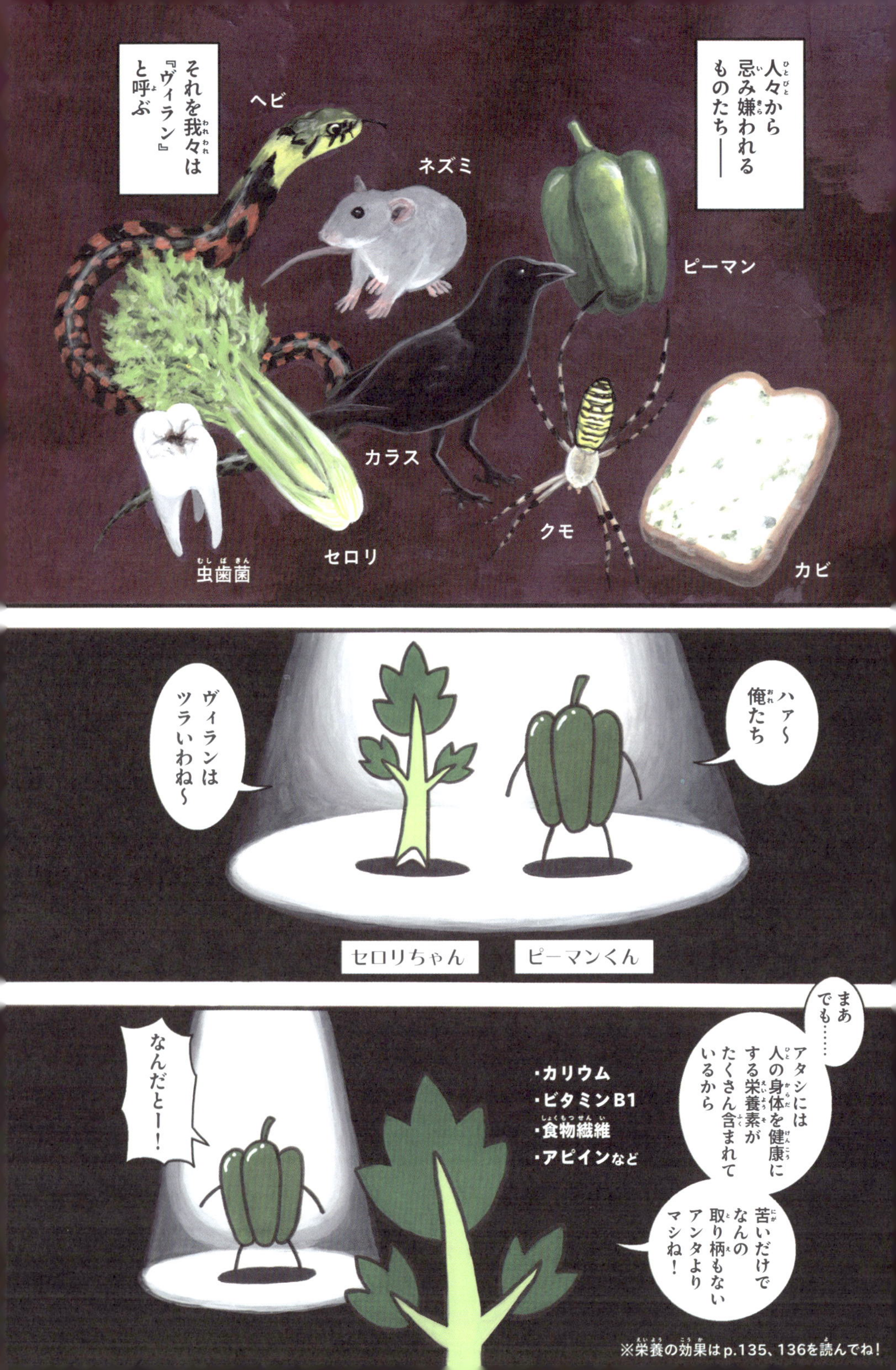

※栄養《えいよう》の効果《こうか》はp.135、136を読《よ》んでね!

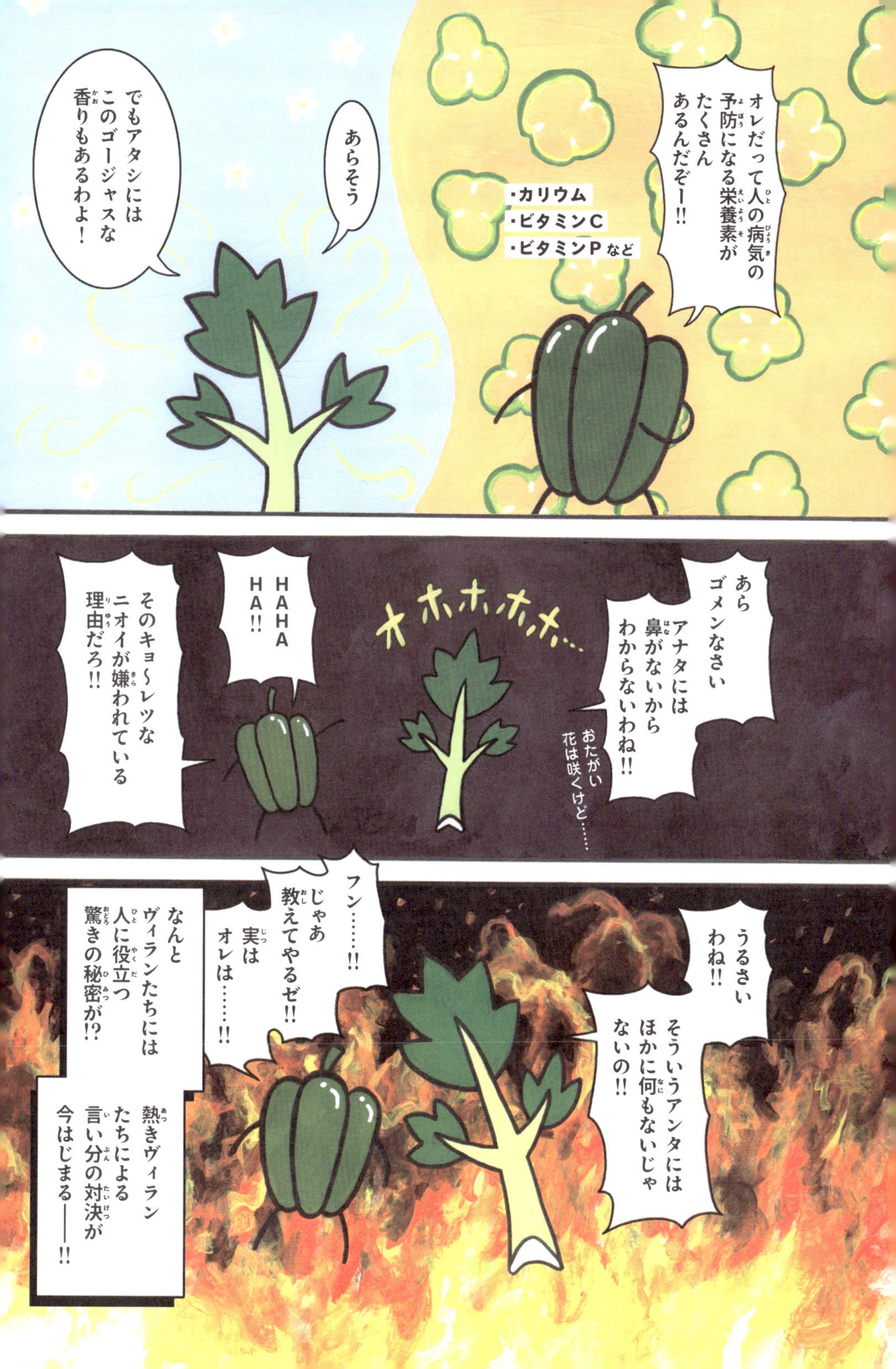

オレだって人《ひと》の病気《びょうき》の予防《よぼう》になる栄養素《えいようそ》がたくさんあるんだぞー!!
・カリウム
・ビタミンC
・ビタミンP など
あらそう
でもアタシにはこのゴージャスな香《かお》りもあるわよ!
あらゴメンなさい アナタには鼻《はな》がないからわからないわね!!
おたがい花は咲くけど……
オホホホホ…
HAHAHA!!
そのキョ~レツなニオイが嫌《きら》われている理由《りゆう》だろ!!
うるさいわね!! そういうアンタにはほかに何《なに》もないじゃないの!!
フン……!!
じゃあ教《おし》えてやるゼ!! 実《じつ》はオレは……!!
なんとヴィランたちには人《ひと》に役立《やくだ》つ驚《おどろ》きの秘密《ひみつ》が!?
熱《あつ》きヴィランたちによる言《い》い分《ぶん》の対決《たいけつ》が今はじまる——!!

はじめに

こんにちは、**八嶋智人《やしまのりと》**です。

この書籍《しょせき》は、僕《ぼく》がMCを務《つと》めるNHKさんのテレビ番組《ばんぐみ》『**ヴィランの言《い》い分《ぶん》**』をもとにつくられました。

『ヴィランの言《い》い分《ぶん》』は、ひと言《こと》で言《い》えば「**嫌《きら》われものたちの本音《ほんね》に耳《みみ》を傾《かたむ》ける番組《ばんぐみ》**」です。

嫌《きら》われものにも、彼《かれ》らなりの「言《い》い分《ぶん》」があって、それをじっくり聞《き》いてみると、意外《いがい》と「まあ、それもわかるな」と思《おも》えることがあるんです。

好《す》き嫌《きら》いって自分《じぶん》の**思《おも》い込《こ》み**だったりするんですよね。

この書籍《しょせき》では、番組《ばんぐみ》で登場《とうじょう》した数々《かずかず》のヴィランを選出《せんしゅつ》し、「**嫌《きら》われ王《おう》**」を決《き》めるバトル形式《けいしき》にしました。番組《ばんぐみ》をご覧《らん》いただいた方《かた》はもちろん、初《はじ》めて触《ふ》れる方《かた》にも楽《たの》しんでもらえる内容《ないよう》になっています。

みなさんの「好《す》き」「嫌《きら》い」を**ちょっと見直《みなお》してみる**お手《て》伝《つだ》いができればと思《おも》っています。もしかすると、嫌《きら》いだったものが少《すこ》しだけ好《す》きになるかもしれないし、好《す》きだったものが新《あたら》しい目《め》で見《み》えるかもしれません。

そんな発見《はっけん》を一緒《いっしょ》に楽《たの》しみましょう！

はじまるよ〜！

八嶋智人《やしまのりと》

目《もく》次《じ》

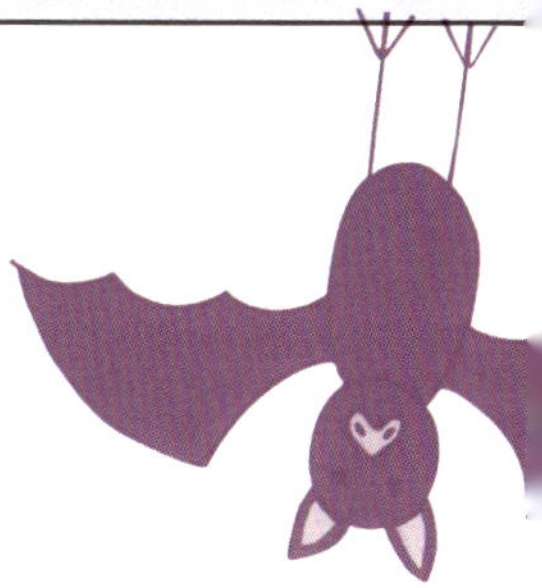

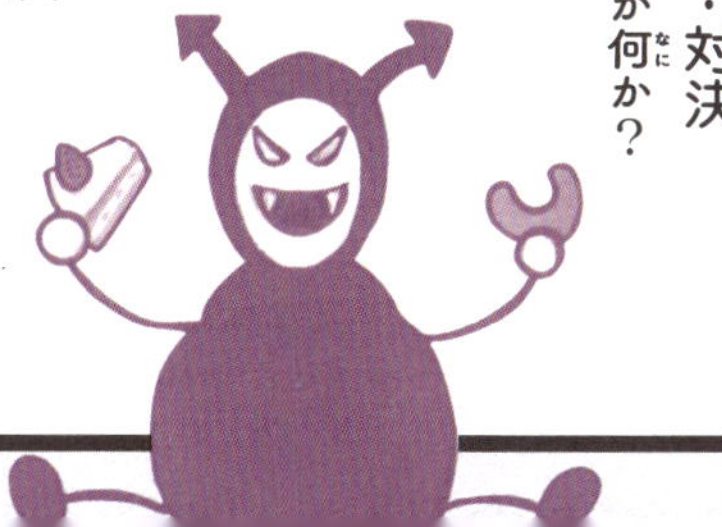

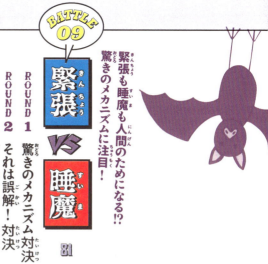

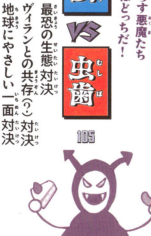

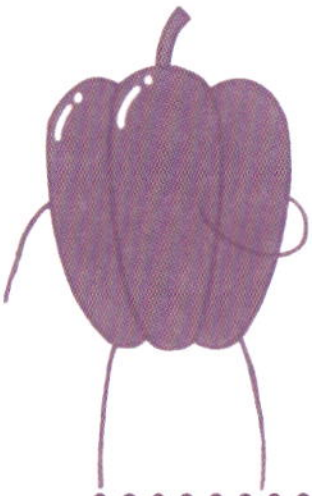

BATTLE 01

昆虫界《こんちゅうかい》の最強王者決定戦《さいきょうおうじゃけっていせん》！

部屋《へや》の中《なか》をはいずり回《まわ》るゴキブリと、鋭《するど》い毒針《どくばり》で人《ひと》を刺《さ》すスズメバチ。
極悪《ごくあく》ヴィランの両者《りょうしゃ》が、昆虫界《こんちゅうかい》の最恐王者《さいきょうおうじゃ》を決《き》めるためにいざ決戦《けっせん》！
ゴキブリの秘《ひ》められた能力《のうりょく》がロボット開発《かいはつ》に応用《おうよう》されているとわかれば、
強力《きょうりょく》な武器《ぶき》を持《も》つしかなかったスズメバチの驚《おどろ》きの理由《りゆう》も明《あき》らかに。
彼《かれ》らの真《しん》の姿《すがた》をめぐる戦《たたか》いがいまはじまる！

ヴィラン紹介

いろんな能力《のうりょく》を秘《ひ》めているんだG!

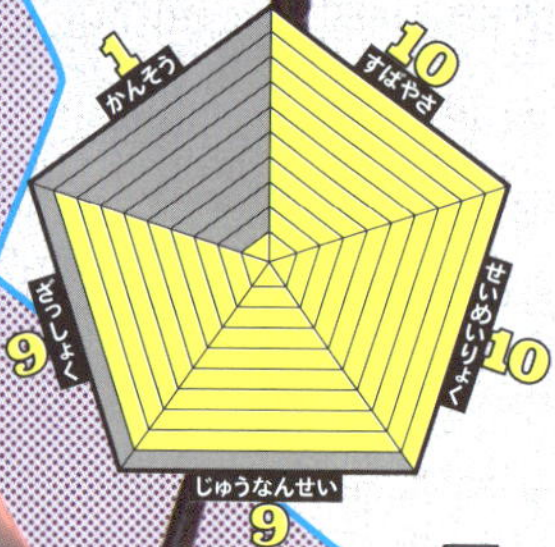

Cockroach
ゴキブリ
（山根和馬）

虫《むし》の中《なか》でももっとも嫌《きら》われる存在《そんざい》で、正式名称《せいしきめいしょう》を避《さ》けて「G」と呼《よ》ばれることも多《おお》い。湿気《しっけ》の多《おお》いところに住《す》み、食《た》べかすや油《あぶら》汚《よご》れ、排《はい》せつ物《ぶつ》などを狙《ねら》っている。

分類	昆虫綱ゴキブリ目
主食	人間のフケや髪の毛、生ごみ
ファイトスタイル	臆病なのでひたすら逃げる

Hornet
スズメバチ
（大和悠河）

あなたの心《こころ》に愛《あい》のひと刺《さ》し

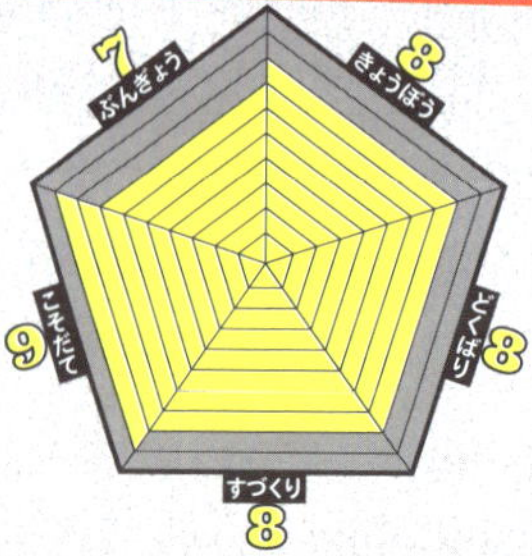

ひとたび刺《さ》されれば激《はげ》しい痛《いた》みや腫《は》れを引《ひ》き起《お》こし、国内《こくない》では毎年《まいとし》10人《にん》以《い》上《じょう》の命《いのち》を奪《うば》う危険生物《きけんせいぶつ》。軒先《のきさき》や植《う》え込《こ》み、土《つち》の中《なか》などに巨大《きょだい》な巣《す》をつくる。

分類	昆虫綱ハチ目スズメバチ科
主食	昆虫、樹液
ファイトスタイル	アゴのカチカチ音などで威嚇し、毒針でひと刺し

ROUND 1

おしりについた秘密《ひみつ》の切《き》り札《ふだ》？

その強《つよ》さに理由《りゆう》あり対決《たいけつ》

ゴキブリならば**すばしっこさ**、スズメバチならば**毒針**《どくばり》が恐怖感《きょうふかん》を与《あた》える最大《さいだい》の要素《ようそ》だろう。しかし、互《たが》いにその特性《とくせい》によって**敵《てき》から身《み》を守《まも》っている**んだ。ゴキブリのすばやく逃《に》げ回《まわ》る習性《しゅうせい》は「**尾毛**《びもう》」という器官《きかん》が関係《かんけい》していて、スズメバチは鋭《するど》い針《はり》で対抗《たいこう》する。どちらも**おしりに秘密《ひみつ》の切《き》り札《ふだ》**を仕込《しこ》んでいるんだ！

（ゴキブリの言い分①）すばしっこいのは臆病《おくびょう》だから

ゴキブリはおしりの部分《ぶぶん》についた「**尾毛**《びもう》」の働《はたら》きによって、すばやく敵《てき》から逃《に》げることができます。尾毛《びもう》には無数《むすう》の細《こま》かい毛《け》が生《は》えていて、これによって**わずかな空気《くうき》の流《なが》れ**も敏感《びんかん》に察知《さっち》できるのです。だから、私《わたし》たちが動《うご》いたりスリッパでたたこうとしたりすると、その瞬間《しゅんかん》の空気《くうき》の動《うご》きをいち早《はや》く感知《かんち》して逃《に》げられてしまうんです。**性格《せいかく》は臆病《おくびょう》**で、**すぐに隠《かく》れよう**とする習性《しゅうせい》があるんですね。

◎おしりのほう
腹部末端に生えている「尾毛」で空気の動きを認識

有吉立くん
虫ケア用品メーカー研究開発本部 Meister

（スズメバチの言い分①）毒針《どくばり》は巣《す》を守《まも》るためにある

スズメバチのおしりについた毒針《どくばり》に刺《さ》されてしまうと、人《ひと》によっては**生命《せいめい》に危険《きけん》**を及《およ》ぼすアレルギー症状《しょうじょう》「**アナフィラキシーショック**」を起《お》こしてしまう。しかし、毒針《どくばり》はスズメバチが敵《てき》から身《み》を守《まも》るために必要《ひつよう》なものなんだ。巣《す》を襲《おそ》ってくる動物《どうぶつ》がたくさんいて、**子どもたちを安全《あんぜん》に育《そだ》てる**ために、時々《ときどき》は毒針《どくばり》を使《つか》って敵《てき》を追《お》っ払《ぱら》っている。

◎おしりの毒針
敵からすを守る必要に迫られると毒針を出す。ウエストが狭くおしりの可動域が広いので、いろんな方向に毒針を刺すことができる

◎針の形状
ギザギザの2本の針が交互に動き、生きものの皮膚を切り裂く。そして、針の先端から毒液を出す

ROUND 2 運動神経《うんどうしんけい》の王様《おうさま》と百人力《ひゃくにんりき》の女王《じょおう》

最強《さいきょう》！生命力《せいめいりょく》対決《たいけつ》

ゴキブリもスズメバチも、その**生命力《せいめいりょく》の強《つよ》さ**にこそ
弱肉強食《じゃくにくきょうしょく》のこの世《よ》で**生《い》き残《のこ》るためのカギ**が隠《かく》されている。
ゴキブリは、陸上《りくじょう》だけでなく水面《すいめん》や壁面《へきめん》をも制覇《せいは》する「**水《すい》・陸《りく》・壁《かべ》**」の三刀流《さんとうりゅう》。
一方《いっぽう》のスズメバチは、もはや**百人力《ひゃくにんりき》**とも言《い》える活躍《かつやく》で
子育《こそだ》てに打《う》ち込《こ》む**女王蜂《じょうおうばち》**の働《はたら》きぶりだ。

ゴキブリの言い分②

泳《およ》いでも、走《はし》っても、登《のぼ》っても最恐《さいきょう》

泳《およ》ぐ water

ゴキブリには胸《むね》に2対《つい》、おなかに8対《つい》の「**気門《きもん》**(＝呼《こ》吸《きゅう》するための穴《あな》)」があり、ここから酸素《さんそ》を取《と》り入《い》れているんだ。そして、**全身《ぜんしん》をおおう油脂《ゆし》が水《みず》をはじく**ため、ある程度《ていど》なら水《みず》の中《なか》でも**泳《およ》ぐ**ことができるんだぞ！

走《はし》る land

1秒《びょう》に約《やく》30歩《ぽ》、距離《きょり》にしておよそ2m進《すす》むことができるゴキブリ。彼《かれ》らはほかの昆虫《こんちゅう》と違《ちが》って地面《じめん》から飛《と》んで逃《に》げることができないため、敵《てき》から身《み》を守《まも》るために**足《あし》の筋肉《きんにく》を発達《はったつ》させて**より速《はや》く走《はし》れるようになったと考《かんが》えられている！

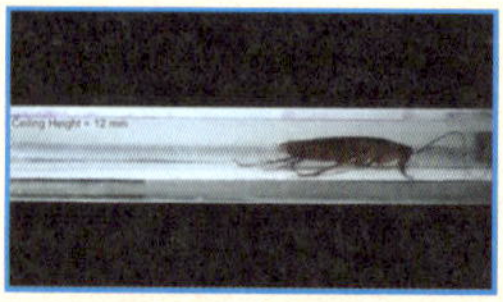

登《のぼ》る wall

壁《かべ》や天井《てんじょう》すらも自由自在《じゆうじざい》に動《うご》き回《まわ》ることができるのはなぜだろう？　その秘密《ひみつ》は脚《あし》についている「**褥盤《じょくばん》**」に隠《かく》されている。これが**吸盤《きゅうばん》のような役目《やくめ》**を果《は》たし、ガラスのようなツルツルした壁《かべ》でも張《は》り付《つ》くことができるんだ。

コラム

ゴキブリはなんでも食《た》べるんだ！

ゴキブリは雑食性《ざっしょくせい》で、肉《にく》や野菜《やさい》などの食《た》べ残《のこ》しが大好物《だいこうぶつ》。骨《ほね》のような硬《かた》いものでもバリバリと食《た》べてしまえる。その理由《りゆう》は、消化器官《しょうかきかん》の中《なか》にも歯状《しじょう》の突起《とっき》があるからなんだ。身体《からだ》の中《なか》に取《と》り込《こ》んだあとに、消化《しょうか》しながら食《た》べものを咀嚼《そしゃく》する。そうすることで、貴重《きちょう》な食料《しょくりょう》を逃《のが》すことなく敵《てき》から身《み》を隠《かく》しながら栄養《えいよう》を取《と》ることができるんだぞ！

（スズメバチの言い分②）

ひとりで1ヶ月《かげつ》働《はたら》き続《つづ》ける女王蜂《じょおうばち》

春《はる》になると女王蜂《じょおうばち》は冬眠《とうみん》から目《め》を覚《さ》まし、巣《す》をつくり出《だ》す。

子供《こども》を産《う》んで育《そだ》てるための家《いえ》を用意《ようい》しているんだ。

生《う》まれてからはやることがたくさん。巣作《すづく》り、産卵《さんらん》、子育《こそだ》て、食材調達《しょくざいちょうたつ》。

このサイクルをたった**ひとりで1ヶ月休《かげつやす》みなく**続《つづ》け、働《はたら》き蜂《ばち》たちを育てあげるんだ！

①

巣の中でエサを待つ幼虫たち
「おなかすいたよー！」

②

外へ出て行っていざ食材調達！
バッタをつかまえる

③

かみ砕いてご飯にして、幼虫たちのもとへ

④

ご飯を食べてもらっているうちに家を増築するわよ！

⑤

産まれるわ！
新しい子ども部屋ですくすく育ってね！

解説者

アニメーションクリエイター
石塚瑛介くん

実際の様子［巣作りをする女王蜂］

ROUND 3

そのすばらしき特性《とくせい》に注目《ちゅうもく》！

実《じつ》は人類《じんるい》の救世主《きゅうせいしゅ》!?対決《たいけつ》

どれだけ嫌《きら》われようと、目立《めだ》つ存在《そんざい》であるのは
特別《とくべつ》な性質《せいしつ》があるから。
そこに人類《じんるい》を救《すく》うヒントが隠《かく》されているかもしれないんだ！
実《じつ》はスズメバチの幼虫《ようちゅう》が作《つく》る**繭《まゆ》**は、**医療分野《いりょうぶんや》で期待《きたい》**されるほど
貴重《きちょう》なもの。また、ゴキブリの耐久力《たいきゅうりょく》を応用《おうよう》して、
災害救助用《さいがいきゅうじょよう》のロボットを開発《かいはつ》している研究者《けんきゅうしゃ》がいるんだぞ！

（スズメバチの言い分③）幼虫《ようちゅう》が人間《にんげん》の医療《いりょう》に役立《やくだ》つ!?

幼《よう》虫《ちゅう》が顔《かお》をのぞかせている育房《いくぼう》の周辺《しゅうへん》には、**白《しろ》い繭《まゆ》**が密集《みっしゅう》しています。この繭《まゆ》は「**ホーネットシルク**」と呼《よ》ばれ、幼虫《ようちゅう》がサナギになる際《さい》に吐《は》き出《だ》す糸《いと》で形成《けいせい》されます。このホーネットシルクは、**環境《かんきょう》に優《やさ》しい条件《じょうけん》で溶《と》かす技術《ぎじゅつ》**が開発《かいはつ》されており、チューブ状《じょう》やゲル状《じょう》など、さまざまな形状《けいじょう》に加工《かこう》することが可《か》能《のう》です。特《とく》にフィルム状《じょう》では、細胞《さいぼう》がつきづらいという**特性《とくせい》を活《い》かした医療分野《いりょうぶんや》**での応用《おうよう》が期待《きたい》されています。今後《こんご》も幅《はば》広《ひろ》い分野《ぶんや》で活用《かつよう》される可能性《かのうせい》を秘《ひ》めた、**貴重《きちょう》な素材《そざい》です！**

スズメバチの幼虫を研究している
亀田恒徳くん
（農研機構生物機能利用研究部門）

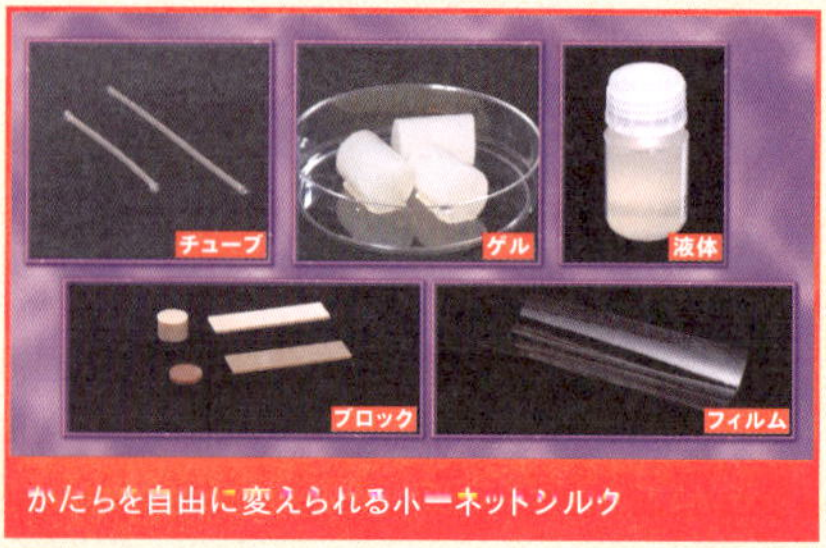

かたちを自由に変えられるホーネットシルク

スズメバチの幼虫がサナギになる際に吐いた糸は「ホーネットシルク」という新しい機能素材として期待されている

（ゴキブリの言い分③）

しぶとさが人類《じんるい》を救《すく》う！

ゴキブリは**自分《じぶん》の体重《たいじゅう》の900倍《ばい》**の衝撃《しょうげき》を与《あた》えられても全《まった》くダメージを受《う》けません。丈夫《じょうぶ》な外骨格《がいこっかく》を持《も》ち、内側《うちがわ》は柔軟性《じゅうなんせい》のある筋肉《きんにく》で構成《こうせい》されているからです。私《わたし》はこの特質《とくしつ》を応用《おうよう》し、自然災害《しぜんさいがい》でビルが倒壊《とうかい》した際《さい》などに**小《ちい》さな隙間《すきま》から送《おく》り込《こ》むことのできるロボット**を開発《かいはつ》しました。助《たす》けを求《もと》める人《ひと》の感知《かんち》や物資《ぶっし》の運搬《うんぱん》に使《つか》うことが期待《きたい》できます。

昆虫の特性をロボットに
活かす研究をしている
カウシク・ジャヤラムくん
（アメリカ・コロラド大学機械工学部 准教授）

半分に潰れても正常に動くことができる特性を持つ
ゴキブリ型災害救助ロボット

外骨格（=身体の外側の殻）で衝撃を受け止め、同時に柔らかい筋肉で身体を広げ衝撃を逃がしている

（ゴキブリの言い分④）

新《あら》たな抗菌物質《こうきんぶっしつ》を生《う》み出《だ》す!?

近《きん》年《ねん》では、**薬《くすり》への抵抗力《ていこうりょく》を持《も》つウイルスや細菌《さいきん》**が世界中《せかいじゅう》で増加《ぞうか》したと言《い》われています。そのため、常《つね》に新《あたら》しい薬《くすり》が求《もと》められています。そこで役立《やくだ》つのがゴキブリの特性《とくせい》。彼《かれ》らに（耐性《たいせい》を持《も》った）大腸菌《だいちょうきん》や黄色《おうしょく》ブドウ球菌《きゅうきん》を投与《とうよ》すると、**それらを死滅《しめつ》させる抗菌物質《こうきんぶっしつ》**が体内《たいない》で作《つく》り出《だ》されます。これを利用《りよう》し、今後《こんご》の研究次第《けんきゅうしだい》では感染症《かんせんしょう》の特効薬《とっこうやく》として**人類《じんるい》を救《すく》う**ことができるかもしれません！

フェノール系やクレゾール系の抗菌成分が身体をおおっている

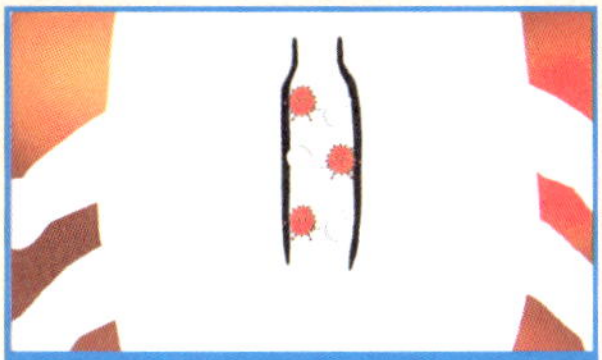

体内に菌が侵入しても、自動的に抗菌物質を作り出し殺菌してしまう

イラスト：本多修

昆虫が持つ
さまざまな免疫を研究している
倉田祥一朗くん
（東北大学大学院薬学研究科 教授）

判定《はんてい》

〝最強《さいきょう》〟やってくのも楽《らく》じゃないんですよね

狭《せま》くて汚《きたな》い環境《かんきょう》でもしぶとく生《い》きる最強《さいきょう》のゴキブリですが、アシダカグモやムカデ、ネズミなどはゴキブリを見《み》つけると捕《つか》まえてムシャムシャ。人間《にんげん》を怖《こわ》がらせる超《ちょう》スピードの走《そう》力《りょく》は、敵《てき》から逃《に》げるための必需品《ひつじゅひん》なのです。一方《いっぽう》のスズメバチも、ミツバチの巣《す》を襲《おそ》ったり、人間《にんげん》を毒針《どくばり》で刺《さ》したりと極《ごく》悪非道《あくひどう》のイメージですが、自然界《しぜんかい》では敵《てき》だらけ。巣《す》の幼虫《ようちゅう》をねらうクマはもちろん、日本最大《にほんさいだい》のトンボ・オニヤンマは、スズメバチを足《あし》でわしづかみにして強力《きょうりょく》なアゴで丸《まる》かじり。油断《ゆだん》しているとオオカマキリに襲《おそ》われることもあります。どちらも最強《さいきょう》ヴィランなんて言《い》われてますけど、「最強《さいきょう》」やってくのも楽《らく》じゃないんですよね。というわけで、この勝負《しょうぶ》、痛《いた》み分《わ》け！（「ヴィランの言い分」制作スタッフ）

仲直《なかなお》りのしるしに
握手《あくしゅ》でもするG！

ごきげんよう、
また会《あ》う日《ひ》まで！

ゴキブリさん、スズメバチさん、どちらもがんばったね！

BATTLE 02

空《そら》飛《と》ぶ嫌《きら》われ者《もの》同士《どうし》の
譲《ゆず》れない戦《たたか》いがはじまる……！

ゴミ箱《ばこ》を漁《あさ》って迷惑《めいわく》がられるカラスと暗闇《くらやみ》を飛《と》び回《まわ》って気味悪《きみわる》がられるコウモリ！
宙《ちゅう》を舞《ま》う2大《だい》ヴィランが、どちらがより優《すぐ》れているかをめぐって激突《げきとつ》。
カラスが自分《じぶん》の身体《からだ》をキレイにするための意外《いがい》な秘密《ひみつ》をプレゼンしたかと思《おも》うと、
コウモリは子《こ》どもを守《まも》る愛《あい》にあふれた習性《しゅうせい》を披露《ひろう》！
悪役《あくやく》によるイメージ激変勝負《げきへんしょうぶ》、勝《か》つのはどっちだ！

ヴィラン紹介

CROW
カラス
（山根和馬）

漆黒《しっこく》の羽《はね》をまとい、悪《あく》の化身《けしん》とされるカラス。その知能《ちのう》の高《たか》さや「カアカア」と威嚇《いかく》する鳴《な》き声《ごえ》、ゴミを荒《あ》らす姿《すがた》などから恐《おそ》れられる存在《そんざい》。

分類	鳥類スズメ目カラス科
主食	雑食（なんでも）
ファイトスタイル	クチバシでつつく

BAT
コウモリ
（栗原類）

分類	哺乳類翼手目
主食	蛾など小型昆虫類
ファイトスタイル	超音波を使った捕食

かつては黒魔術《くろまじゅつ》にも使《つか》われていた不《ふ》吉《きつ》の象《しょう》徴《ちょう》。夜《や》行《こう》性《せい》で、洞窟《どうくつ》や木《き》の洞《うろ》などに集団《しゅうだん》で生《せい》息《そく》することが多《おお》い。飛行能力《ひこうのうりょく》がある唯《ゆい》一《いつ》の哺《ほ》乳《にゅう》類《るい》。

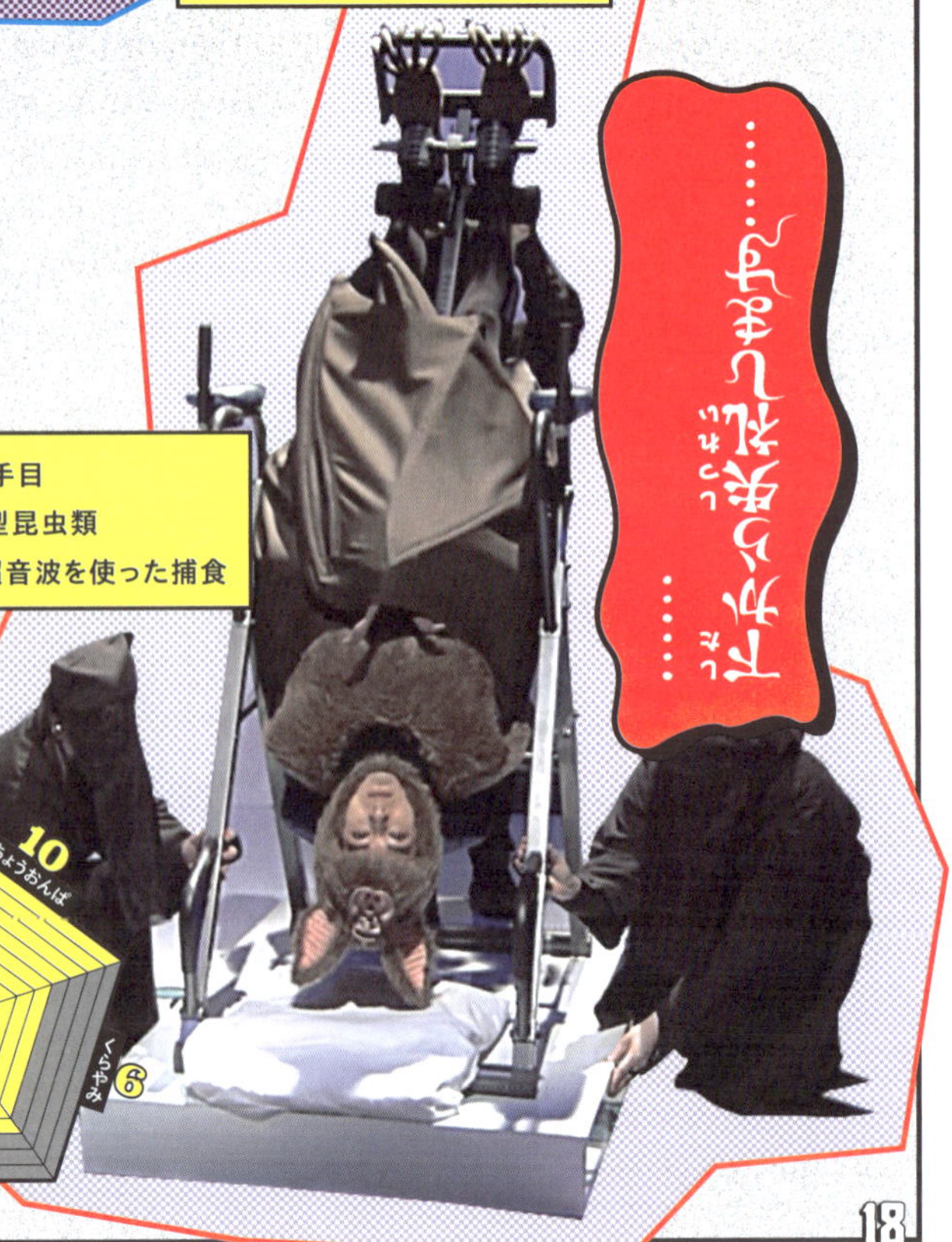

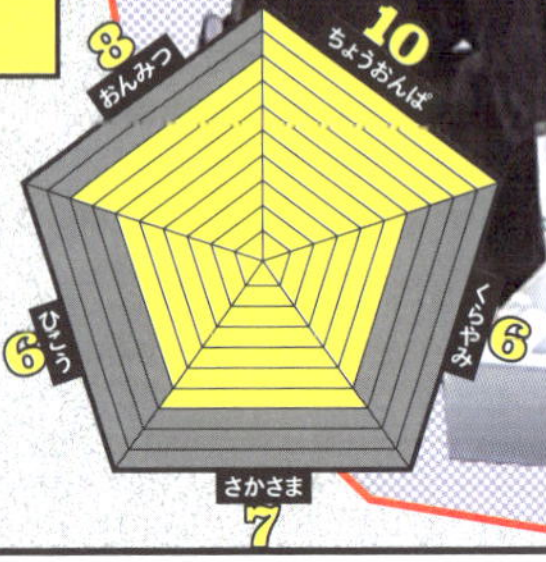

ROUND 1 この見《み》た目《め》にだって理由《ワケ》がある!

最強《さいきょう》ボディ対決《たいけつ》

最初《さいしょ》に繰《く》り広《ひろ》げられるのは「**最強《さいきょう》ボディ**」対決《たいけつ》。
その独特《どくとく》な見《み》た目《め》に隠《かく》されたパワフルな性能《せいのう》が明《あ》かされる。
先攻《せんこう》のカラスは、黒《くろ》い羽《はね》によって**全身完全武装状態《ぜんしんかんぜんぶそうじょうたい》**を保《たも》っていると主張《しゅちょう》。
これに対《たい》して「見《み》た目《め》なら僕《ぼく》たちも負《ま》けてない!」と反攻《はんこう》するコウモリは、
「**いつも逆《さか》さまでいることで、省《しょう》エネを実現《じつげん》している**」とアピール。
その強《つよ》さの秘密《ひみつ》は「**楽《らく》に飛《と》ぶための肉体改造《にくたいかいぞう》**」にあった!

(カラスの言い分①)全身《ぜんしん》真《ま》っ黒《くろ》だから最強《さいきょう》!

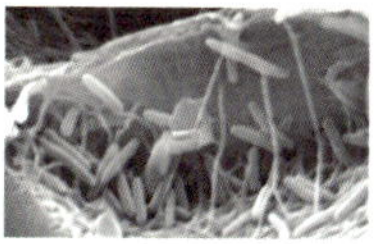

30年近くカラスの生態や行動を研究している
松原始くん
(東京大学総合研究博物館 特任准教授)

カラスが黒《くろ》く見《み》えているのは、羽毛《うもう》の中《なか》に**「メラニン」という物質《ぶっしつ》がたくさん入《はい》っている**からなんです。メラニンとは、私《わたし》たち人間《にんげん》の肌《はだ》や髪《かみ》の毛《け》にも含《ふく》まれている黒《くろ》い色素《しきそ》。紫外線《しがいせん》から身体《からだ》を守《まも》るはたらきがあるだけでなく、**メラニンがたくさん入《はい》っている羽《はね》のほうが物理的《ぶつりてき》に強《つよ》い**特性《とくせい》があります。メラニンを多《おお》く含《ふく》む硬くて黒《くろ》い羽《はね》は、折《お》れ曲《ま》がりにくく、すり減《へ》りにくいんです。さらに、メラニンは**羽《はね》を腐《くさ》らせる細菌《さいきん》に対《たい》しても強《つよ》い抵抗力《ていこうりょく》**があります。

画像提供:山階鳥類研究所 森本元

(コウモリの言い分①)逆《さか》さまは最強《さいきょう》の省《しょう》エネ!

コウモリの生態や行動を研究している
福井大くん
(東京大学富士癒しの森研究所 所長)

コウモリの**足《あし》の爪《つめ》はフックのような形《かたち》**になっていて、これを引《ひ》っ掛《か》けるだけでさまざまなものにぶら下《さ》がることができます。この特性《とくせい》によって可能《かのう》になるのは「**飛《と》び立《た》つ際《さい》の省《しょう》エネ**」です。一般的《いっぱんてき》な鳥《とり》の場合《ばあい》は飛《と》び立《た》つときに地面《じめん》を強《つよ》く蹴《け》る必要《ひつよう》がありますが、コウモリは落下《らっか》の勢《いきお》いで羽《は》ばたけば足《あし》の力《ちから》が必要《ひつよう》ありません。また、**コウモリの足《あし》の骨《ほね》は中空《ちゅうくう》で細《ほそ》く**、身体《からだ》の重《おも》さを極限《きょくげん》まで削《そ》ぎ落《お》としているので、飛《と》ぶのがとても楽《らく》なんです。

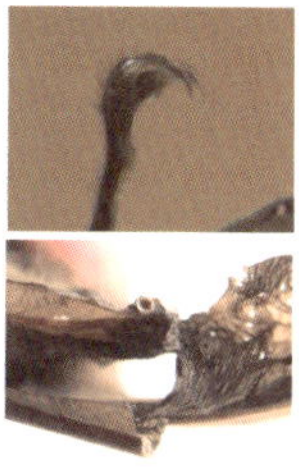

ROUND 2

ゴミを漁《あさ》るカラス、群《む》れを成《な》すコウモリ

嫌《きら》われる行動《こうどう》にスゴさが隠《かく》れている対決《たいけつ》

カラスは汚《きたな》い印象《いんしょう》もあるけれど、実《じつ》はこだわりの**キレイ好《ず》き**。
1日《にち》に1回《かい》必《かなら》ず水浴《みずあ》びを行《おこな》うだけでなく、身体《からだ》中《じゅう》に**アリをまとわせる**
「**蟻浴《ぎよく》**」によって身体《からだ》を清潔《せいけつ》に保《たも》っていることがわかった！
一方《いっぽう》のコウモリが集団《しゅうだん》で群《む》れる理由《りゆう》は、体温調整《たいおんちょうせい》ができない
子《こ》どもを守《まも》っているから。1年《ねん》に1匹《ぴき》しか子《こ》どもを産《う》まないから、
みんなで身《み》を寄《よ》せ合《あ》って**大事《だいじ》に育《そだ》てている**んだ。

（**カラス**の言い分②）

実《じっ》はとってもキレイ好《ず》き！

解説者

ギャグ漫画家／絵本作家／ピン芸人
田中光くん

解説！
カラスの蟻浴《ぎよく》

①

身体がかゆいと思っていたらケジラミが……

②

アリの巣の上におおいかぶさってアリを浴びよう！

③

アリは外敵から身を守るために蟻酸などの
化学物質を放出する

④

そうすると……ケジラミなどの寄生虫は
蟻酸を嫌がり退散するのだ！

（コウモリの言い分②）

集団《しゅうだん》で行動《こうどう》する秘密《ひみつ》は子育《こそだ》てにあった!?

解説!

コウモリの子育《こそだ》て

①

コウモリは大家族。子育ての時期には
200匹以上が集まるんだ

②

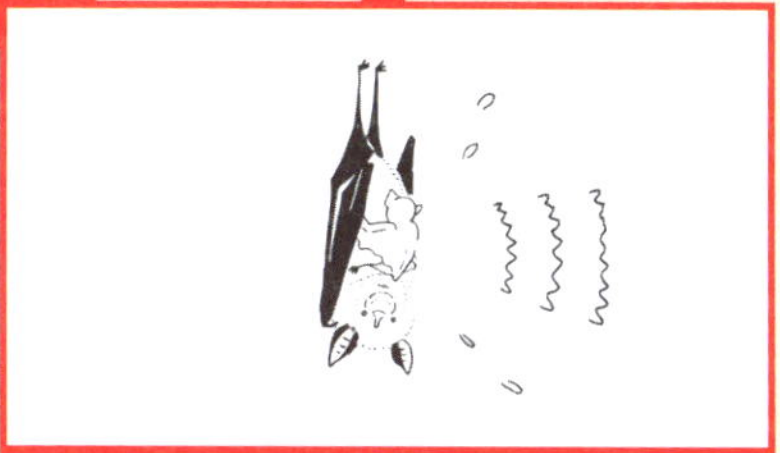

生まれたばかりのコウモリは毛がないので
ママが抱っこしている

③

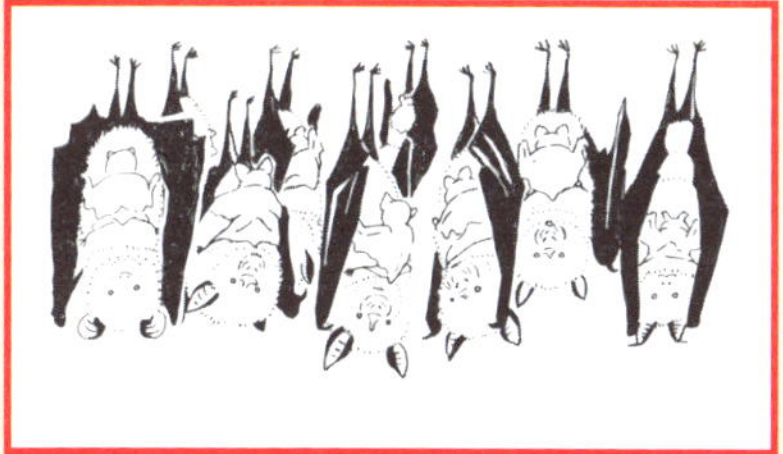

みんなでぎゅっと集まることで、体温調整が
できない子どもたちの体温を上げているんだ

④

子どもが飛べるようになるまで
翼の使い方を教えたら、ついに独り立ち!

解説者

ホワイトボードアニメーター
あいのゆに（動楽猫）くん

これは……、
愛《あい》なんです

ゴミを漁《あさ》ってるわけじゃ
ないだカァ

ROUND 3 不快音《ふかいおん》の知《し》られざる理由《りゆう》？

鳴《な》き声《ごえ》対決《たいけつ》

カラスといえば大《おお》きな鳴《な》き声《ごえ》を発《はっ》するイメージが強《つよ》いだろう。

どれも同《おな》じように聞《き》こえるが、実《じつ》は**30種類以上《しゅるいいじょう》**もの鳴《な》き声《ごえ》を使《つか》い分《わ》けている。

すべての鳴《な》き声《ごえ》にはカラス特有《とくゆう》の重要《じゅうよう》な意味《いみ》が込《こ》められているんだ！

一方《いっぽう》、コウモリの鳴《な》き声《ごえ》は、**超音波《ちょうおんぱ》**が使《つか》われている。

この超音波《ちょうおんぱ》は、農作物《のうさくぶつ》を食《く》い荒《あ》らす蛾類《がるい》などの**害虫《がいちゅう》**を
やっつける装置《そうち》にも応用《おうよう》されていて、人間《にんげん》の暮《く》らしに役立《やくだ》っているんだ！


〈カラスの言い分③〉

鳴《な》き声《ごえ》を使《つか》い分《わ》けているんだ！

カラスはとても**おしゃべり好《ず》き**で、いろんな鳴《な》き声《ごえ》を使《つか》って仲間同《なかまどう》士《し》で頻繁《ひんぱん》にコミュニケーションをとっているんです。どれも同《おな》じ「**カア**」という声《こえ》に聞《き》こえますが、実《じつ》はエサの在《あ》りかを知《し》らせる声《こえ》や敵《てき》の襲来《しゅうらい》を注意喚《ちゅういかん》起《き》する声《こえ》など、**微妙《びみょう》に声質《せいしつ》やリズムを変《か》えながら**伝《つた》えたいメッセージを変《か》えているんです。また、カラスは小鳥《ことり》などと比《くら》べても鳴《な》き声《ごえ》の**音程《おんてい》が低《ひく》く、遠《とお》くまで届《とど》きやすい**性質《せいしつ》があります。ぜひ耳《みみ》を澄《す》まして聞《き》いてみてください。

カラス研究の専門家
塚原直樹くん
（宇都宮大学 バイオサイエンス教育研究センター 特任助教）

エサの在りかを知らせる鳴き声は短く何度も繰り返す

オスとメスの求愛の鳴き声も

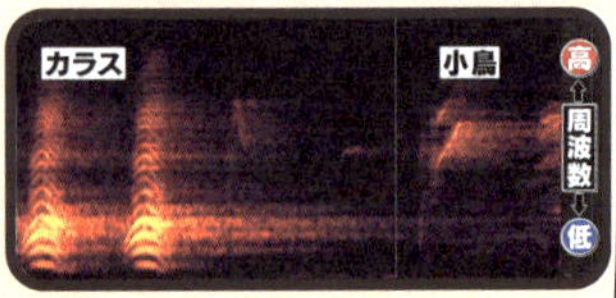

〈コウモリの言い分③〉

超音波《ちょうおんぱ》を使《つか》って獲物《えもの》を捕食《ほしょく》する！

天《てん》敵《てき》に見《み》つかる危険《きけん》を回避《かいひ》し、夜《よる》にこっそり行動《こうどう》することが多《おお》いコウモリ。彼《かれ》らが発《はっ》する「**超音波《ちょうおんぱ》**」は、そうした暗《くら》い場所《ばしょ》でも獲物《えもの》を見《み》つけて捕食《ほしょく》できるように発達《はったつ》したものです。口《くち》や鼻《はな》から音《おと》を出《だ》し、その音《おと》が戻《もど》ってきた**時間《じかん》をもとに対象《たいしょう》との距離《きょり》**を測《はか》っています。遠《とお》くのものを見《み》つけたいときは**大《おお》きな声《こえ》を出《だ》したり、**獲物《えもの》に近《ちか》づくと**声《こえ》を出《だ》す回数《かいすう》を増《ふ》やしたり**する。超音波《ちょうおんぱ》はコウモリが暗《くら》いところで生《い》きるために**必要《ひつよう》な特殊能力《とくしゅのうりょく》**なんです。

コウモリの生態や
超音波を研究している
飛龍志津子くん
（同志社大学生命医科学部 教授）

コウモリの超音波《ちょうおんぱ》は、蛾《が》などの**害虫《がいちゅう》が嫌《きら》う音《おと》**です。私《わたし》はこの超音波《ちょうおんぱ》を利用《りよう》して農場《のうじょう》に害虫《がいちゅう》がやってくるのを防《ふせ》ぐ装置《そうち》を開発《かいはつ》しました。**殺虫剤《さっちゅうざい》がいらない**ので、有益《ゆうえき》な虫《むし》を殺《ころ》さずに農作物《のうさくぶつ》を育《そだ》てることができます。

コウモリの超音波を農業に役立てている
中野亮くん
（農研機構植物防疫研究部門）

対象から音が跳ね返ってる時間によって距離を導き出す

コウモリの超音波を利用して農作物に近づく蛾を撃退する研究も！

ROUND 4

カラスはカッコよくて、コウモリはいい奴

カッコいい武勇伝《ぶゆうでん》対決《たいけつ》

カラスとコウモリの優《すぐ》れた逸話《いつわ》はまだまだたくさん。
カラスは**日本神話《にほんしんわ》**に「**八咫烏《やたがらす》**」として登場《とうじょう》し、
その縁起《えんぎ》のよさから神社《じんじゃ》にも祀《まつ》られている貴重《きちょう》な存在《そんざい》。
一方《いっぽう》のコウモリは、その**フン**が重要《じゅうよう》な働《はたら》きをしている!?

（**コウモリ**の言い分④）

一晩《ひとばん》で蚊《か》を500匹《びき》も食《た》べるんだぞ！

（**カラス**の言い分④）

神《かみ》として神話《しんわ》に登場《とうじょう》しているんだ！

八咫烏は日本を統一した神武天皇を先導した神として信仰されている

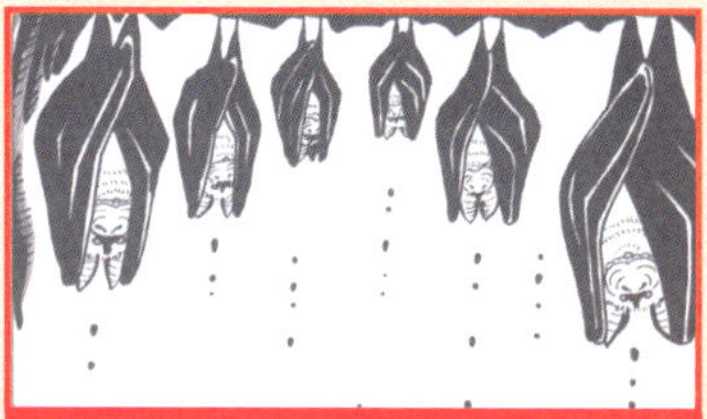

洞窟では植物が育たないので生物のエサは生産されない。しかしコウモリがフンをすることで、それがほかの生物の栄養源になっている

コウモリは蚊などの害虫を食べてくれる益獣としての側面もある。一晩に食べるエサの量は体重の半分、蚊で計算すると500匹程度にもなると言われている

判《はん》定《てい》

まぁまぁ お互《たが》いに空《そら》飛《と》ぶ仲間《なかま》なんで

コウモリは飛《と》ぶことができる唯一《ゆいいつ》の哺《ほ》乳類《にゅうるい》ですが、進化《しんか》の過程《かてい》で体《からだ》を徹底的《てっていてき》に軽《かる》くし、競争相手《きょうそうあいて》の少《すく》ない夜《よる》の空《そら》で生《い》きる道《みち》を選《えら》びました。しかし、体《からだ》が軽《かる》いぶん強《つよ》くはないので、コウモリの仲間《なかま》にはスズメバチの鳴《な》き声《ごえ》をマネてフクロウを遠《とお》ざけるものもいたりして、生《い》き延《の》びるためにけっこう苦労《くろう》しています。一方《いっぽう》カラスは、もともとは野山《のやま》で暮《く》らしていましたが、なんでも食《た》べられる能力《のうりょく》を活《い》かして、エサの多《おお》い都《と》会《かい》に進出《しんしゅつ》してきました。強度《きょうど》があって細菌《さいきん》に強《つよ》いメラニン色《しき》素《そ》で体《からだ》をおおうことで、汚《きたな》いゴミ箱《ばこ》をあさっても平気《へいき》な体《からだ》を持《も》っています。どちらもいろいろと工夫《くふう》して、競争相手《きょうそうあいて》の少《すく》ない世界《せかい》で羽《はね》を伸《の》ばしていたんですね。というわけで、この勝負《しょうぶ》は引《ひ》き分《わ》け！（「ヴィランの言い分」制作スタッフ）

コウモリさんは逆立《さかだ》ちでも
すごいだカァ～

カラスさんも
キレイ好《ず》きなんですね！

BATTLE 03

人間《にんげん》の近《ちか》くで繁殖《はんしょく》し、隙《すき》をついて刺《さ》す
身近《みぢか》に存在《そんざい》する小《ちい》さき生物《せいぶつ》の生態《せいたい》とは？

ダニ VS 蚊《か》

ベッドやソファで知《し》らぬ間《ま》に繁殖《はんしょく》するダニと夏《なつ》になると現《あらわ》れる蚊《か》。
小《ちい》さいけれど人間《にんげん》を刺《さ》すこともある恐《おそ》ろしい二大《にだい》ヴィランが激突《げきとつ》！
アレルギーの原因《げんいん》にもなるダニだけど、実《じつ》は役《やく》に立《た》っている？
蚊《か》が動物《どうぶつ》の血《ち》を吸《す》うのには深《ふか》い理由《りゆう》があった？
最新研究《さいしんけんきゅう》によって知《し》られざる真《しん》の姿《すがた》が明《あき》らかに！

ヴィラン紹介

Tick
ダニ
（梶原善）

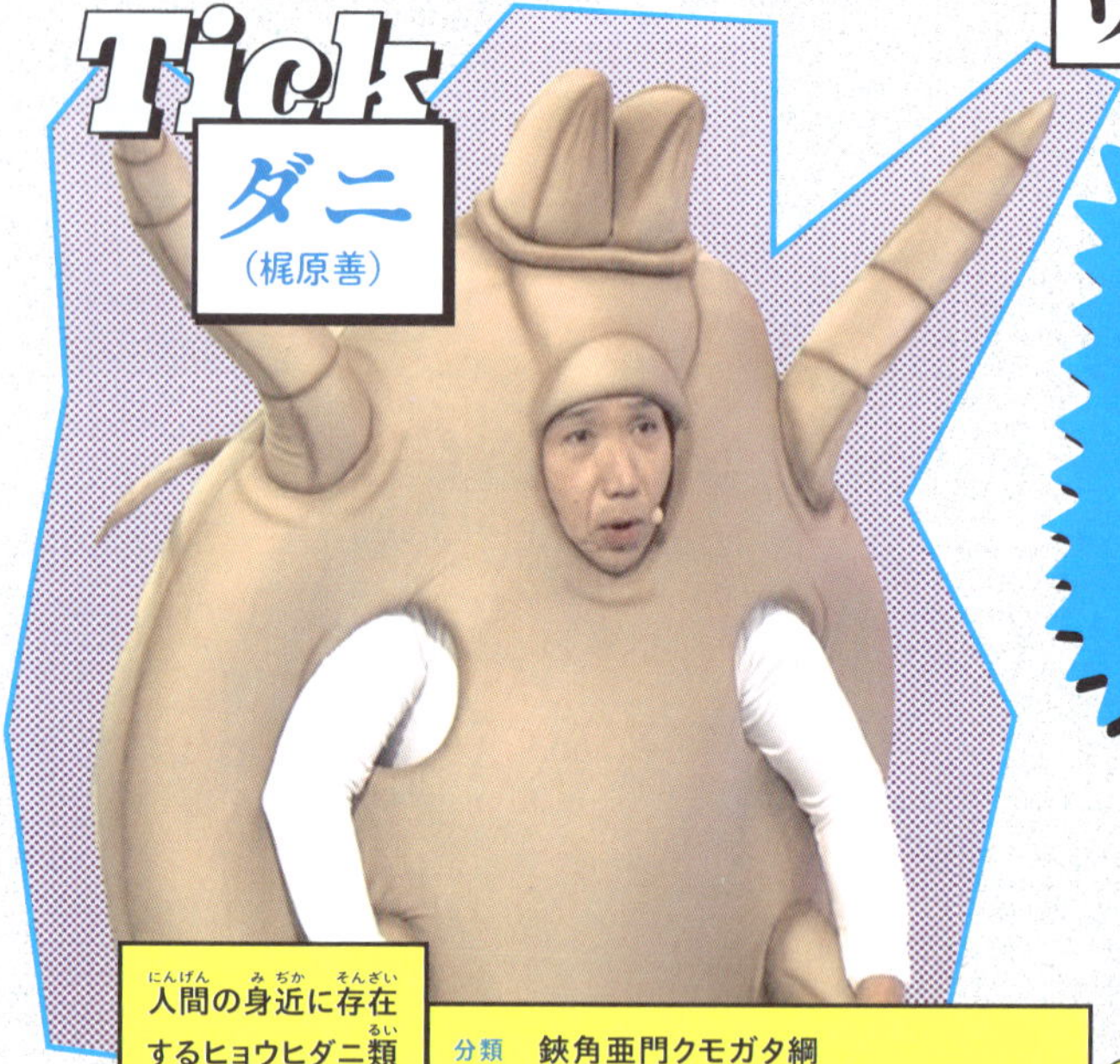

人間《にんげん》と共存《きょうぞん》して生《い》きたいんダニ！

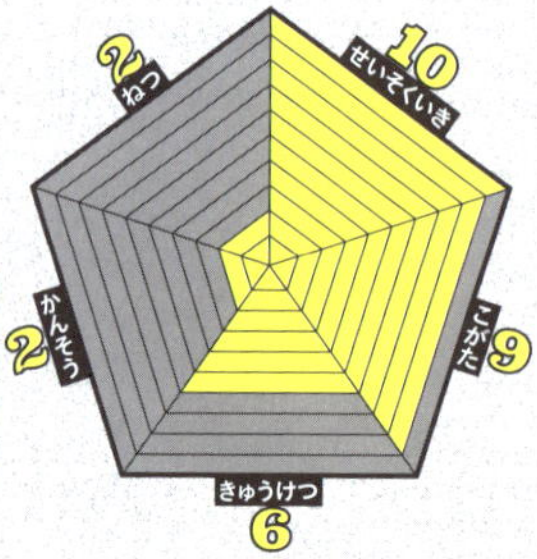

人間《にんげん》の身近《みぢか》に存在《そんざい》するヒョウヒダニ類《るい》は布団《ふとん》やカーペット、ソファーなどに多《おお》く生息《せいそく》し、体長《たいちょう》は 0.3mm から 0.4mm ほど。

分類	鋏角亜門クモガタ綱
主食	髪の毛やフケ、アカ、食べカス
ファイトスタイル	人を刺すことがある（ツメダニ）

分類	ハエ目糸角亜目カ科
主食	花の蜜や草の汁
ファイトスタイル	人に気づかれないように忍び寄って刺す

人知《ひとし》れずターゲットに近《ちか》づき、吸血《きゅうけつ》したあとは激《はげ》しいかゆみをもたらす厄介《やっかい》な存在《そんざい》。7 月《がつ》から 10 月《がつ》に活動《かつどう》が活発《かっぱつ》になる。

私《わたし》にだって言《い》いぶ〜んがあるのよ！

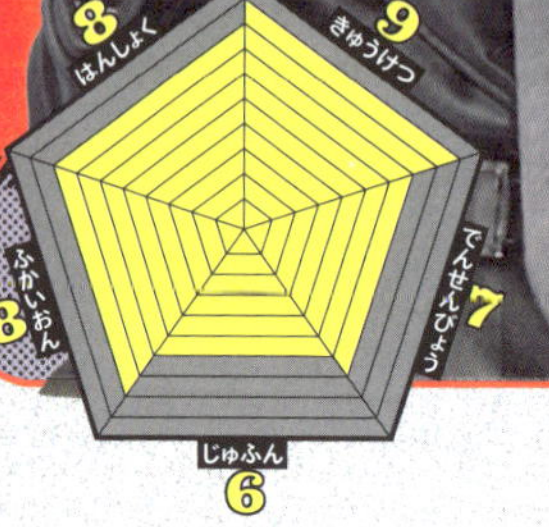

Mosquito
蚊《か》
（黒沢かずこ
［森三中］）

ROUND 1

周りにいても嫌わないで！

それ勘違い!? 対決

私たちの身近に多く存在し、避けられてしまう**ダニと蚊**。しかし、どちらにも**人間と共存しなければいけない**重大な理由が隠されているんだ。まずは彼らの言い分にも**耳を傾けてみよう！**

家に生息するダニの8割から9割を占める**ヒョウヒダニ類**は、食べものカスや人間から出るフケ、アカなどが大好物。エサとして食べることで、家の中を掃除してくれているんだ。しかし、ヒョウヒダニ類のフンや死骸には、人間が**アレルギー疾患**を引き起こすたんぱく質分解酵素がたっぷり含まれている。これを減らすためには、私たちもこまめに部屋の中を掃除することが大切なんだ。

ダニの脚は左右合わせて8本あり、昆虫ではなくクモやサソリに近い生物

〈ダニの言い分①〉

家の掃除をしているんだ！

ダニとダニアレルゲンの季節変化

ヒョウヒダニ数
アレルゲン量

2月 3月 4月 5月 6月 7月 8月 9月 10月 11月 12月 1月

〈ペストマネジメントラボ 高岡正敏監修〉

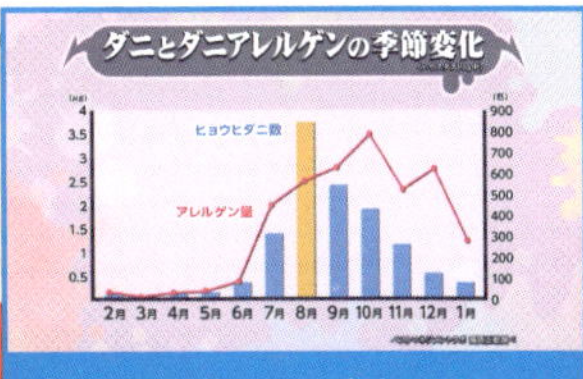

ダニの生息数は8月がピーク。アレルギー物質が含まれるダニの死骸やフンは秋から冬にかけて増加する

動物の血ばかり吸っていると思われている蚊だけれど、**主食は花**の蜜や樹液。そして、血を吸うのは**メスの蚊だけ**なんだ。実は、ある目的のために勇気を出して人に立ち向かっている。その目的とは**子作りのため**。メスの蚊は人の血の栄養をもとに立派な卵を発育させ、約3日後には産卵する。吸血後は人から逃げるように**物陰**や葉っぱの裏などに隠れているそうだ。

〈蚊の言い分①〉

しょっちゅう血を吸ってるわけじゃない！

ROUND 2

知《し》られざる特性《とくせい》が明《あき》らかに

驚《おどろ》きのハイスペック対決《たいけつ》

ダニと蚊《か》は、その秘密《ひみつ》の能力《のうりょく》を駆使《くし》することで
さまざまな場所《ばしょ》で**危険《きけん》を顧《かえり》みず生《い》き抜《ぬ》いてきた**んだ。
ダニがいなくなって困《こま》るのは、実《じつ》は**人間《にんげん》のほう**？　蚊《か》の特性《とくせい》を利用《りよう》して**ドローン**を開発中《かいはつちゅう》？
いったいどちらの能力《のうりょく》が優《すぐ》れているのか！

(ダニの言い分②)

どんな場所《ばしょ》でも住《す》める！

ダニの種類《しゅるい》は少《すく》なくとも**世界《せかい》で約《やく》5万種《まんしゅ》、日本《にほん》でも約《やく》2千種《せんしゅ》**いると言《い》われている。地球上《ちきゅうじょう》のいたるところに生息《せいそく》していて、ヒマラヤのような高地《こうち》や森林《しんりん》、草原《そうげん》、川《かわ》、都市《とし》、さらには**水深《すいしん》7000mの深海《しんかい》**にも生息《せいそく》しているんだ。そして、実《じつ》は人間《にんげん》の意外《いがい》な場所《ばしょ》にもダニが……？

注目！ 人間《にんげん》の顔《かお》にも住《す》んでいる!?

皮膚科の専門医
伊東秀記くん
(立川皮膚科クリニック院長)

実《じつ》は、**90%以上の人《ひと》の顔《かお》の皮膚《ひふ》**に、**ダニが生息《せいそく》**しているんです。そのダニの名《な》は、**ニキビダニ**。0・3ミリほどの細長《ほそなが》い体《からだ》を持《も》ちます。眉毛《まゆげ》などの毛穴《けあな》に存在《そんざい》しますが、生《う》まれたばかりの人間《にんげん》の赤《あか》ちゃんにはニキビダニはいません。**親《おや》などがほおずりすることで移《うつ》り住《す》みます**。このダニは人間《にんげん》の顔《かお》の余分《よぶん》な皮脂《ひし》を分解《ぶんかい》し、**バランスを正常《せいじょう》に保《たも》つのに役立《やくだ》っています**。数百万年《すうひゃくまんねん》も人類《じんるい》と共存《きょうぞん》している生物《せいぶつ》なので、皮膚《ひふ》に問題《もんだい》ない限《かぎ》り、**怖《こわ》がる必要《ひつよう》も駆除《くじょ》する必要《ひつよう》もまったくありません**。

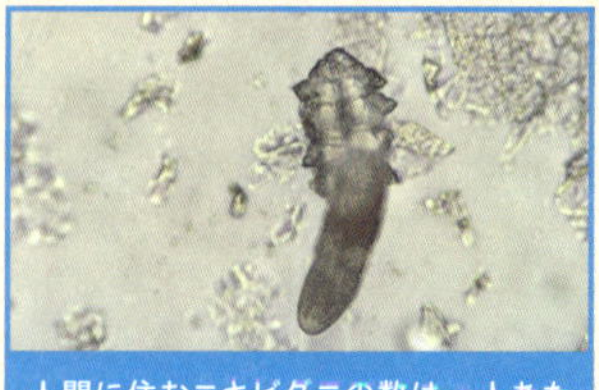

人間に住むニキビダニの数は一人あたり200万匹と言われており、皮脂を栄養分にして卵を産んで家族を増やしている

(**蚊**の言い分②)

研究者《けんきゅうしゃ》も注目《ちゅうもく》のハイスペックセンサー

真《ま》っ暗闇《くらやみ》でも**的確《てきかく》に獲物《えもの》の場所《ばしょ》を探《さぐ》り**、刺《さ》すことができる蚊《か》。体《からだ》の器官《きかん》にさまざまなハイスペック能力《のうりょく》を持《も》っているから、それが可能《かのう》になっているんだ。

3つのスキルを紹介《しょうかい》!

① 小顎髭《しょうがくし》

口《くち》の部分《ぶぶん》に付《つ》いている「**小《しょう》顎髭《がくし》**」は、人間《にんげん》が吐《は》く**10m先の二酸化炭素《にさんかたんそ》**をキャッチすることができるスーパーアイテム

② 触角《しょっかく》

蚊《か》の「触角《しょっかく》」は**3m先の汗《あせ》の匂《にお》い**などを敏感《びんかん》に嗅《か》ぎ取《と》る。また、好《この》みの体温《たいおん》である**37℃くらいの温度《おんど》**も感知《かんち》することができる

③ジョンストン器官《きかん》

触角《しょっかく》の根元《ねもと》についている「**ジョンストン器官《きかん》**」はわずかな音《おと》や空気《くうき》の振動《しんどう》を感知《かんち》する器官《きかん》。自《みずか》らの羽《は》ばたきによって生《しょう》じた気流《きりゅう》が壁《かべ》などの**障害物《しょうがいぶつ》に跳《は》ね返《かえ》る**ことで、その気流《きりゅう》の変《へん》化《か》を察知《さっち》して蚊《か》は障害物《しょうがいぶつ》にぶつからずに飛《と》ぶことができる

注目!

ジョンストン器官《きかん》がハイテクロボに!!

The Royal Veterinary College
Nakata et al (2020) Science.

障害物を認識すると
危険を知らせるLEDライトがON!
災害時の捜索活動などで
活躍が期待されている

我《われ》々《われ》の調査《ちょうさ》で蚊《か》は体長《たいちょう》の約《やく》10倍《ばい》にあたる3cmほど離《はな》れた床《ゆか》を感知《かんち》できることがわかりました。人間《にんげん》のサイズに換算《かんさん》すると**真《ま》っ暗闇《くらやみ》の中《なか》で建物《たてもの》の約《やく》5階《かい》から床《ゆか》を感知《かんち》できる**のと同《おな》じ距離《きょり》です。このメカニズムを応用《おうよう》してイギリスの研《けん》究《きゅう》チームが開発《かいはつ》したのが、通称《つうしょう》**「モスキートコプター」**。これはドローンで、搭載《とうさい》された風圧《ふうあつ》センサーを駆使《くし》して、プロペラが起《おこ》す気流《きりゅう》の変化《へんか》を読《よ》みとって**障害物《しょうがいぶつ》を感知《かんち》**することができます。

虫の飛行メカニズムを研究する
中田敏是くん
(千葉大学大学院工学研究院 准教授)

ROUND 3

食《しょく》や医療《いりょう》での応用《おうよう》に期待《きたい》

生活《せいかつ》を豊《ゆた》かにしてくれる？対決《たいけつ》

ダニも蚊《か》も、人間《にんげん》にとって無意味《むいみ》な存在《そんざい》だと思《おも》いがち。
しかし、彼《かれ》らの言《い》い分《ぶん》を聞《き》いてみると**悪《わる》いことばかりではなかった！**
食《た》べ物《もの》を守《まも》ってくれるダニの存在《そんざい》や、血《ち》をもらうかわりに
優《やさ》しくそっと刺《さ》している蚊《か》たちの、**実《じつ》はカッコいい姿《すがた》**に注目《ちゅうもく》！

（ダニの言い分③）

食生活《しょくせいかつ》を支《ささ》えてくれる存在《そんざい》なんだ！

実《じつ》はチーズの本場《ほんば》であるヨーロッパには、約《やく》500年《ねん》以上続《つづ》く、**ダニが熟成《じゅくせい》させるチーズ**があるんです。それが、日本《にほん》でも人気《にんき》のフランス原産《げんさん》チーズ、**ミモレット**。ダニが穴《あな》を開《あ》けてチーズの表面積《ひょうめんせき》を増《ふ》やすことで、チーズの内部《ないぶ》との**ガス交換《こうかん》がより多《おお》く行《おこな》われる**ことが熟成《じゅくせい》にとって重要《じゅうよう》だと考《かんが》えられます。ダニが増《ふ》えてくる環境《かんきょう》はチーズの熟成《じゅくせい》にも最適《さいてき》なんです。本場《ほんば》フランスでは、食《た》べるときにチーズコナダニを外《そと》側《がわ》ごと取《と》り除《のぞ》くそうです。

ダニの分類の専門家
島野智之くん
（法政大学国際文化学部 教授）

農業で大活躍！？
捕食性のダニを研究する
長泰行くん
（千葉大学大学院園芸学研究科 准教授）

チーズコナダニという種類。アレルギーを起こすダニとはまったく別の種類なんだ

ミモレットの外側にはデコボコした穴がある。この穴が、ダニがチーズを食べたあと

ダニの中《なか》にはさまざまな野菜《やさい》や果物《くだもの》に被害《ひがい》を及《およ》ぼす「**害虫《がいちゅう》**」がいます。中《なか》でもハダニ類《るい》は、植物《しょくぶつ》の葉《は》に潜《ひそ》み、口《くち》の針《はり》で栄養《えいよう》を吸《す》い取《と》ります。その対策《たいさく》として農薬《のうやく》を使《つか》わない方法《ほうほう》で考案《こうあん》されたのが、**ハダニの天敵《てんてき》を利用《りよう》する**こと。実《じつ》は、**ミヤコカブリダニ**という同《おな》じくダニの一種《いっしゅ》がハダニを撃退《げきたい》してくれるんです。カブリダニは生物農薬《せいぶつのうやく》として農林水産省《のうりんすいさんしょう》にも認可《にんか》され、多《おお》くの**農家《のうか》で活用《かつよう》**されています。

ミヤコカブリダニはハダニを捕まえて体液を吸う。人間の役に立つダニもいるんだ

ハダニが増えると植物の成長が悪くなり、最悪の場合は枯れてしまう

（蚊の言い分③）

痛《いた》くないギザギザの刃《は》

蚊《か》に刺《さ》されたときは、ほかの虫《むし》に刺《さ》されたときよりも痛《いた》みを感《かん》じない。その理由《りゆう》は、**蚊《か》の針《はり》の特殊《とくしゅ》な構造《こうぞう》**にあるんだ。通常《つうじょう》の針《はり》は皮膚《ひふ》を巻《ま》き込《こ》んで進《すす》むため、皮《ひ》膚《ふ》が大《おお》きくたわみ、痛《いた》みを感《かん》じてしまう。しかし、蚊《か》の針《はり》はギザギザになっている先《さき》っぽしか触《ふ》れないため、**抵抗《ていこう》が小《ちい》さく**、たわみが最小限《さいしょうげん》になり痛《いた》みを感《かん》じにくい。この針《はり》の構造《こうぞう》は応用《おうよう》されていて、**糖尿病患者《とうにょうびょうかんじゃ》の血糖値《けっとうち》を測《はか》る**際《さい》に使《つか》われているんだぞ。

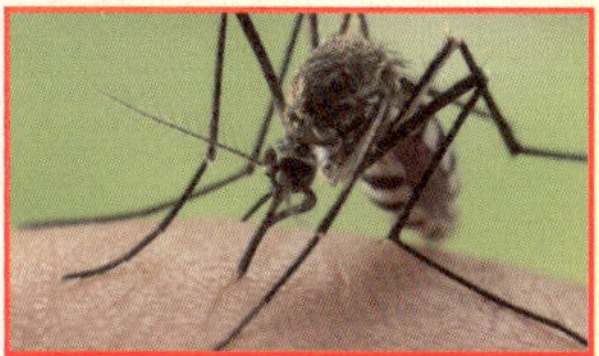

蚊の針は6本の細い針が束になってできている。外側の2本の針の端にはギザギザがあり、これが皮膚に触れる

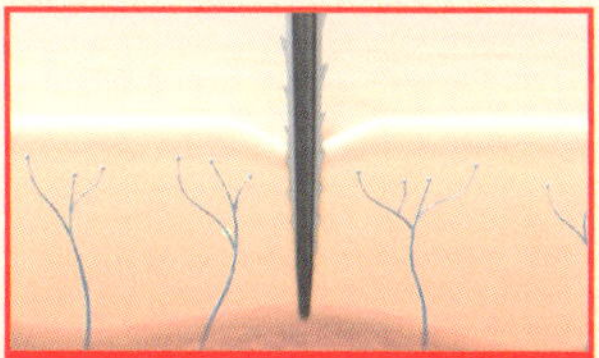

ギザギザ針の場合は皮膚への抵抗が少ないので、痛みを感じずにいつの間にか刺されている

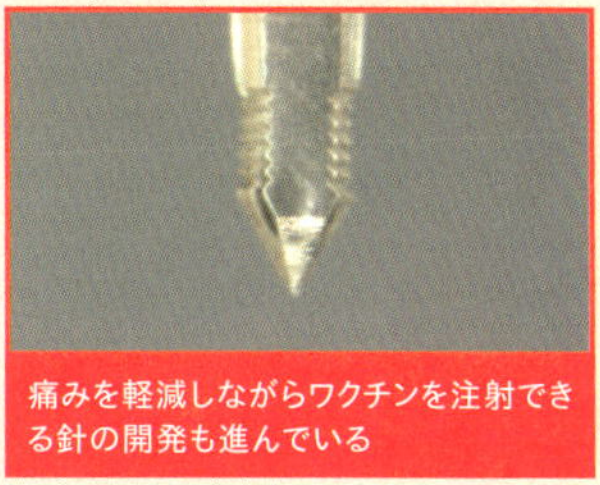

痛みを軽減しながらワクチンを注射できる針の開発も進んでいる

注目！

麻酔薬《ますいやく》にもなるかも？

痛みを感じる
体の仕組みについて研究
富永真琴くん
（生理学研究所 教授）

蚊《か》は血《ち》を吸《す》う際《さい》に、血液《けつえき》が固《かた》まって針《はり》がつまらないよう、人間《にんげん》の毛細血管《もうさいけっかん》へ**唾液《だえき》を注入《ちゅうにゅう》**しています。実《じつ》はこの唾液《だえき》は、**痛《いた》みを和《やわ》らげる**役割《やくわり》があります。私《わたし》の研究《けんきゅう》では、トウガラシやワサビの辛《から》み（＝痛《いた》み）を感《かん》じる機能《きのう》を持《も》つ実験用《じっけんよう》の細胞《さいぼう》に、蚊《か》の唾液《だえき》を投与《とうよ》する実験《じっけん》を行《おこな》いました。そうすると、**痛《いた》みレベルが抑制《よくせい》される**ことがわかったんです！

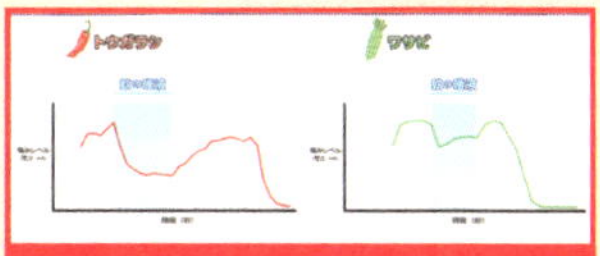

蚊の唾液に含まれる成分を活用した新たな鎮痛薬の開発が期待されている

判定《はんてい》

人間《にんげん》の近《ちか》くにいる、という意味《いみ》では仲間《なかま》ですよね

ダニのなかで日本《にほん》の家《いえ》のなかにいる約《やく》9割《わり》はヒョウヒダニです。ヒョウヒダニは食品《しょくひん》の屑《くず》や人《ひと》のフケ、アカなどを食《た》べる、いわばお掃除屋《そうじや》さん。ですがそのフンや死骸《しがい》にアレルギーの原因物質《げんいんぶっしつ》が含《ふく》まれているので大変嫌《たいへんきら》われています。一方《いっぽう》で蚊《か》が食《た》べるのは主《おも》に花《はな》の蜜《みつ》や樹液《じゅえき》です。メスに限《かぎ》っては卵《たまご》を産《う》むための栄養源《えいようげん》として血《ち》を吸《す》い、約《やく》3日後《かご》に産卵《さんらん》。吸血後《きゅうけつご》は逃《に》げるように建物《たてもの》の影《かげ》や葉《は》っぱの裏《うら》などに隠《かく》れています。しかしどちらも「アレルギーの原因《げんいん》になる」「血《ち》を吸《す》う」ことに変《か》わりはないので「誤解《ごかい》」とまでは言《い》えません。ということで、どちらの言《い》い分《ぶん》も五分五分《ごぶごぶ》ですね。（「ヴィランの言い分」制作スタッフ）

みんなの顔《かお》からいつも見守《みまも》ってるダニ！

卵《たまご》を産《う》むときにあなたのおうちにお邪魔《じゃま》するわ！

ダニさん、蚊さん、ナイスファイト！

BATTLE 04

長《なが》い舌《した》を出《だ》しながら蛇行《だこう》して迫《せま》りくるヘビと雨《あめ》の日《ひ》に大量発生《たいりょうはっせい》するミミズ。
手足《てあし》のないニョロニョロ系《けい》2大《だい》ヴィランが大勝負《おおしょうぶ》！
ヘビがクネクネしながら移動《いどう》するのは速《はや》く進《すす》むことができるから？
ミミズは土《つち》の中《なか》をニョロっと動《うご》き回《まわ》ることで実《じつ》は土《つち》を耕《たがや》してくれている？
人間《にんげん》に嫌《きら》われがちなヴィランたちの隠《かく》れたカッコいい姿《すがた》があらわになる！

ヴィラン紹介

なが〜いお付《つ》き合《あ》いをしていきましょう

Snake
ヘビ
（大水洋介［ラバーガール］）

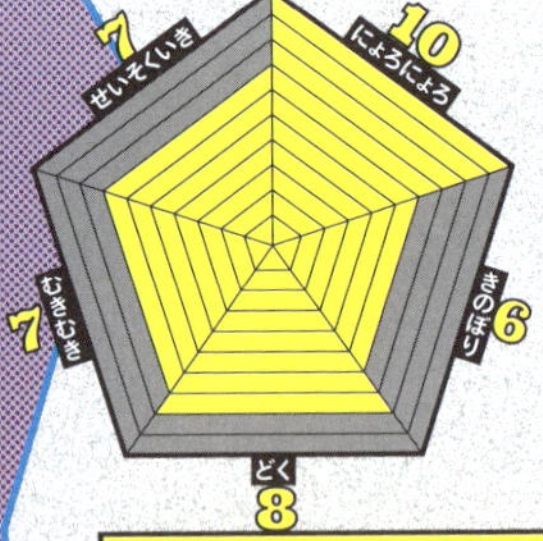

独特《どくとく》の紋様《もんよう》が全身《ぜんしん》に広《ひろ》がり、細長《ほそなが》く、手足《てあし》などを持《も》たない体《からだ》が特徴《とくちょう》。毒《どく》を持《も》つマムシやヤマカガシなどの種《しゅ》が悪名高《あくみょうたか》い。

分類　は虫綱有りん目 ヘビ亜目
主食　虫類から小型哺乳類まで、種によって異なる
ファイトスタイル　大きな口でかぶりつく

Earth worm
ミミズ
（瀧川鯉斗）

一番《いちばん》ニョロニョロなのはミーズ！

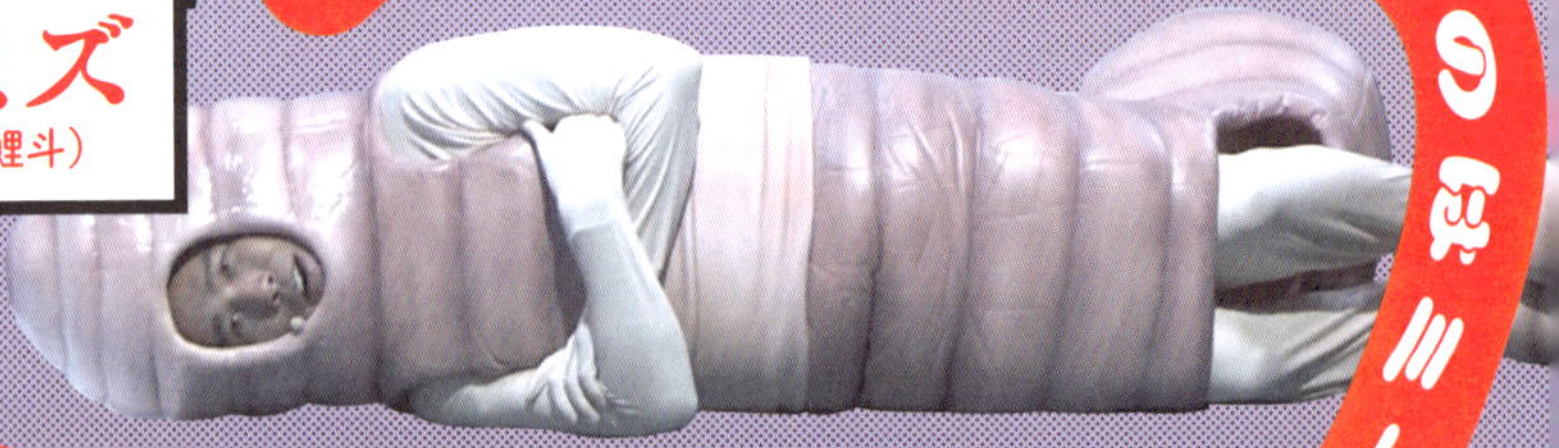

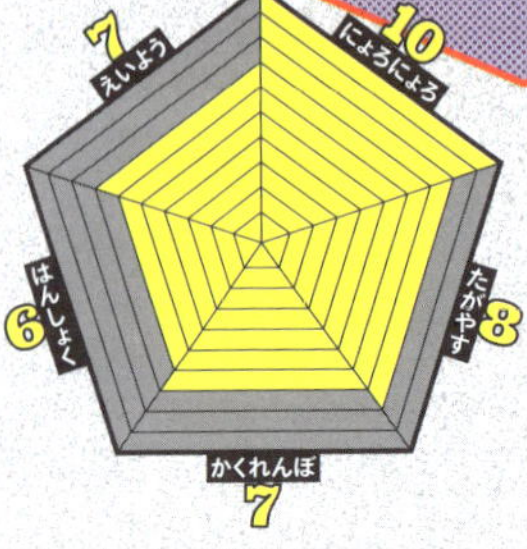

体節《たいせつ》と呼《よ》ばれるブロック状《じょう》のものが集合《しゅうごう》してできた環形動物《かんけいどうぶつ》の一種《いっしゅ》。目《め》・鼻《はな》・耳《みみ》を持《も》たない一方《いっぽう》、頭部《とうぶ》にある感知器《かんちき》で光《ひかり》を感知《かんち》できる。

分類　環形動物門 貧毛綱
主食　生ゴミや落ち葉
ファイトスタイル　土の中に隠れる

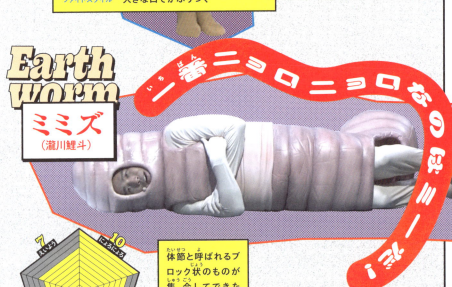

ROUND 1

生息域《せいそくいき》の広《ひろ》いヘビ、土《つち》を耕《たがや》すミミズ

知《し》られざる一面《いちめん》対決《たいけつ》

細長《ほそなが》い似《に》たような体《からだ》を持《も》つ**ヘビとミミズ**。そこには、見《み》た目《め》以上《いじょう》の重要《じゅうよう》な性能《せいのう》が隠《かく》されているんだ。ヘビが**生活《せいかつ》に適《てき》した体《からだ》**として**手足《てあし》を失《うしな》った**と主張《しゅちょう》すれば、ミミズは土《つち》の中《なか》で**大事《だいじ》な働《はたら》きをしている**とアピール。生《い》き延《の》びるための**華麗《かれい》なる進化《しんか》**に注目《ちゅうもく》!

〈ヘビの言い分①〉

昔《むかし》は手《て》足《あし》があった!?

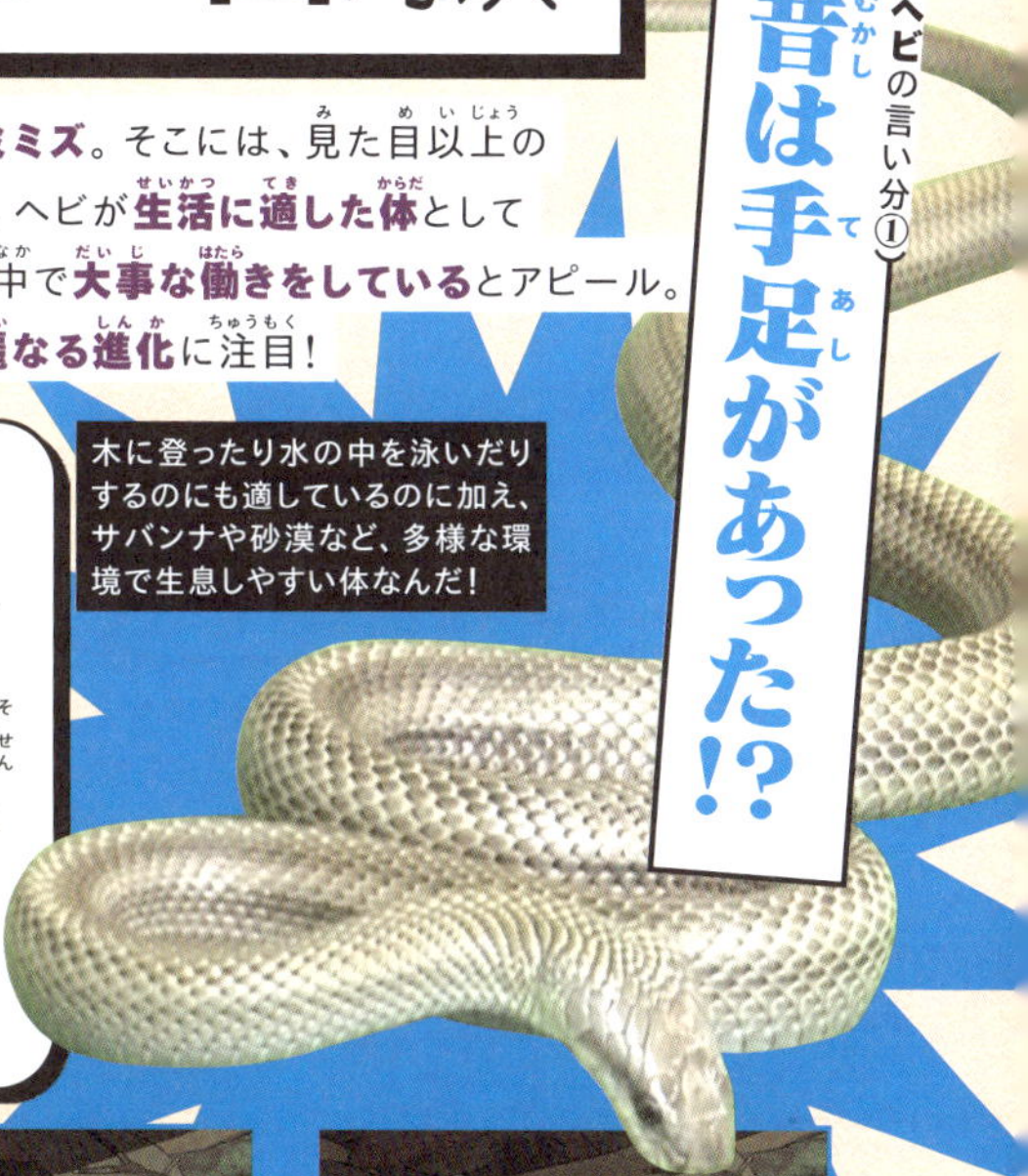

木に登ったり水の中を泳いだりするのにも適しているのに加え、サバンナや砂漠など、多様な環境で生息しやすい体なんだ!

ヘビの祖先《そせん》は、トカゲのように**4本《ほん》の脚《あし》を持《も》っていた**と言《い》われています。しかし、落葉《おちば》の下《した》や半《なか》ば地中《ちちゅう》に埋《う》もれた場所《ばしょ》を住《す》みかとして利用《りよう》するようになっていったため、手足《てあし》があると**移動《いどう》の邪魔《じゃま》**になってしまう。そうした経緯《けいい》があって、現在《げんざい》の**細長《ほそなが》くて手足《てあし》がない体《からだ》**に変《か》わってきたと考《かん》えられています。

ヘビを研究する
森哲くん
（京都大学 理学研究科
動物行動学研究室 教授）

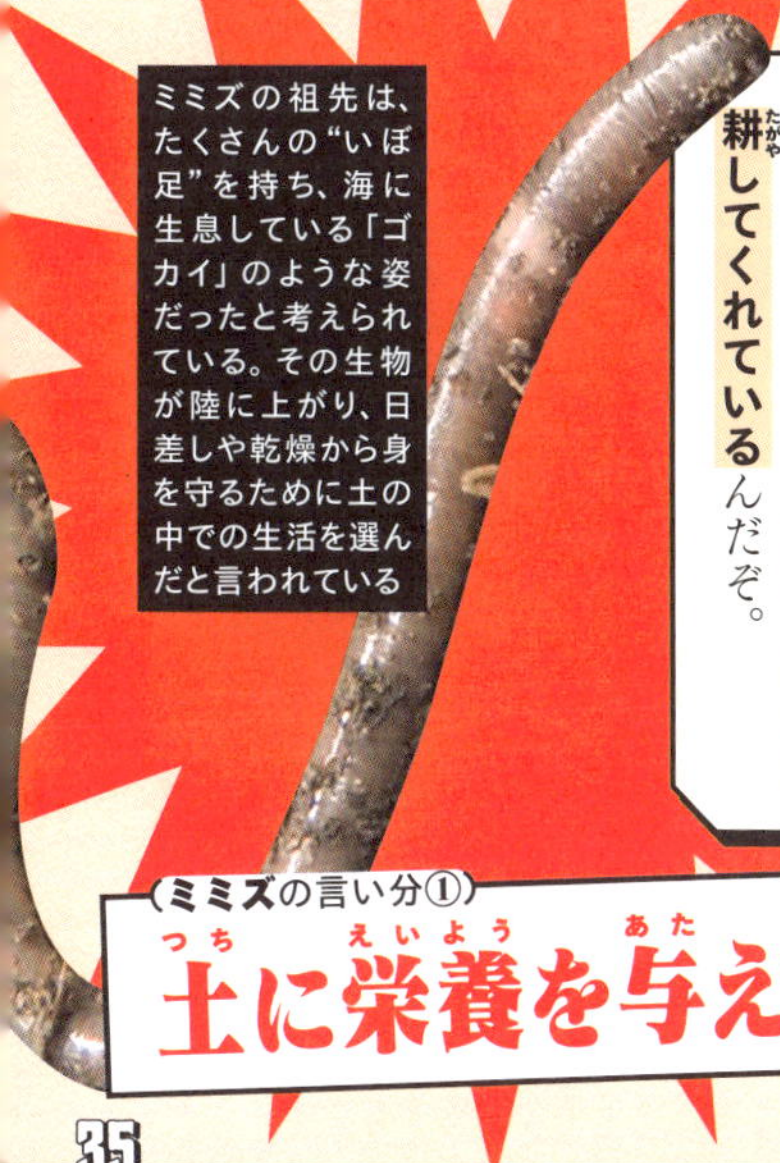

ミミズの祖先は、たくさんの“いぼ足”を持ち、海に生息している「ゴカイ」のような姿だったと考えられている。その生物が陸に上がり、日差しや乾燥から身を守るために土の中での生活を選んだと言われている

ミミズは土《つち》に含《ふく》まれる微生物《びせいぶつ》や落葉《おちば》などの**有機物《ゆうきぶつ》をエサとして**取《と》り入《い》れている。そして、食《た》べた土《つち》はミミズの体内《たいない》で粘液《ねんえき》と混《ま》ぜられ、**フンとなって排出《はいしゅつ》される**んだ。これが実《じつ》は、植物《しょくぶつ》を育《そだ》てる際《さい》に重要《じゅうよう》な働《はたら》きをする。通常《つうじょう》の細《こま》かい土《つち》では空気《くうき》が入《はい》る隙間《すきま》がなく、水《みず》はけもよくない。ところが、ミミズが土《つち》を食《た》べて排《はい》泄《せっ》することで土《つち》に塊《かたまり》が生《う》まれ、**排《はい》水性《すいせい》や通気性《つうきせい》に優《すぐ》れた良《よ》い土《つち》**になるんだ。これは野菜《やさい》や植物《しょくぶつ》を育《そだ》てるのに最適《さいてき》な環境《かんきょう》。**ミミズが土《つち》を耕《たがや》してくれている**んだぞ。

〈ミミズの言い分①〉

土《つち》に栄養《えいよう》を与《あた》えている!

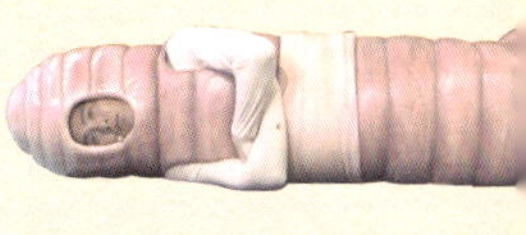
おいしい野菜《やさい》が食《た》べられるのはミーのおかげ!

ROUND 2

体《からだ》に隠《かく》れた不思議《ふしぎ》な性能《せいのう》

神秘《しんぴ》のニョロニョロボディ対決《たいけつ》

細長《ほそなが》い見《み》た目《め》で、**ニョロニョロした光沢《こうたく》**を放《はな》つ……。
人間《にんげん》からは気持《きも》ち悪《わる》がられてしまいがちなボディはヘビにとっても
ミミズにとっても一番《いちばん》の個性《こせい》。実《じつ》はその特殊《とくしゅ》な姿《すがた》には重要《じゅうよう》な意味《いみ》があったんだ。
果《は》たして、**どちらのニョロニョロボディがより優《すぐ》れているのか！**

（ヘビの言い分②）

獲物《えもの》を丸《まる》のみできる

ヘビは細長《ほそなが》い体《からだ》の**全体《ぜんたい》に消化器官《しょうかきかん》**を持《も》ち、全身《ぜんしん》で食《た》べ物《もの》を消化《しょうか》することができる。また、骨《ほね》の構造《こうぞう》も独特《どくとく》で、人間《にんげん》の背骨《せぼね》に当《あ》たる**椎骨《ついこつ》が200本《ぼん》から400本《ぼん》**あり、関節《かんせつ》が多《おお》い。そのため、あのクネクネした動《うご》きが可能《かのう》になっている。そして、こうした体《からだ》や骨《ほね》の構造《こうぞう》のおかげで、**皮膚《ひふ》が伸《の》びる限《かぎ》り体《からだ》が広《ひろ》がり**、大《おお》きな獲物《えもの》でも丸《まる》のみすることができるんだ。さらに、ヘビのアゴは上下《じょうげ》に大《おお》きく開《ひら》くことができ、下顎《かがく》は左右《さゆう》に分《わ》かれる構造《こうぞう》になっている。これによって、**自分《じぶん》の頭《あたま》より大《おお》きな獲物《えもの》にもかぶりつくことができる！**

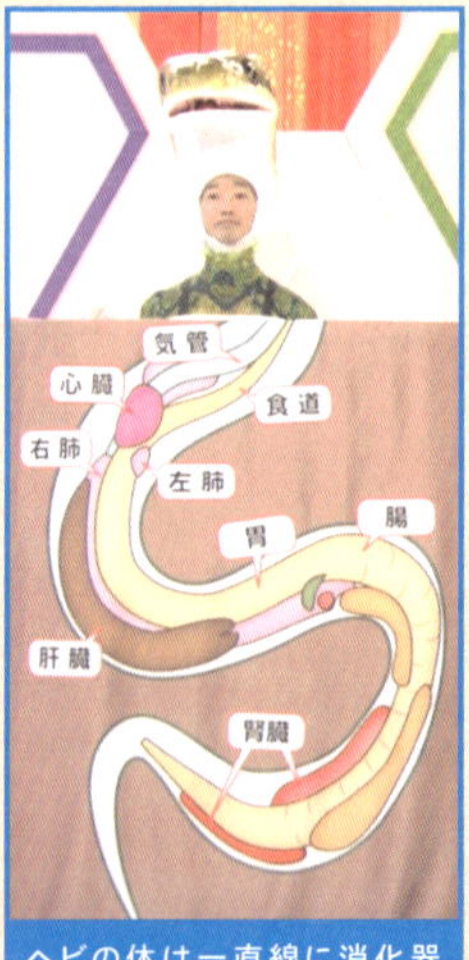

ヘビの体は一直線に消化器官が連なっている。真ん中あたりに腸が存在、肝臓なども細長い

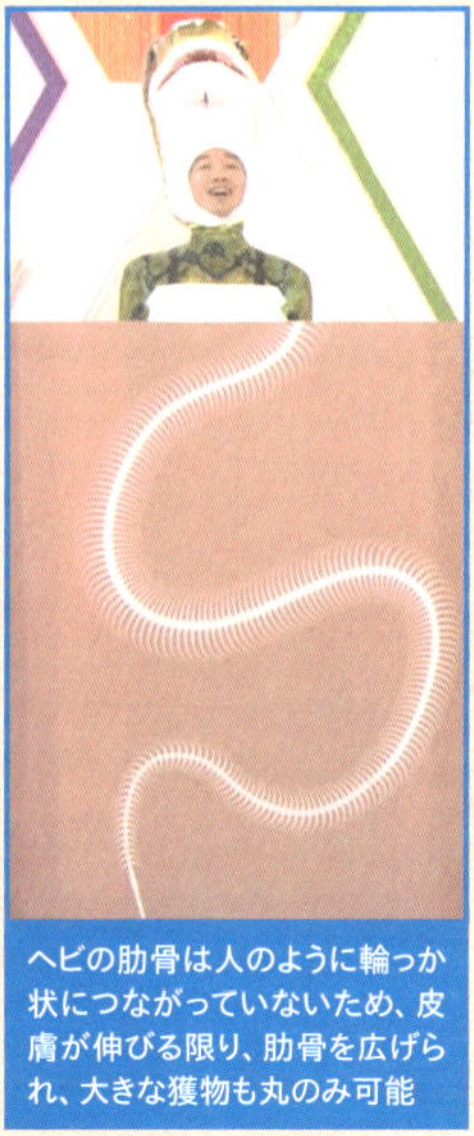
ヘビの肋骨は人のように輪っか状につながっていないため、皮膚が伸びる限り、肋骨を広げられ、大きな獲物も丸のみ可能

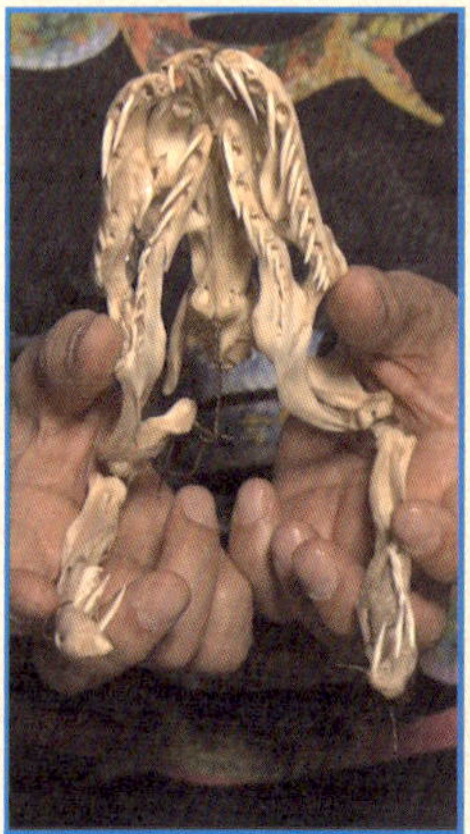
ヘビのアゴは縦にも横にも大きく広がる構造。丸のみできる技を身につけたおかげで、大体2週間から1ヶ月に1度の食事で十分生きていくことができる

《ミミズの言い分②》
体内にオスとメスの器官を両方持っている

ミミズは顔や目を持たない生物ですが、「環帯」と呼ばれる器官が前方についています。白っぽいところですね。これがあるのは大人の証で、環帯はミミズが子どもをつくるための器官なんです。ミミズは卵で子どもを増やしますが、**1匹の中にオスとメスの両方の生殖器官**を持っています。

ミミズの分類を専門にしている
南谷幸雄くん
（栃木県立博物館 主任研究員）

解説者
映像クリエイター
ミホチロくん

解説！どうやって子どもを産むの？

①
ミミズは子どもをつくる際、2匹のお腹同士をくっつけて環帯から互いの精子を送り合う

②
そして、卵をポイッ！

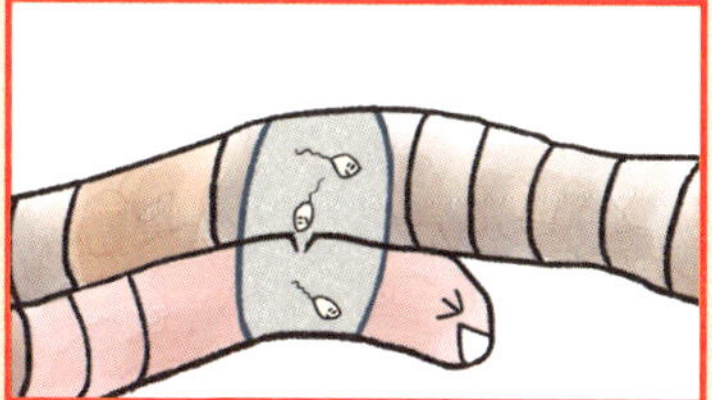

すると、環帯に卵殻になる膜を生成。その中に卵を産みつけるんだ

③
入りまーす

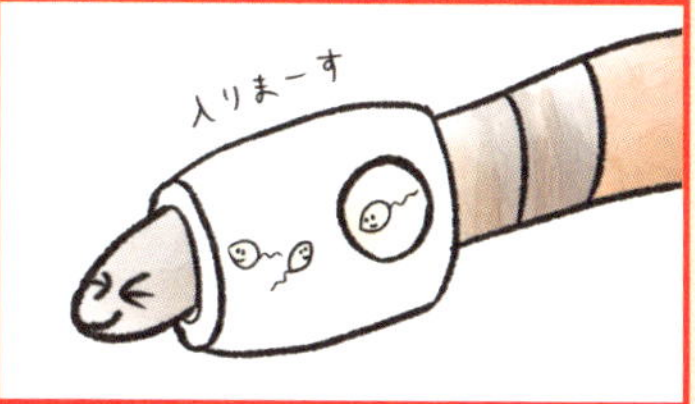

服を脱ぐように膜を前方へずらし、そこにいる精子が卵に移動するよ！

④
うまれました

脱ぎ捨てられた膜は、レモンのような形の卵包になり、数十日で赤ちゃんミミズが誕生！

ROUND 3

進《すす》み方《かた》に一芸《いちげい》あり!

動《うご》きの秘密《ひみつ》対決《たいけつ》

ヘビもミミズもニョロニョロしているけどよく見《み》ると**動《うご》き方《かた》が違《ちが》う**。**ヘビはクネクネ**していて、**ミミズはまっすぐ**に前進《ぜんしん》するのが特徴《とくちょう》だ。それぞれの移動方法《いどうほうほう》はどのような仕組《しく》みで成《な》り立《た》っているのだろう? 似《に》ているようでぜんぜん違《ちが》う、**ヘビとミミズの個性《こせい》がここにあり!**

ヘビの言い分③ 蛇行《だこう》でスピードアップ

クネクネ曲《ま》がって進《すす》むことを**「蛇行《だこう》」**と言《い》いますが、これはヘビの動《うご》きからきています。ヘビの蛇行《だこう》のポイントは**「腹板《ふくばん》」**と呼《よ》ばれる鱗《うろこ》の部分《ぶぶん》で、地面《じめん》にある凹凸《おうとつ》に体《からだ》を寄《よ》せ、腹板《ふくばん》が膨《ふく》らみを押《お》すことで前《まえ》に進《すす》んでいるんです。体《からだ》をくねらせるだけ押《お》す場所《ばしょ》が多《おお》くなり、速《はや》く進《すす》むことができるんですよ。また、ヘビの**最大《さいだい》の武器《ぶき》が筋肉《きんにく》の量《りょう》**。ほかの生物《せいぶつ》に比《くら》べて圧倒的《あっとうてき》に多《おお》く、その筋肉《きんにく》を活《い》かすとなると**蛇行《だこう》が最善策《さいぜんさく》**なんです!

ヘビを研究する
高木優くん
(日本蛇族学術研究所)

腹板の一枚一枚が地面のふくらみを押し、ヘビの体全体を前へと進める

蛇行には、体の下側にある「腹板」が活躍

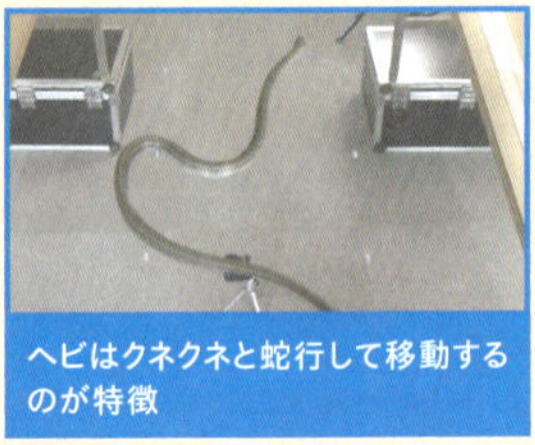

ヘビはクネクネと蛇行して移動するのが特徴

ミミズの言い分③ 狭《せま》い場所《ばしょ》でもスマートに移動《いどう》

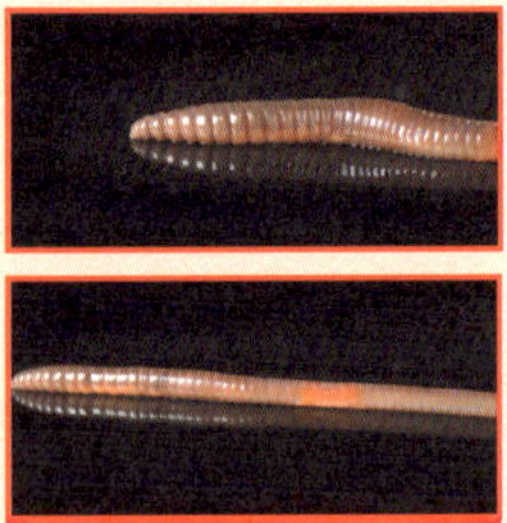

ミミズは頭部の節を収縮させ、徐々に後方の節へと収縮を移動させながら前進。さらに、移動するときに体中から滑り止めとなる「剛毛」を出すことでスムーズな移動をサポートしている

ミミズは体《からだ》の節《ふし》の一部分《いちぶぶん》を縮《ちぢ》めて太《ふと》くし、そこを足掛《あしが》かりにして**伸縮《しんしゅく》を繰《く》り返《かえ》しながらまっすぐ**に移動《いどう》している。体《からだ》が通《とお》る隙間《すきま》さえあれば、狭《せま》くて細《ほそ》い空間《くうかん》でも移動《いどう》することができる。蛇行《だこう》するヘビと比較《ひかく》しても、**場所《ばしょ》を取《と》らずにスマートな動《うご》き**が可能《かのう》なんだな。こうした特徴《とくちょう》によって、ミミズは土《つち》の中《なか》で**4億年《おくねん》もの間《あいだ》、生《い》き続《つづ》ける**ことができたんだ。

ROUND 4

命《いのち》を救《すく》う手掛《てが》かりに？

人間《にんげん》の役《やく》に立《た》ちまくり対決《たいけつ》

怖《こわ》くて気持《きも》ち悪《わる》い存在《そんざい》として嫌《きら》われがちなヴィランたち。
しかし、その性能《せいのう》を細《こま》かく研究《けんきゅう》していると、**人間《にんげん》に貢献《こうけん》する凄《すさ》まじい働《はたら》き**が明《あき》らかに！
ヘビの毒《どく》やミミズの再生機能《さいせいきのう》が医療《いりょう》で役立《やくだ》つ場面《ばめん》がくるかも!?

ヘビ毒に存在する“血液を固める成分”を利用することで、スーパー接着剤の開発に成功

傷口の治り方を2つの接着剤で比較したところ、スーパー接着剤のほうはほとんど傷跡が残らないことが明らかに！

（ヘビの言い分④）

ヘビの毒《どく》が医療《いりょう》に貢献《こうけん》？

私《わたし》たちは南米随一《なんべいずいいち》の毒《どく》ヘビ「**カイサカ**」から、すばやく出血《しゅっけつ》を止《と》める**スーパー接着剤《せっちゃくざい》**をつくることに成功《せいこう》しました。手術《しゅじゅつ》で止血《しけつ》や傷《きず》口《ぐち》をふさぐ際《さい》に組織接着剤《そしきせっちゃくざい》というものが使《つか》われますが、これにヘビ毒《どく》の成分《せいぶん》を組《く》み合《あ》わせて開発《かいはつ》したものです。この接着剤《せっちゃくざい》をラットのしっぽで実験《じっけん》したところ、従来《じゅうらい》の医療用接着剤《いりょうようせっちゃくざい》は血液《けつえき》の固《かた》まる時間《じかん》が90秒《びょう》だったのに対《たい》して**この接着剤《せっちゃくざい》は45秒《びょう》で止血《しけつ》**しました。ヘビの毒《どく》が医療《いりょう》の可能性《かのうせい》を広《ひろ》げています！

治療技術を研究する
マルコム・シンくん
（マニトバ大学 機械工学部）

（ミミズの言い分④）

再生医療《さいせいいりょう》に役立《やくだ》つかも!?

私《わたし》が医療分野《いりょうぶんや》での応用《おうよう》を目指《めざ》して研究《けんきゅう》しているのが、**ヤマトヒメミミズ**という種類《しゅるい》です。このミミズは成長《せいちょう》すると**自分《じぶん》の体《からだ》をバラバラ**にして、そこから失《うしな》った頭《あたま》と尾《び》部《ぶ》を完全《かんぜん》に再生《さいせい》して元《もと》通《どお》りになります。このメカニズムを利用《りよう》して、人間《にんげん》の**再生医療《さいせいいりょう》がさらに進化《しんか》する**と期待《きたい》しています。

ミミズを医療に役立てる研究をしている
田所竜介くん
（岡山理科大学 生命科学部）

①

ヤマトヒメミミズを顕微鏡で観察すると、実際に長い体を2つに分離しているのがわかる

②

1日経つと、切断面にさまざまな細胞のもとになる「再生芽」と呼ばれるものができる

③

5日後までには、それぞれの体に脳や生殖器官まで再生して元通りの体になるんだ

判定《はんてい》

ニョロニョロどうし、仲良《なかよ》くたわむれましょう

ミミズは、海《うみ》から陸《りく》に上《あ》がった最初《さいしょ》の生《い》きもののひとつと言《い》われ、日差《ひざ》しや乾燥《かんそう》から身《み》を守《まも》るために土中《どちゅう》の生活《せいかつ》を選《えら》びました。体《からだ》の一部《いちぶ》を縮《ちぢ》めて太《ふと》くし、そこを足掛《あしが》かりに体《からだ》を伸《の》ばして進《すす》むやり方《かた》は、体《からだ》の通《とお》る隙間《すきま》さえあればＯＫ。この移《い》動法《どうほう》のおかげで、ミミズは外敵《がいてき》の少《すく》ない地中《ちちゅう》で4億年前《おくねんまえ》から生《い》き延《の》びてきたのです。一方《いっぽう》ヘビは、進化《しんか》の過程《かてい》で手足《てあし》のない細長《ほそなが》い体《からだ》を手《て》に入《い》れ、体《からだ》をくねくね曲《ま》げて進《すす》む走法《そうほう》で、木《き》の上《うえ》や水中《すいちゅう》、砂漠《さばく》など、どんな場所《ばしょ》でも動《うご》けるようになり、南極《なんきょく》以外《いがい》のすべての大陸《たいりく》に進出《しんしゅつ》！　どちらもニョロニョロの体《からだ》には、生《い》き残《のこ》りをかけた切実《せつじつ》な理由《りゆう》があったのです。両《りょう》者《しゃ》の生存戦略《せいぞんせんりゃく》には手《て》も足《あし》も出《で》ない!?　たがいに細《ほそ》ーく、長《なが》ーくいきましょう！（「ヴィランの言い分」制作スタッフ）

ヘビの性能《せいのう》、
どんなもん蛇《じゃ》！

似《に》たもの同士《どうし》、ミーと
水入《みずい》らずで仲良《なかよ》くしましょ！

これからのお付《つ》き合《あ》いに期待《きたい》！

ヴィランの控《ひか》え室《しつ》

カラス
コウモリ

1

カラスくんはよくゴミをあさっているけど
実《じつ》はキレイ好《ず》きってホント?
フフフ…
その通《とお》りだゼ!!
コウモリくん
カラスくん

ホントにキレイ好《ず》き!?

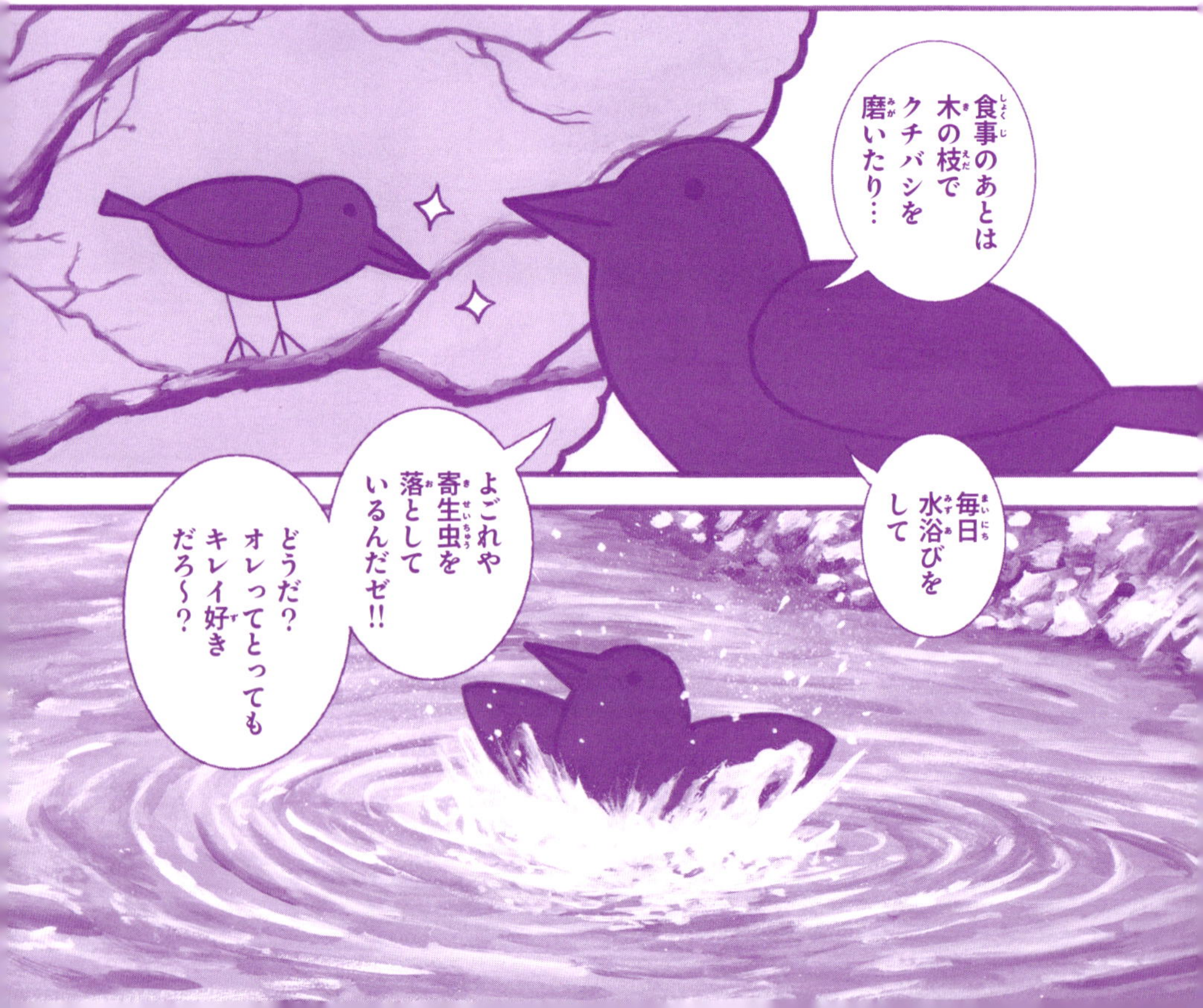
食事《しょくじ》のあとは木《き》の枝《えだ》でクチバシを磨《みが》いたり…
毎日《まいにち》水浴《みずあ》びをして
よごれや寄生虫《きせいちゅう》を落《お》としているんだゼ!!
どうだ? オレってとってもキレイ好《ず》きだろ~?

でもトイレのあと手《て》を洗《あら》ってないよね。
トイレのあとは手《て》を洗《あら》おうね!!

ばいばい。また、次《つぎ》の控《ひか》え室《しつ》で会《あ》おうね。

BATTLE 05

クモの糸《いと》とカメムシのニオイ！ どちらの能力《のうりょく》が優《すぐ》れている!?

クモ VS カメムシ

糸《いと》を使《つか》った巣《す》を張《は》り巡《めぐ》らすクモと強烈《きょうれつ》なニオイを放《はな》つカメムシ。
ときには家《いえ》の中《なか》にも現《あらわ》れ人間《にんげん》を驚《おどろ》かす2大《だい》ヴィランが大《おお》ゲンカ！
クモがベタベタする巣《す》の上《うえ》を歩《ある》けるのはどうして？　実《じつ》はカメムシには
いいニオイもある？　お互《たが》いの言《い》い分《ぶん》を聞《き》けば彼《かれ》らへの印象《いんしょう》が変《か》わるはず！

ヴィラン紹介

Spider
クモ
（バービー）

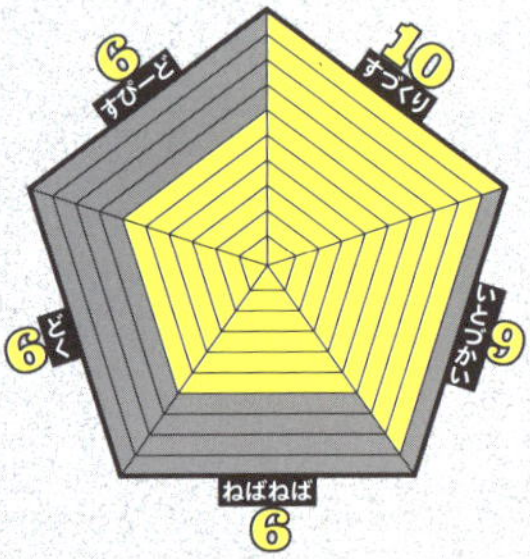

8本脚と8つの目が特徴で、知らぬ間に家の中でも巣を張り巡らしている。人に対して有害な毒グモも存在。

分類　節足動物門鋏角亜門クモガタ綱クモ目
主食　ゴキブリ、アリ、ハエなどの昆虫
ファイトスタイル　糸で網を張り、かかった獲物を捕食

レーダーチャート：すばやさ 6、すづくり 10、いとづかい 9、ねばねば 6、どく 6

Stink bug
カメムシ
（イワクラ［蛙亭］）

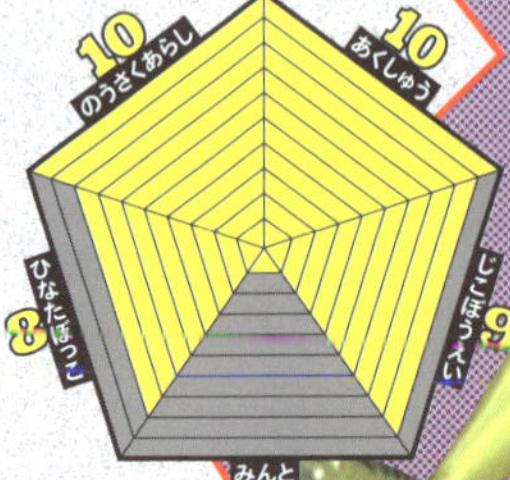

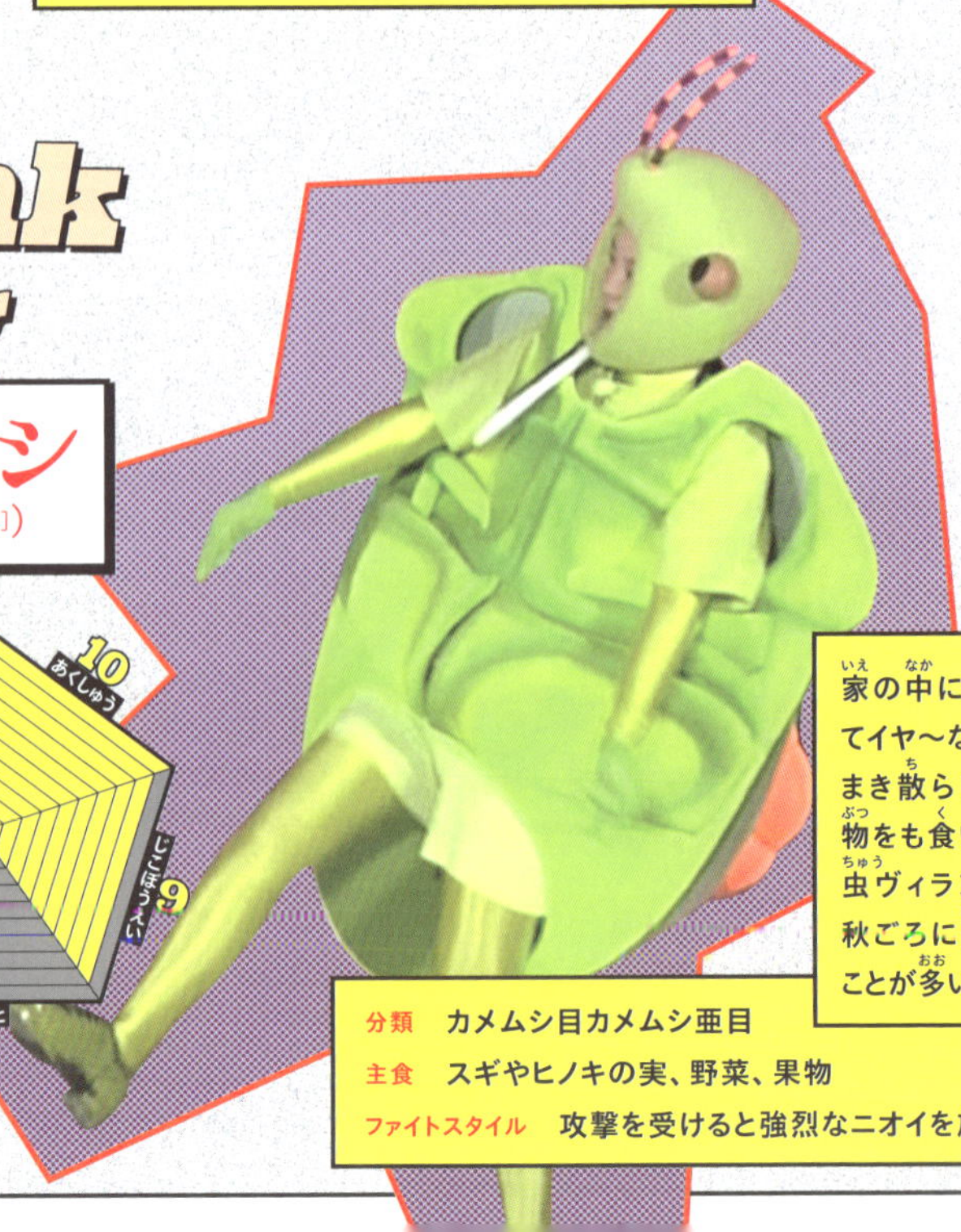

家の中に入ってきてイヤ〜なニオイをまき散らし、農作物をも食い荒す害虫ヴィラン。特に秋ごろに発生することが多い。

分類　カメムシ目カメムシ亜目
主食　スギやヒノキの実、野菜、果物
ファイトスタイル　攻撃を受けると強烈なニオイを放つ

ROUND 1 最強《さいきょう》ヴィランたちの強力《きょうりょく》な武器《ぶき》

器用《きよう》な能力《のうりょく》対決《たいけつ》

クモと言《い》えば**糸《いと》を使《つか》った巣作《すづく》り**で、カメムシと言《い》えばその**強烈《きょうれつ》なニオイ**。どちらにも個性的《こせいてき》な必殺技《ひっさつわざ》があるが、これらはどのようなメカニズムなのだろう?虫《むし》を捕《と》らえるためのクモの巣《す》は**優《すぐ》れた技術《ぎじゅつ》の結晶《けっしょう》**だった!?

クモの言い分①

クモの巣作《すづく》りはかなりの職人技《しょくにんわざ》！

クモが巣《す》を張《は》るとき、まずは1本目《ほんめ》の糸《いと》を出《だ》し、それをうまく風《かぜ》に乗《の》せて**離《はな》れた木《き》へ飛《と》ばす。**そうしてできた架橋《かけはし》を足場《あしば》にして、まずはY字状《じじょう》に糸《いと》を張《は》るんだ。次に、**Y字《じ》状《じょう》の中心《ちゅうしん》を起点《きてん》に放射状《ほうしゃじょう》に、**枝《えだ》に向《む》かってたくさんの糸《いと》を伸《の》ばす。そこからは、中心《ちゅうしん》から外《そと》に向《む》かって円《えん》をつくるように渦巻《うずま》き状《じょう》に足場《あしば》をつくっていく。この作業《さぎょう》を続《つづ》けること**わずか30分《ぷん》から1時間《じかん》で**あっという間《ま》に巣《す》は完成《かんせい》！

①
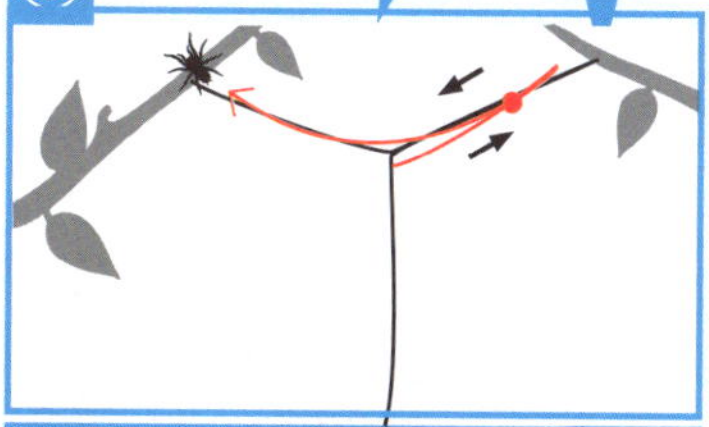
Yの字に足場をつくる

②
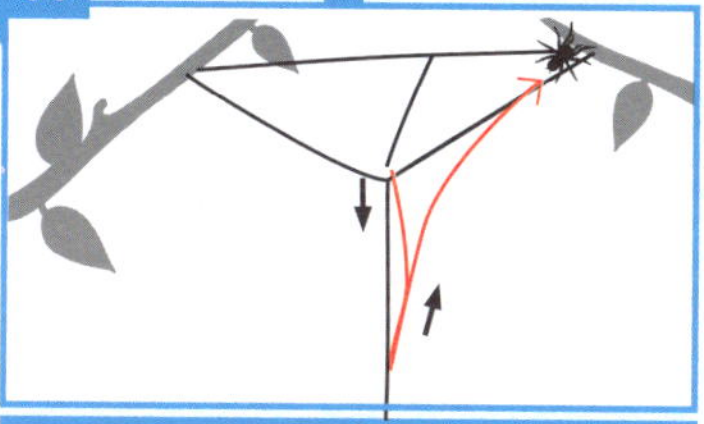
周りを囲いながら放射状に糸を張る

③
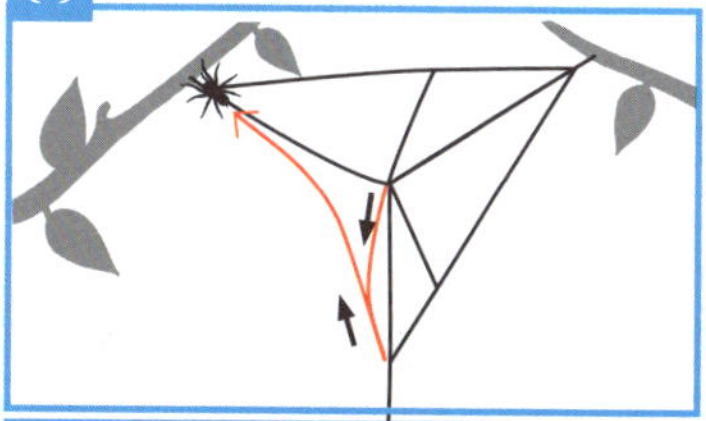
ぐるぐる渦巻き状に足場をつくる

④
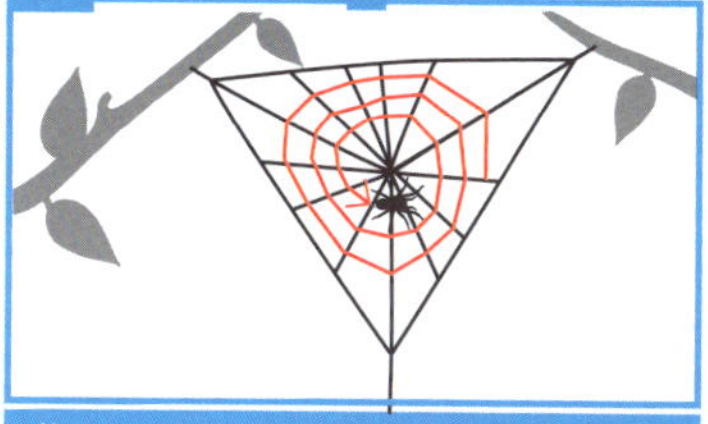
約30分～1時間で巣ができあがる

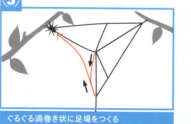

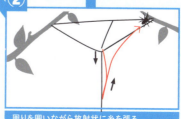

（カメムシの言い分①）

ニオイを使《つか》いこなしている！

クモの**巣作《すづく》りが職人《しょくにん》レベル**だと主張《しゅちょう》すれば、
カメムシは**ニオイを器用《きよう》に使《つか》い分《わ》けている**と主張《しゅちょう》。
生《い》き物《もの》によっては毒《どく》になる**臭《くさ》い液体《えきたい》**を使《つか》って、
敵《てき》を撃退《げきたい》するだけでなく**仲間《なかま》と会話《かいわ》している**んだ！

カメムシは敵《てき》に襲《おそ》われると自分《じぶん》の身《み》を守《まも》るために**パッとニオイを出《だ》す**んです。カメムシのニオイが本当《ほんとう》に敵《てき》を撃退《げきたい》する効果《こうか》があるのかを調《しら》べるために、カメムシの天敵《てんてき》でもあるアリを使《つか》って実験《じっけん》しました。アリが入《はい》った容器《ようき》にニオイがついた紙《かみ》を入れたところ、アリが**触《しょっ》角《かく》を触《さわ》りはじめて反応《はんのう》**。アリは触角《しょっかく》にあまりにも強烈《きょうれつ》なニオイを感知《かんち》すると、それを洗《あら》い落《お》とそうとするんです。さらに時間《じかん》が経過《けいか》すると、多《おお》くのアリはニオイから離《はな》れるように移動《いどう》。なかには強烈《きょうれつ》なニオイの影響《えいきょう》で**運《うん》動能力《どうのうりょく》まで衰《おとろ》えた**アリもいたんです。

カメムシを
15年間研究している
野下浩二くん
（秋田県立大学生物資源科学部 准教授）

カメムシは身を守る以外にも仲間との会話でこのニオイを使いこなしている。薄いニオイで仲間を集め、濃いニオイで仲間に危険を知らせているんだ

ほとんどのアリはニオイから遠い容器の上部へと移動した

ROUND 2

実《じつ》は複雑《ふくざつ》な事情《じじょう》があるから責《せ》めないで！

嫌《きら》われる行動《こうどう》の秘密《ひみつ》対決《たいけつ》

ベタベタする糸《いと》を出《だ》すクモと、洗濯物《せんたくもの》や家《いえ》に侵入《しんにゅう》して
ニオイを発《はっ》するカメムシ。どちらも人間《にんげん》から嫌《きら》われる行動《こうどう》をしているけれど、
彼《かれ》らにも**生《い》き抜《ぬ》くための大事《だいじ》な理由《りゆう》**があったんだ！

クモの言い分②

クモの糸《いと》が全部《ぜんぶ》ベタベタしてると思《おも》わないで！

解説！
クモの糸《いと》の秘密《ひみつ》

解説者
イラストレーター
お文具さん

①

巣はさまざまな糸で構成されており、巣の中心から放射状に伸びる縦糸はベタベタしない成分でつくられている。この縦糸の上を移動するから、クモ自体は自由に動き回れるんだ！

②

巣の中心から渦状に広がる横糸にはベタベタする成分"粘球"がついているため、やってきた獲物は動けなくなってしまう

③

獲物を捕まえる際には捕獲糸を使う。このように、クモはいくつもの糸を器用に使い分けて頑張って獲物を捕まえているんだ

カメムシの言い分②

家《いえ》の中《なか》に現《あらわ》れるのは人間《にんげん》にも責任《せきにん》がある

カメムシはヒノキやスギの実が大好物なんだ

カメムシは夏の初めに卵を産むため、厳しい冬を乗り越えなければいけない

高《こう》度《ど》経済成長期《けいざいせいちょうき》にヒノキやスギが多《おお》く植《う》えられたことで、**大量発生《たいりょうはっせい》**したと言《い》われているカメムシ。夏場《なつば》はヒノキやスギの実《み》を食《た》べることで仲間《なかま》を増《ふ》やしているけれど、秋《あき》になると**山《やま》で食《た》べるものが減《へ》り**、人間《にんげん》の畑《はたけ》に実《みの》った果物《くだもの》などを食《た》べ漁《あさ》るように。ここまでなんとか食《く》いつないできたけど、気温《きおん》が一《いっ》気《き》に下《さ》がる冬《ふゆ》になると、寒《さむ》さに弱《よわ》いカメムシは大《だい》ピンチ。そこで辿《たど》り着《つ》くのが、**暖《あたた》かい家《いえ》の中《なか》や外《そと》に干《ほ》してある洗濯物《せんたくもの》**なんだ。人間《にんげん》が植《う》えた木《き》によってたくさん生《う》まれてしまったカメムシは、こうした経緯《けいい》で人間《にんげん》の前《まえ》に姿《すがた》を現《あらわ》しているんだぞ。

ROUND 3 その性質《せいしつ》が有効活用《ゆうこうかつよう》されている!

意外《いがい》な活躍《かつやく》対決《たいけつ》

嫌《きら》われがちなクモとカメムシの生態《せいたい》は、私《わたし》たちの生活《せいかつ》に役立《やくだ》っている場面《ばめん》もあるんだ。
クモは特徴的《とくちょうてき》な8本脚《ぼんあし》の構造《こうぞう》を**ロボットに活用《かつよう》!**
また、カメムシは**ナス栽培《さいばい》**に欠《か》かせない存在《そんざい》だった!

人の役に立つロボットを開発している
瀬戸口純一くん
(テムザック)

私《わたし》たちの会社《かいしゃ》では、医療現場《いりょうげんば》や被災地《ひさいち》、日常生活《にちじょうせいかつ》で活躍《かつやく》するロボットを製造《せいぞう》しています。クモからアイデアを得《え》て開発《かいはつ》したのが、**8本《ぼん》の脚《あし》**で下水道管《げすいどうかん》の中《なか》をスイスイ移動《いどう》する**検査《けんさ》ロボット**。8本《ぼん》の脚《あし》があることで、障害物《しょうがいぶつ》を乗《の》り越《こ》えられたり、さまざまな太《ふと》さの下水道管《げすいどうかん》に対応《たいおう》できます。現《げん》在《ざい》は**下水道点検《げすいどうてんけん》以外《いがい》にも対応《たいおう》できるロボット**として更《さら》に改良《かいりょう》を重《かさ》ねています。

クモの言い分③
クモの8本《ぼん》脚《あし》がある開発《かいはつ》につながった!

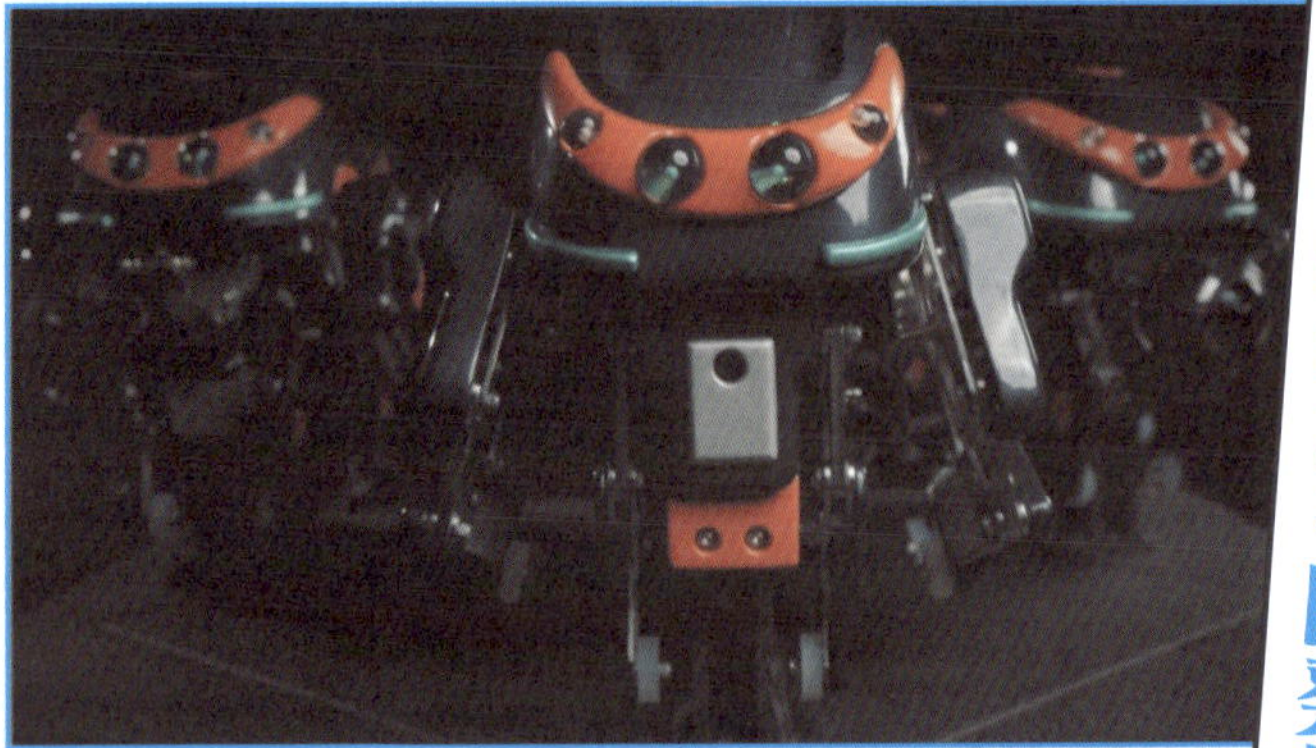

外側の脚の幅を変えることで、さまざまな太さの下水道管に対応。安定して移動することができる

狭い下水道管の中でも、タイヤとは違ってスリップせず、障害物があったときにも乗り越えられる構造になっている

タバコカスミカメはコナジラミやアザミウマなどの微小害虫を食べる

ナスにつく害虫はコナジラミ（左）やアザミウマがいるぞ

高《こう》知《ち》県《けん》は**ナスの収穫量《しゅうかくりょう》が全国《ぜんこく》1位《い》**ですが、農家《のうか》さんたちは農薬《のうやく》の効《き》かない害虫《がいちゅう》に頭《あたま》を悩《なや》ませていました。そんな害虫《がいちゅう》を撃退《げきたい》してくれる救世主《きゅうせいしゅ》が、カメムシの一種《いっしゅ》である**タバコカスミカメ**。害《がい》虫《ちゅう》を食《た》べてくれるんです。あるナス農家《のうか》では、タバコカスミカメが大好《だいす》きなゴマなどの植物《しょくぶつ》を植《う》えて畑《はたけ》に呼《よ》び寄《よ》せたところ、導入《どうにゅう》した15年前《ねんまえ》に比《くら》べて**ナスの収穫量《しゅうかくりょう》が2割《わり》アップ**したそうです。今《いま》では農《のう》業《ぎょう》に欠《か》かせない存在《そんざい》なんです！

農作物の害虫防除を研究する
下八川裕司くん
（高知県農業技術センター 昆虫担当）

（カメムシの言い分③）

カメムシが農業《のうぎょう》の役《やく》に立《た》つ!?

ROUND 4 華麗《かれい》なダンスで相手《あいて》を魅了《みりょう》！

求愛《きゅうあい》ダンス対決《たいけつ》

クモとカメムシのオスは、**子孫《しそん》を残《のこ》すために**
ダンスを踊《おど》ってメスに求愛《きゅうあい》することがあるんだ！

（カメムシの言い分④）

ナナホシキンカメムシのステップ

ナナホシキンカメムシのオスは、メスに近《ちか》づくと敏感《びんかん》な触角《しょっかく》をぶつけ合《あ》いながらスキンシップ。オスがメスの周《まわ》りをぐるぐる回《まわ》ったり、葉《は》っぱをタップダンスのように連《れん》打《だ》して情熱的《じょうねつてき》に求愛《きゅうあい》するんだ。

（クモの言い分④）

ピーコックスパイダーの華麗《かれい》な動《うご》き

ピーコックスパイダーのオスは、メスを見《み》つけると長《なが》い両足《りょうあし》を上《あ》げ下《さ》げして、ラジオ体操《たいそう》のような華麗《かれい》なダンスを披露《ひろう》！　激《はげ》しく長《なが》く踊《おど》るほどメスに好《この》まれるそうなんだ。

判定《はんてい》

うーん、お互《たが》い立派《りっぱ》な職人気質《しょくにんかたぎ》なんですけどね

今回《こんかい》は良《い》いところばっかり注目《ちゅうもく》してみようと思《おも》います。朝露《あさつゆ》に濡《ぬ》れたクモの巣《す》を見《み》たことはありますか？　キラキラと輝《かがや》く放射状《ほうしゃじょう》の多角形《たかっけい》。そこに宝石《ほうせき》が舞《ま》い降《お》りたかのように水滴《すいてき》が浮《う》かんでいます。好《す》き嫌《きら》いは別《べつ》にして、もはや芸術品《げいじゅっひん》です。しかもこれをほぼ毎日張《まいにちは》りかえてしまうとは！　クモはすごい職人《しょくにん》です。一方《いっぽう》カメムシは良《よ》い香《かお》りの種類《しゅるい》もいます。甘《あま》くただようバニラの香《かお》りに少《すこ》し煙《けむ》っぽい香《かお》りがブレンドされていたり、爽《さわ》やかなハーブがいくつも重《かさ》なったような複雑《ふくざつ》な香《かお》り……質《しつ》の高《たか》い香水《こうすい》のようにウットリとさせてくれます。まさかカメちゃんが作《つく》り出《だ》したとは！　どちらも頭《あたま》が下《さ》がる熟練《じゅくれん》の職人技《しょくにんわざ》ですね。引《ひ》き分《わ》けです。（「ヴィランの言い分」制作スタッフ）

糸《いと》を使《つか》って私《わたし》と
もっと遊《あそ》ばない？

ニオイを嗅《か》いで我慢《がまん》する
ゲームなんてどう？

BATTLE 06

昆虫《こんちゅう》と哺《ほ》乳類《にゅうるい》の異種格闘技戦《いしゅかくとうぎせん》
夜《よる》に輝《かがや》く真《しん》の悪役《あくやく》はどっちだ！

蛾《が》

VS

ネズミ

夜行性《やこうせい》で光《ひかり》に集《あつ》まってくる蛾《が》と汚《きたな》い場所《ばしょ》に生息《せいそく》するネズミ。
理解《りかい》できない不気味《ぶきみ》な行動《こうどう》で私《わたし》たちを脅《おびや》かす二大《にだい》ヴィランが激突《げきとつ》！
蛾《が》の触角《しょっかく》や幼虫《ようちゅう》の成分《せいぶん》には、優《すぐ》れたスキルが隠《かく》されていた？
ネズミの嗅覚《きゅうかく》や行動力《こうどうりょく》が、人命《じんめい》を救《すく》うこともある？
最新研究《さいしんけんきゅう》によって、彼《かれ》らの驚《おどろ》くべき言《い》い分《ぶん》が明《あき》らかに！

ヴィラン紹介

月明《つきあか》りを頼《たよ》りに
華麗《かれい》に舞《ま》うわ

Moth
蛾《が》
（大和悠河）

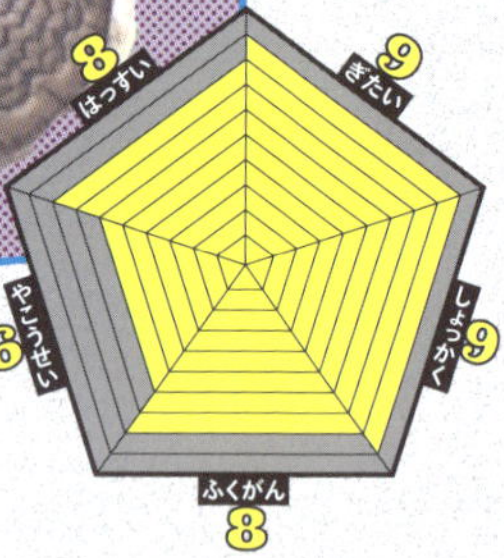

キレイな蝶《ちょう》と異《こと》なり、謎《なぞ》の粉《こな》を身《み》にまとい、闇夜《やみよ》を飛《と》び回《まわ》る不気味《ぶきみ》な昆《こん》虫《ちゅう》の代表格《だいひょうかく》。昼《ひる》間《ま》は木陰《こかげ》などに身《み》を潜《ひそ》め、敵《てき》から身《み》を守《まも》っている。

分類	節足動物門昆虫綱チョウ目
主食	花の蜜、果実、樹液
ファイトスタイル	木や枯葉に擬態し、天敵から身を隠す

僕《ぼく》たちの美《うつく》しさに
チュウ目《もく》してくれよな！

Rat
ネズミ
（おいでやす小田）

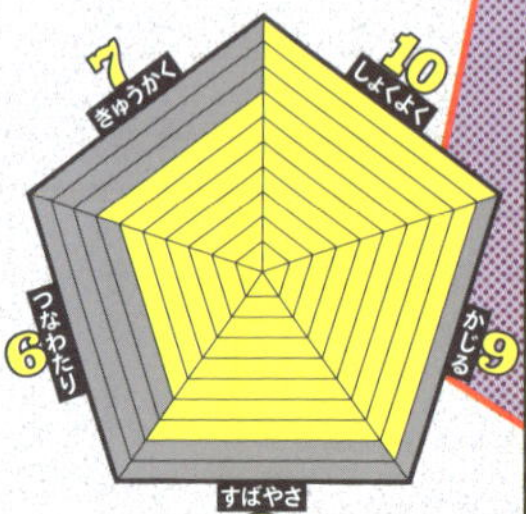

暖《あたた》かくなると動《うご》きが活発《かっぱつ》になり、ゴミを漁《あさ》り食《く》い散《ちら》かす厄介者《やっかいもの》。心拍数《しんぱくすう》が1分《ぶん》間《かん》に400～600回《かい》（人間《にんげん》は約《やく》60回《かい》）でエネルギー消《しょう》費《ひ》が激《はげ》しい。

分類	哺乳類ネズミ目
主食	基本的に雑食。特に穀類や野菜が好物
ファイトスタイル	鋭い歯でかみつくことも

ROUND 1

秘《ひ》められたスーパーパワー

最強《さいきょう》ボディ対決《たいけつ》

羽《はね》に触《さわ》ると手《て》に粉《こな》がつく蛾《が》や、
すばしっこく駆《か》け回《まわ》るネズミなど、その生態《せいたい》は**人間《にんげん》に嫌《きら》われがち**。
しかし、そこには彼《かれ》ら**独自《どくじ》の身体構造《しんたいこうぞう》**による驚《おどろ》きの能力《のうりょく》が隠《かく》されていた！

蛾の言い分①

高機能《こうきのう》な触角《しょっかく》とりん粉《ぷん》をみよ！

蛾《が》の触角《しょっかく》は**クシのような形《かたち》**で左右《さゆう》に広《ひろ》がっていることが多《おお》くあります。この触角《しょっかく》には**オスがメスを探《さが》すときのセンサー**の働《はたら》きがあるんです。細《こま》かくわかれた毛《け》の1本1本を使《つか》って、**フェロモンやニオイ**を感《かん》じ取《と》っているんです。

蛾の行動生態学を研究している
矢崎英盛くん
（東京都立大学理学部 特任助教）

左が蝶の触角で、右が蛾の触角。蛾はクシ状にわかれたものにさらに細い毛が生えている

写真提供（蛾）：NPO法人こどもとむしの会

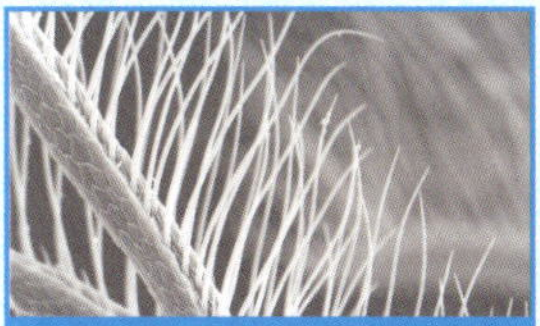

毛の1本1本は感覚子と呼ばれ、わずかなニオイも感知する高性能なセンサーになっている

画像提供：東京大学総合研究博物館

◎雨《あめ》の日《ひ》でも飛《と》べるのはりん粉《ぶん》のおかげ

りん粉を取り除いてみると羽が透明に。蛾の模様はりん粉でできているんだ

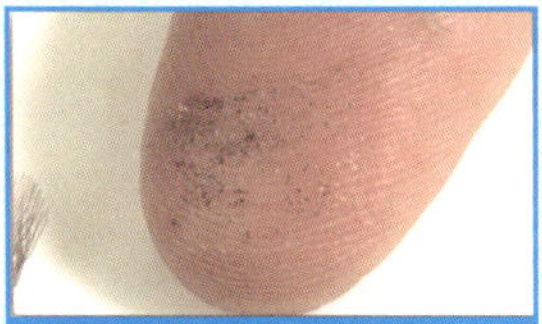

蛾の羽を触ると、指に粉がつく。これがりん粉

体毛から進化したりん粉は毛穴にそっくりな根元から生えている

画像提供：東京大学総合研究博物館

蛾《が》の羽《はね》には、魚《さかな》のウロコのような**〝りん粉《ぶん》〟**がついています。これは体毛《たいもう》が進化《しんか》したもので、体温《たいおん》を保《たも》つ機能《きのう》や自然《しぜん》に身《み》を隠《かく》す「**擬態《ぎたい》**」をするための役割《やくわり》を持《も》っているんです。また、りん粉《ぶん》には**撥水効果《はっすいこうか》**があり、水《みず》を弾《はじ》くこともできる。蛾《が》が雨《あめ》の中《なか》でも飛《と》ぶことができるのは、**りん粉《ぶん》のおかげ**なんです。

蛾を30年研究する
矢後勝也くん
（東京大学 総合研究博物館 講師）

ネズミの言い分①

3つのスーパー能力《のうりょく》があるんだ！

蛾《が》が触角《しょっかく》やりん粉《ぷん》の高性能《こうせいのう》さを主張《しゅちょう》すれば、ネズミは**3つのスーパー能力《のうりょく》**で対抗《たいこう》！　家《いえ》の中《なか》や屋根裏《やねうら》にまで侵入《しんにゅう》できるのは、**発達《はったつ》したネズミのボディ**があってこそなんだ！

1

垂直《すいちょく》の壁《かべ》もスイスイ登《のぼ》れる　スーパーハンド！

ネズミの手足《てあし》には鋭《するど》い爪《つめ》と大《おお》きな肉球《にくきゅう》があり、これらを使《つか》って垂直《すいちょく》な壁《かべ》でも簡単《かんたん》に登《のぼ》ることができるんだ。

爪と肉球を使ってパイプを登る

画像提供：イカリ消毒

2

細《ほそ》い電線《でんせん》の上《うえ》も楽々渡《らくらくわた》れる　スーパーしっぽ！

細《ほそ》い電線《でんせん》や配線《はいせん》ケーブルの上《うえ》などを渡《わた》ることができるのは、しっぽのおかげ。しっぽを振《ふ》ることで重心《じゅうしん》のバランスをとっているんだ。

しっぽによるバランス感覚で電線を渡る

3

真《ま》っ暗《くら》な場所《ばしょ》もスイスイ進《すす》める　超《ちょう》スーパーヒゲセンサー！

ネズミの鼻《はな》は、ニオイをキャッチするセンサーの種類《しゅるい》が人間《にんげん》の3倍《ばい》。多《おお》くのニオイを嗅《か》ぎ分《わ》けることができる。また、ヒゲの根元《ねもと》にある「毛包《もうほう》」という神経《しんけい》とつながったカプセルによって、ヒゲからの情報《じょうほう》を脳《のう》に伝達《でんたつ》。このヒゲによって空気《くうき》の流《なが》れやちょっとした振動《しんどう》を感知《かんち》できるだけでなく、ヒゲを前後《ぜんご》に動《うご》かすことで暗闇《くらやみ》でも障害物《しょうがいぶつ》が見《み》つけやすくなるんだ。

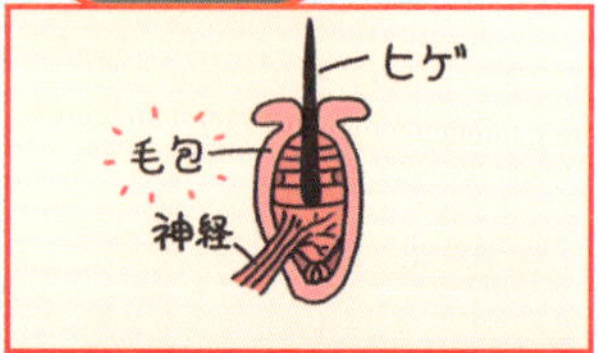

暗闇でもヒゲを巧みに使って障害物を感知！

ROUND 2 生《い》きていくための大事《だいじ》な習性《しゅうせい》

知《し》られざる真実《しんじつ》対決《たいけつ》

街灯《がいとう》に集《あつ》まる蛾《が》と電線《でんせん》をかじるネズミ。
そうした**迷惑行為《めいわくこうい》の背景《はいけい》**には、
それぞれの**身体《からだ》に宿《やど》る独特《どくとく》な習性《しゅうせい》**が関係《かんけい》していた！

〔蛾の言い分①〕光《ひかり》に集《あつ》まるのには理由《りゆう》がある！

本《ほん》来《らい》の自然《しぜん》の中《なか》では、蛾《が》は**月《つき》の光《ひかり》を目印《めじるし》にして**飛《と》ぶ方向《ほうこう》を決《き》めているんです。だから、私《わたし》たちがつくり出《だ》した人工《じんこう》の光《ひかり》は**蛾《が》の方向感《ほうこうかん》覚《かく》を狂《くる》わせる**もので、そのせいで迷《まい》子《ご》になってしまっています。蛾《が》が街《がい》灯《とう》の周《まわ》りをぐるぐる回《まわ》ってしまうのは、**人間《にんげん》のせいなんです。**

光に集まる昆虫を
研究している
弘中満太郎くん
（石川県立大学 応用昆虫学 准教授）

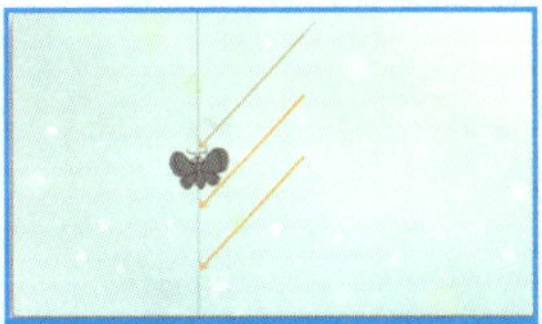

蛾は月をコンパス代わりにして、ほぼ平行に届く月の光と一定の角度を保ちながら、直線的に目的地に飛行する

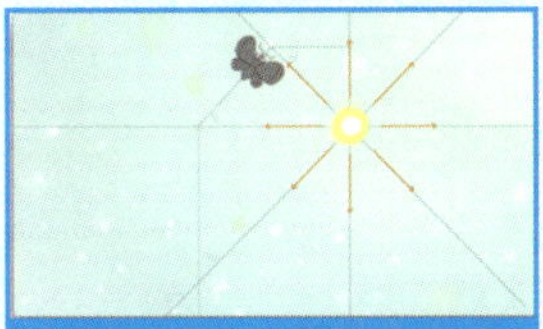

一方、街灯の光は放射状に届いているため、月の光と同じように一定の角度を保って飛ぼうとすると、街灯の周りをぐるぐると回ってしまう

〔ネズミの言い分②〕なんでもかじるのは死《し》なないため！

ネズミがモノをかじる理由《りゆう》は、**前歯《まえば》が伸《の》び続《つづ》ける**性質《せいしつ》と関係《かんけい》しています。ネズミの歯《は》の根元《ねもと》にはさまざまな細《さい》胞《ぼう》に変身《へんしん》できる力《ちから》を持《も》った**〝幹細胞《かんさいぼう》〟**が存在《そんざい》し、**3日間《かかん》で約《やく》1ミリ**伸《の》びると言《い》われています。しかし、歯《は》が伸《の》び続《つづ》けてしまうと、モノを食《た》べるのに支障《ししょう》が出《で》ます。そのため、壁《かべ》や電気《でんき》のコードを噛《か》むことで、**歯《は》の長《なが》さを維持《いじ》しようとしている**んです。

ネズミの歯のメカニズム
について研究する
福本敏くん
（九州大学大学院 歯学研究院）

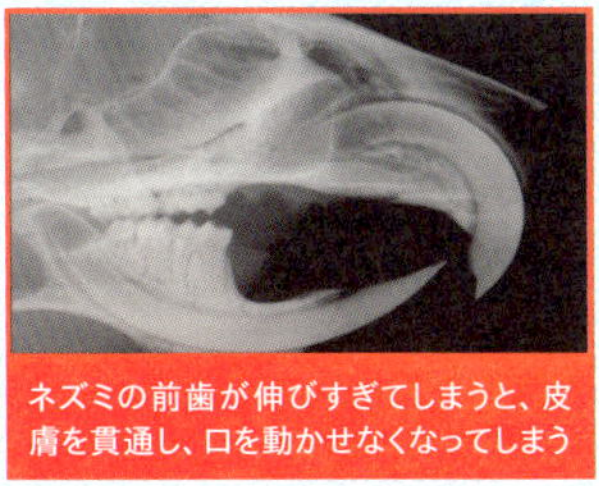

ネズミの前歯が伸びすぎてしまうと、皮膚を貫通し、口を動かせなくなってしまう

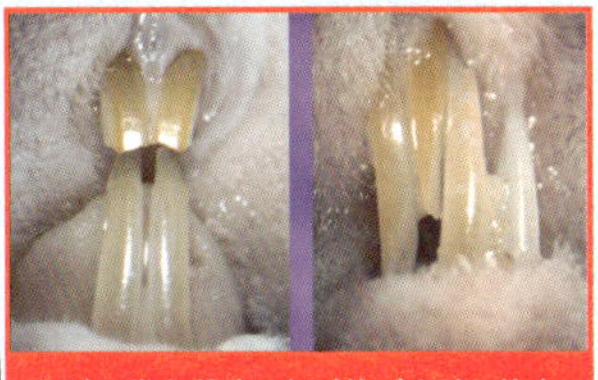

左が正常な前歯、右が伸びすぎた前歯

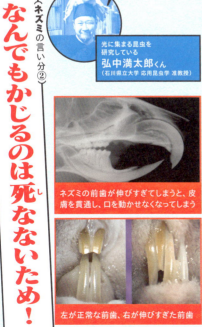

ROUND 3

人間《にんげん》を救《すく》う救世主《きゅうせいしゅ》にも大変身《だいへんしん》

本当《ほんとう》はヒーロー！対決《たいけつ》

ここまで蛾《が》やネズミの**生態《せいたい》と習性《しゅうせい》**が明《あき》らかになったけれど、結局《けっきょく》、**人間《にんげん》に迷惑《めいわく》をかけてばかり**だと思《おも》われがち。しかし、彼《かれ》らはときに**スーパーヒーロー**になって、**地球《ちきゅう》や人命《じんめい》を救《すく》っている**事実《じじつ》があるんだ！

(蛾の言い分③)

優《すぐ》れた触角《しょっかく》を使《つか》ったドローン誕生《たんじょう》

私《わたし》は蛾《が》の触角《しょっかく》が持《も》つ優《すぐ》れた感度《かんど》を利用《りよう》するため、本物《ほんもの》の蛾《が》の触角《しょっかく》を使《つか》ってニオイの発生源《はっせいげん》まで飛《と》んでいく超小型《ちょうこがた》ドローン「**スメリコプター**」を開発《かいはつ》しました。私《わたし》たちが鼻《はな》でニオイを嗅《か》ぐように、蛾《が》の触角《しょっかく》はニオイを感《かん》じると**小《ち》さな電気信号《でんきしんごう》**を発《はっ》します。その信号《しんごう》を電子回路《でんしかいろ》で測定《そくてい》して検知《けんち》することに成功《せいこう》し、その装置《そうち》をドローンに装着《そうちゃく》。今後《こんご》、蛾《が》の触角《しょっかく》の遺伝子《いでんし》を組《く》み替《か》えることで、**ガス漏《も》れや危険物《きけんぶつ》のニオイを嗅《か》ぎ分《わ》けたり、病気《びょうき》の特定《とくてい》もできる**ようになるかもしれません。

切り離した触角は数時間生き続けるため、ニオイの発生源を突き止めるために活用できる

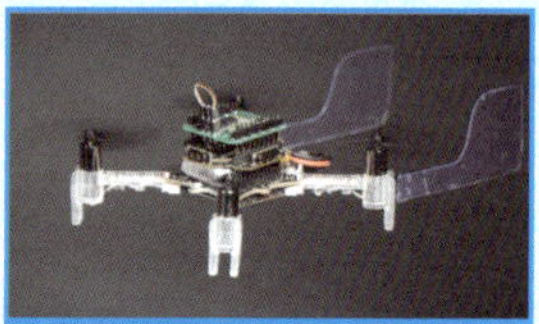

人命救助の切り札としても期待される「スメリコプター」

メラニー・アンダーソンくん
(ワシントン大学 生物学部 博士研究員)

燃やすときに生じる温室効果ガスや海に流れ出るマイクロプラスチックによる海洋汚染問題など、世界中でプラスチック問題が深刻化している

(蛾の言い分④)

幼虫《ようちゅう》が地球《ちきゅう》を救《すく》う!?

私《わたし》たちの研究《けんきゅう》チームは、**蛾《が》の幼虫《ようちゅう》の唾液成分《だえきせいぶん》がプラスチックを分解《ぶんかい》する**ことを発見《はっけん》しました。ハチノスツヅリガの幼虫《ようちゅう》をプラスチック袋《ぶくろ》に入《い》れた実験《じっけん》では、幼虫《ようちゅう》が袋《ふくろ》に穴《あな》を開《あ》けて出《で》てきました。しかし、幼虫《ようちゅう》が袋《ふくろ》を食《た》べたのではなく、**唾液《だえき》の成分《せいぶん》によってプラスチックを分解《ぶんかい》**し、化学的《かがくてき》に変化《へんか》して劣化《れっか》していたのです。この反応《はんのう》を利用《りよう》すれば、**プラスチックを再利用可能《さいりようかのう》な形《かたち》に変《か》えることができる**かもしれません。

蛾の幼虫がプラスチック問題の解決策になるかもしれない！ 研究が進められている

分子生物学を研究する
フェデリカ・ベルトッキーニくん

（ネズミの言い分③）

人助《ひとだす》けする奴《やつ》らがいるんだ！

◎地雷探索《じらいたんさく》するアフリカオニネズミ

大人になると体長が40cmを超えるアフリカオニネズミ

テニスコート一面分を調査する場合、人間だと4日かかるけど、ネズミはたった20分で調査を終える

ヒーローラットは、地雷だけでなく世界で年間130万人の命を奪う結核菌を見つけるのにも役立っている。人間には嗅ぎ分けられない特有のニオイを感知するんだ

映像提供：APOPO

私《わたし》たちは地雷《じらい》や結核《けっかく》のような**隠《かく》れた脅威《きょうい》を嗅《か》ぎ分《わ》ける**ためにネズミを訓練《くんれん》しているんです。訓練《くんれん》するのは、アフリカに生息《せいそく》する**アフリカオニネズミ**。このネズミは身体《からだ》が大《おお》きいので体力《たいりょく》があります。だから広《ひろ》い範《はん》囲《い》を捜索《そうさく》することができるうえ、**地雷《じらい》を踏《ふ》んでもネズミの重《おも》さだと作動《さどう》しない**から安心《あんしん》。ネズミたちは訓練《くんれん》によって、**地雷《じらい》を見《み》つけると土《つち》を掘《ほ》って合図《あいず》**することができるようになるの。私《わたし》たちは彼《かれ》らを**ヒーローラット**と呼《よ》んでいます！

シンディー・ファストくん
（国際非営利団体 APOPO）

◎災害救助《さいがいきゅうじょ》に挑戦《ちょうせん》するレスキューラット

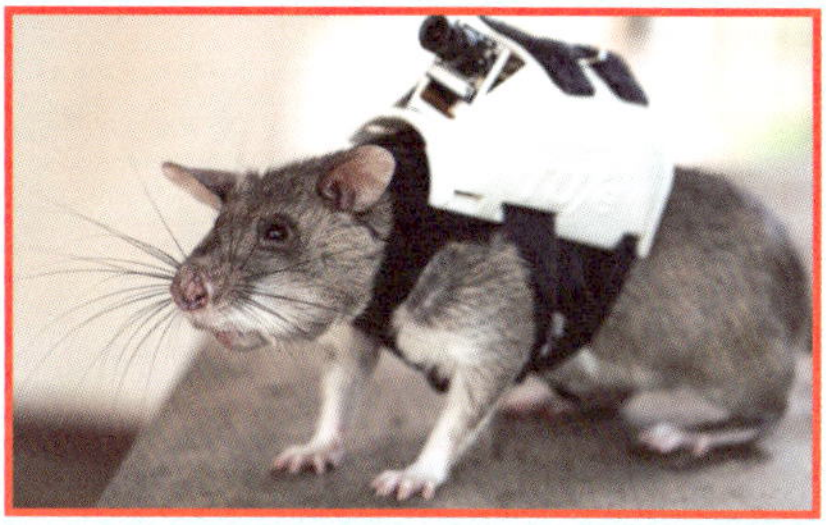
映像提供：APOPO

ヒーローラットたちは今《いま》、新《あら》たなミッションに挑戦中《ちょうせんちゅう》！それが、「**レスキューラット**」と呼《よ》ばれる、地震《じしん》などで倒壊《とうかい》した建物《たてもの》から**生存者《せいぞんしゃ》を見《み》つける**ネズミの研《けん》究《きゅう》。カメラなどを背負《せお》って捜索《そうさく》する訓練《くんれん》が進《すす》んでおり、**人間《にんげん》や救助《きゅうじょ》ロボットが入《はい》り込《こ》めない**密集地《みっしゅうち》での活躍《かつやく》が期待《きたい》されているんだ。

判定《はんてい》

蝶々《ちょうちょ》とカピバラなら人気者《にんきもの》なのに……

ちょっとした違《ちが》いなのに、決定的《けっていてき》に嫌《きら》われてしまう。その原《げん》因《いん》はヴィランたちが暮《く》らす環境《かんきょう》かもしれません。もし蛾《が》が夜《よる》の公衆《こうしゅう》トイレではなくお花畑《はなばたけ》にいたら。もしネズミが下水管《げすいかん》ではなく動物園《どうぶつえん》の温泉《おんせん》に入《はい》っていたら。そしてすばらしい能《のう》力《りょく》を多《おお》くの人《ひと》が知《し》っていたら……。

蛾《が》の羽《はね》についている「りん粉《ぷん》」は、天敵《てんてき》のコウモリから逃《のが》れるため音《おと》を吸収《きゅうしゅう》する構造《こうぞう》になっています。それを利用《りよう》して既《き》存《ぞん》の吸音材《きゅうおんざい》の10分《ぶん》の1の薄《うす》さで10倍《ばい》の効果《こうか》を発揮《はっき》する吸音材《きゅうおんざい》が開発《かいはつ》されています。一方《いっぽう》ネズミの嗅覚《きゅうかく》を利用《りよう》して地雷《じらい》や結《けっ》核《かく》を発見《はっけん》することも実用化《じつようか》されています。

能力《のうりょく》は高《たか》いのですが見《み》た目《め》や環境《かんきょう》が原因《げんいん》で嫌《きら》われてしまう。どちらも残念《ざんねん》ですね。今回《こんかい》は痛《いた》み分《わ》けとしましょう。（「ヴィランの言い分」制作スタッフ）

私《わたし》たちの美《うつく》しい身体《からだ》に見惚《みと》れなさい！

地球《ちきゅう》を救《すく》ってみせるんだチュー！

蛾《が》さん、ネズミさんの再戦《さいせん》に期待《きたい》！

BATTLE 07

脅威《きょうい》ではなく実《じつ》は救世主《きゅうせいしゅ》!?
驚《おどろ》くべき生態《せいたい》の暴露合戦《ばくろがっせん》スタート!

ムカデ VS シロアリ

毒《どく》をもって人間《にんげん》に襲《おそ》いかかるムカデと、家《いえ》の木材《もくざい》を好《この》むシロアリ。
どこからともなく現《あらわ》れて我々《われわれ》の生活圏《せいかつけん》を脅《おびや》かす二大《にだい》ヴィランが、
イメージを変《か》えるためにチャームポイントをいくつもアピール!
ムカデのクネクネ動《うご》きが人類《じんるい》を救《すく》う?　シロアリは貴重《きちょう》な栄養源《えいようげん》?
地球《ちきゅう》の未来《みらい》を担《にな》うアメイジングな役割《やくわり》が次々《つぎつぎ》と明《あき》らかに!

ヴィラン紹介

Centipede
ムカデ
（ジャンボたかお［レインボー］）

> 脚の数だけ魅力があるんだ！

レーダーチャート：すいしんりょく 7／どく 10／しょっかく 7／およぎ 6／やこうせい 6

脚の多い見た目の気持ち悪さや咬まれたときの激しい痛みなどから恐れられる、嫌われ虫の代表格。ふだんはじっとしているが動くととても速いぞ。

分類	節足動物門 多足亜門 ムカデ綱
主食	ゴキブリ、コオロギ、クモ、ミミズ
ファイトスタイル	毒ヅメで獲物を捕まえる

Termite
シロアリ
（井上咲楽）

> ごはんを食べてるだけでアリます！

レーダーチャート：はんしょく 9／すづくり 9／かんそう 1／そしゃく 9／あご 8

住まいの中に入って、木材を食い荒らす小さな怪物。日本の木造住宅の5軒に1軒が被害を受けていると言われ、被害額は年間1000億円にもおよぶ。

分類	昆虫綱 ゴキブリ目 シロアリ下目
主食	木材に含まれるセルロース
ファイトスタイル	鋭いアゴで食い尽くす

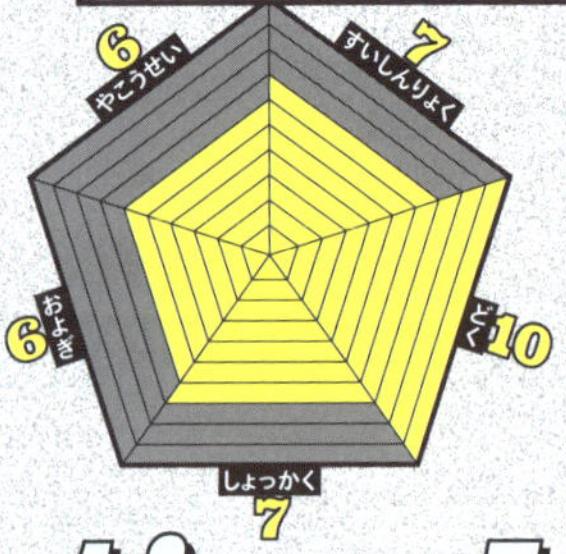

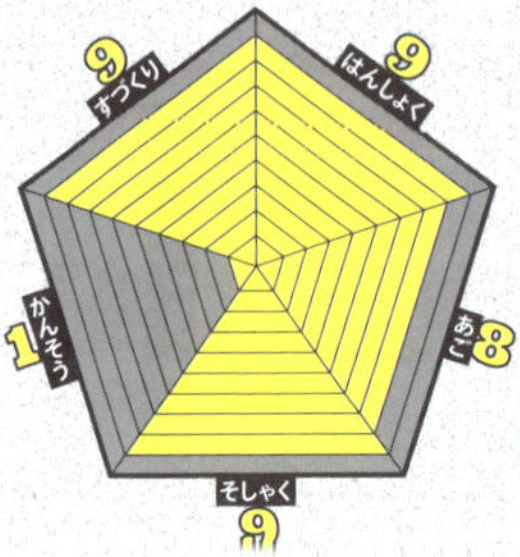

ROUND 1

誕生《たんじょう》の背景《はいけい》に注目《ちゅうもく》!

意外《いがい》なルーツ対決《たいけつ》

嫌《きら》われる虫《むし》の代表格《だいひょうかく》である二大《にだい》ヴィランだが、ムカデは先輩風《せんぱいかぜ》を吹《ふ》かせて**生命力《せいめいりょく》**をアピール。一方《いっぽう》のシロアリは"**実《じっ》はアリじゃない!**"と起源《きげん》を語《かた》るがその祖先《そせん》にはまた**曰《いわ》く付《つ》きのヴィランの存在《そんざい》**が……。

ムカデは約《やく》**3億年《おくねん》以上《いじょう》**前《まえ》から現在《げんざい》の姿《すがた》で生《い》きてきた。700万年《まんねん》前《まえ》に生《う》まれた人類《じんるい》や2億《おく》3000万《まん》年前《ねんまえ》に生《う》まれた恐竜《きょうりゅう》と比《くら》べても、ムカデは大先輩《だいせんぱい》なんだ。その体《からだ》は「**体節《たいせつ》**」と呼《よ》ばれるたくさんの節《ふし》からできていて、ひとつの節《ふし》から左右《さゆう》に2本《ほん》の脚《あし》が生《は》えている。**頭《あたま》には毒爪《どくづめ》**も完備《かんび》。**これも3億年前《おくねんまえ》から変《か》わらない!**

ムカデの言い分①

人類《じんるい》や恐竜《きょうりゅう》よりも先輩《せんぱい》なんだぜ!

七福神の"戦いの神・毘沙門天"の使いとしてもムカデが描かれている

出典：慈受院門跡

シロアリの言い分①

実《じっ》はアリじゃない!

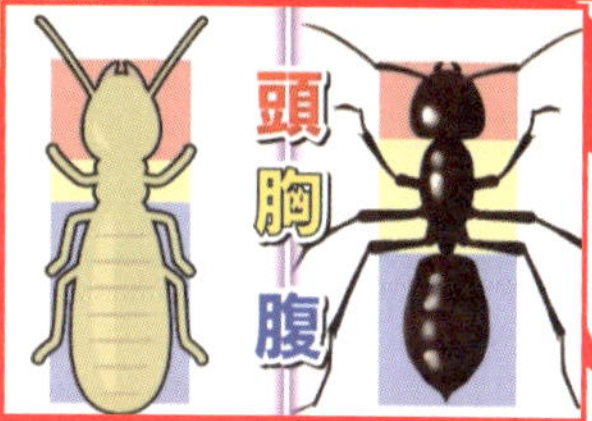

体の形も通常のアリと比べると違いが一目瞭然。頭・胸・腹の3つの割合が異なっている

実《じっ》はシロアリ、**1億数千万年前《おくすうせんまんねんまえ》**の恐竜《きょうりゅう》が栄《さか》えた時代《じだい》に**ゴキブリの祖先《そせん》からわかれた**と言《い》われている。だから、アリではなく**ゴキブリの仲間《なかま》**。また、ゴキブリやアリは黒《くろ》い見《み》た目《め》をしているけれど、これは太陽《たいよう》の紫外線《しがいせん》から体《からだ》を守《まも》るメラニン色素《しきそ》が備《そな》わっているから。シロアリは**太陽《たいよう》の光《ひかり》が届《とど》かない木《き》の中《なか》**で暮《く》らしているから、メラニン色素《しきそ》は不要《ふよう》で、白《しろ》い見《み》た目《め》を保《たも》っているんだ。

ROUND 2 生《い》き抜《ぬ》くための体《からだ》づくり

必殺《ひっさつ》ボディ対決《たいけつ》

ムカデは暗《くら》くてジメジメしている場所《ばしょ》を好《この》むけれど
実《じつ》は**水《みず》の中《なか》でも泳《およ》ぐことができる**。
対《たい》するシロアリはアゴに隠《かく》した**秘密《ひみつ》の武器《ぶき》**を披露《ひろう》!

(**ムカデ**の言い分②)

水陸両用《すいりくりょうよう》のすごい仕《し》組《く》みがある

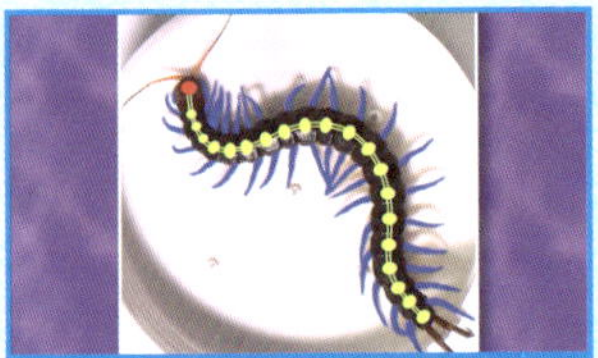

飛行機の操縦にたとえると、脳が管制室で神経節がパイロットのような働きをしている。全身にパイロットがいて、細かく動きをコントロールすることができるんだ

ムカデの頭《あたま》は全身《ぜんしん》に対《たい》して非常《ひじょう》に小《ちい》さく、この**小《ちい》さい脳《のう》でこれだけ多《おお》くの脚《あし》を動《うご》かすのは難《むずか》しい**です。しかし、それを可能《かのう》にしているのが、全身《ぜんしん》に渡《わた》る**〝神経節《しんけいせつ》〟(小《ちい》さな脳《のう》)**なんです。ムカデの神経《しんけい》は脳《のう》から尻《しり》の部分《ぶぶん》まで連《つら》なった構造《こうぞう》をしていて、**体《からだ》の中《なか》に小《ちい》さな脳《のう》が分散《ぶんさん》**されたような仕組《しく》みをしています。この働《はたら》きのおかげで、ムカデは**歩《ある》く・走《はし》る・泳《およ》ぐ・登《のぼ》る**など複雑《ふくざつ》な動《うご》きができ、さまざまな環境《かんきょう》の中《なか》で生《い》き抜《ぬ》いてきたんです。

生物の動きをロボットに
活用する研究を行う
安井浩太郎くん
(東北大学 学際科学フロンティア研究所 助教)
石黒章夫くん
(東北大学 電気通信研究所 教授)

(**シロアリ**の言い分②)

木《き》を削《けず》る金属製《きんぞくせい》のアゴが武器《ぶき》!

体《たい》重《じゅう》あたりで比《くら》べると**人間《にんげん》のおよそ10倍《ばい》**はかむ力《ちから》があるシロアリ。硬《かた》い木《き》を食《た》べることができるのは、大《おお》アゴを**金属《きんぞく》で補強《ほきょう》している**からなんだ。成分《せいぶん》を調《しら》べると、製鉄《せいてつ》にも使《つか》われる**マンガン**がアゴ全体《ぜんたい》に広《ひろ》がっていて、車《くるま》や建物《たてもの》などに使《つか》われる**亜鉛《あえん》**もアゴに集《あつ》まっていることがわかった。体《たい》内《ない》にある金属成分《きんぞくせいぶん》を大《おお》アゴに集《あつ》めて、強度《きょうど》や耐久性《たいきゅうせい》を高《たか》めていると考《かんが》えられるんだ。ちなみに、シロアリは**生《い》きている木《き》はほとんど食《た》べない**。森《もり》の中《なか》では倒木《とうぼく》や枯《か》れた枝《えだ》を分解《ぶんかい》して土《つち》に還《かえ》すという、森《もり》の循環《じゅんかん》のために重要《じゅうよう》な役割《やくわり》をになっているんだぞ!

ROUND 3

体《からだ》を張《は》った一大《いちだい》プロジェクト！

特殊《とくしゅ》な子育《こそだ》て対決《たいけつ》

古《ふる》くから生《い》き延《の》びてきたムカデとシロアリは、
どのように**子孫《しそん》を繁栄《はんえい》**させてきたのだろう。
愛《あい》にあふれたムカデの子育《こそだ》て法《ほう》が明《あき》らかになれば、
シロアリは**“分身《ぶんしん》”を使《つか》った**繁殖力《はんしょくりょく》をアピール！

（ムカデの言い分③）
飲《の》まず食《く》わずで我《わ》が子《こ》を育《そだ》てる

解説者
アニメクリエイター
まゆげねこくん

解説！
ムカデの子育《こそだ》て

①

ムカデは一回に20個くらいの卵を産みます。おなかが空いても、とにかく我が子を守ることが第一。卵を産んでから子育てが終わるまで、なにも食べずにお世話をします

②

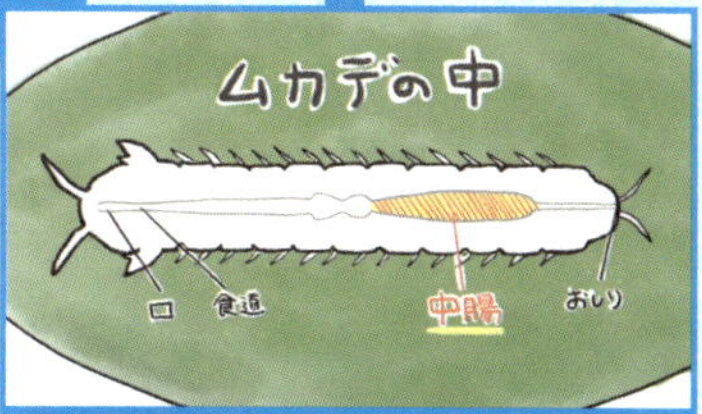

その子育て期間は2ヶ月に及ぶことも。ムカデには食べ物をためる中腸という器官があり、たくさんの栄養を蓄えることが可能なんです

③

ムカデの産卵時期は梅雨。湿気で卵がカビないように付きっきりで見守っています。ほかの虫が近づいてこようものなら、全力で威嚇して撃退！　ムカデの強さは虫の中でも最強クラス

④

子どもたちは脱皮を繰り返したのちすくすくと成長。一人前になったら、親ムカデのもとを旅立ちます。

（シロアリの言い分③）
脅威《きょうい》の分身《ぶんしん》を使《つか》って繁殖《はんしょく》

大《たい》群《ぐん》で押《お》し寄《よ》せるイメージがあるシロアリだが、日本《にほん》で一般的《いっぱんてき》なヤマトシロアリの女王《じょおう》が1日《にち》に産《う》む卵《たまご》は多《おお》くても**25個《こ》**。しかし、女王《じょおう》アリはオスの精《せい》子《し》なしに子《こ》どもを産《う》む単為《たんい》生殖《せいしょく》によって**同《おな》じ遺伝子《いでんし》の女王《じょおう》アリ**をたくさん産《う》むことができる。ある調査《ちょうさ》によるとひとつのコロニーで**600匹《ぴき》の分身女王《ぶんしんじょおう》アリ**を確認《かくにん》したケースもあったのだとか。ということは1年《ねん》間毎日《かんまいにち》産《う》んだとすると……。

ROUND 4

未来《みらい》は彼《かれ》らと共《とも》にある!

人類《じんるい》を救《すく》う救世主《きゅうせいしゅ》!? 対決《たいけつ》

ムカデとシロアリのスゴさはわかってきたけれど、
人間《にんげん》と**共《とも》に生《い》きていく**ための利点《りてん》はあるのだろうか？　すると、
ムカデの特徴的《とくちょうてき》な体《からだ》を利用《りよう》して**災害救助《さいがいきゅうじょ》**でも活躍《かつやく》できるかもしれない
ロボットを開発《かいはつ》している研究者《けんきゅうしゃ》を発見《はっけん》!
一方《いっぽう》のシロアリは**食糧問題《しょくりょうもんだい》やエネルギー問題《もんだい》**を救《すく》うかも!?

（ムカデの言い分④）

災害救助《さいがいきゅうじょ》に役立《やくだ》つ存在《そんざい》かもしれない！

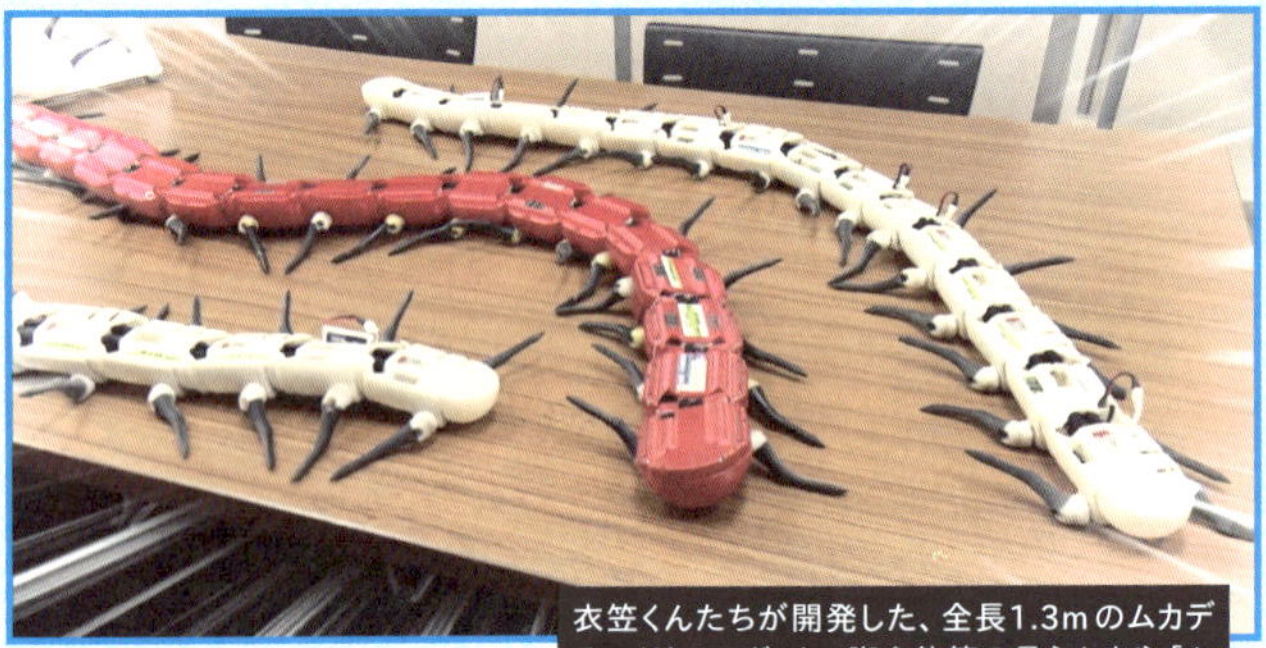

衣笠くんたちが開発した、全長1.3mのムカデそっくりのロボット。脚や体節の柔らかさや「かどのない」なめらかな形も再現されている

ムカデは細長《ほそなが》くて脚《あし》がたくさんあり、体《からだ》を柔《やわ》らかくうねらせることができます。進化《しんか》の過程《かてい》で獲得《かくとく》した特《とく》徴《ちょう》は、**どんな場所《ばしょ》でも移動《いどう》できる**能力《のうりょく》としてかなり優《すぐ》れています。私《わたし》たちはこの利点《りてん》を活《い》かして、ムカデそっくりの**ロボット**を開発《かいはつ》しました。カメラやセンサーを搭載《とうさい》して**災《さい》害救助《がいきゅうじょ》の現場《げんば》で人《ひと》を探《さが》す**ことに応用《おうよう》したり、**惑星《わくせい》で人《ひと》が行《い》けない場所《ばしょ》を調査《ちょうさ》**したりするなど、人類《じんるい》を救《すく》うロボットとして大《おお》きな可能性《かのうせい》を秘《ひ》めています。

ムカデの動きをロボットに活用している
衣笠哲也くん
（岡山理科大学工学部 教授）

3つの関門《かんもん》も楽々《らくらく》クリア！

砂利道や段差、溝もたくさんの脚と長い体をうまく使ってスイスイ

細い曲がり道も体をくねらせて移動

複雑なクッションも体を凸凹になじませながら乗り越えていく

シロアリの言い分④

食料《しょくりょう》やエネルギーになる？

シロアリは栄養価《えいようか》が高《たか》いので、世界中《せかいじゅう》が危惧《きぐ》する**食糧危機《しょくりょうきき》**の救世主《きゅうせいしゅ》として期待《きたい》されているんです。ひとつは**脂肪《しぼう》が多《おお》く高《こう》カロリー**であること、もうひとつは、**良質《りょうしつ》なタンパク質《しつ》**を含《ふく》んでいること。人間《にんげん》が必要《ひつよう》とする**必須《ひっす》アミノ酸《さん》**を満《み》たしていることがわかっています。将来《しょうらい》、人類《じんるい》が火星《かせい》に移住《いじゅう》したとき、**枯《か》れ木《き》と空気《くうき》さえあればタンパク質《しつ》を作《つく》り出《だ》せる**シロアリは、大事《だいじ》な食料《しょくりょう》となるに違《ちが》いありません。

シロアリを人類のために活用する研究を行う

板倉修司くん

（近畿大学農学部 教授）

フライパンでいためて食べてみると……エビみたいな味や食感がして意外とおいしい

シロアリは食糧危機《しょくりょうきき》だけでなく、世界《せかい》が直面《ちょくめん》している**エネルギー問題《もんだい》**も救《すく》うかもしれません。化石燃料《かせきねんりょう》の枯渇《こかつ》によって、近年《きんねん》では燃《も》えても水《みず》しか発生《はっせい》しない**〝水素《すいそ》〟**が究極《きゅうきょく》のクリーンエネルギーとして注目《ちゅうもく》を集《あつ》めていますが、シロアリはセルロースを分解《ぶんかい》する過程《かてい》でこの**水素《すいそ》を放出《ほうしゅつ》する**ことがわかっています。シロアリを使《つか》って**木材《もくざい》から水素《すいそ》を作《つく》り出《だ》す**研究《けんきゅう》が進《すす》んでいます！

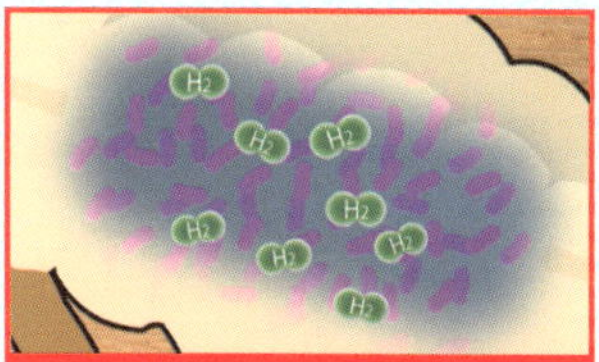

現在、水素は天然ガスなどの化石燃料から作られているが、その過程では二酸化炭素が発生してしまう。しかし、シロアリを活用できればクリーンに作ることができる

僕《ぼく》たちが世界《せかい》を救《すく》うと言《い》っても過言《かごん》ではないアリ～

判定《はんてい》

お互《たが》い、驚異《きょうい》の能力《のうりょく》をもっているんですけどね

どちらも見《み》た目《め》の印象《いんしょう》が悪《わる》すぎて、きちんと観察《かんさつ》されることはほとんどありませんよね。ムカデは「神経節《しんけいせつ》」によって自分の節《ふし》がどんなところにあるかを判別《はんべつ》し、場所《ばしょ》によって動《うご》きを変《か》えることができます。体《からだ》の半分《はんぶん》が水《みず》につかり半分《はんぶん》が土《つち》の上《うえ》にある場合《ばあい》、半分《はんぶん》は体《からだ》をクネクネさせて足《あし》を閉《と》じる「泳《およ》ぐ動作《どうさ》」。そして残《のこ》りの半分《はんぶん》は体《からだ》をまっすぐにして足《あし》を動《うご》かす「歩《ある》く動作《どうさ》」。そんなことができるんですねぇ！　一方《いっぽう》シロアリの女王《じょおう》アリは自分《じぶん》の遺伝子《いでんし》をコピーした分身《ぶんしん》を生《う》み出《だ》すことができます。ひとつのコロニーでその数《かず》なんと６００匹《ぴき》が確認《かくにん》されています。１年《ねん》で生《う》み出《だ》される卵《たまご》の数《かず》は５４７万《まん》５０００個《こ》！　う〜ん、どちらもすごすぎです。ということでこの勝負《しょうぶ》はドロー！（「ヴィランの言い分」制作スタッフ）

見送《みおく》りは不要《ふよう》だ、
前《まえ》しか見《み》てないからな！

今度会《こんどあ》ったときは
白黒《しろくろ》つけようじゃない！

ムカデさん、シロアリさん、おつかれさまでした！

BATTLE 08

独特《どくとく》なクサいニオイを発《はっ》するウンチと、そのウンチにたかるハエ。
仲良《なかよ》しペアかと思《おも》いきや、お互《たが》いにすれ違《ちが》いが起《お》きる。
ハエの幼虫《ようちゅう》が食糧《しょくりょう》危機《きき》を救《すく》う可能性《かのうせい》まで秘《ひ》めていることを誇《ほこ》れば、
ウンチは免疫《めんえき》の最前線《さいぜんせん》で活躍《かつやく》する腸内細菌《ちょうないさいきん》の働《はたら》きを猛《もう》アピール！
二大《にだい》ヴィランの隠《かく》された奥深《おくぶか》い世界《せかい》がいま明《あき》らかになる。

ヴィラン紹介

オレ様《さま》に勝《か》とうなんて、100年《ねん》ハエーんだ！

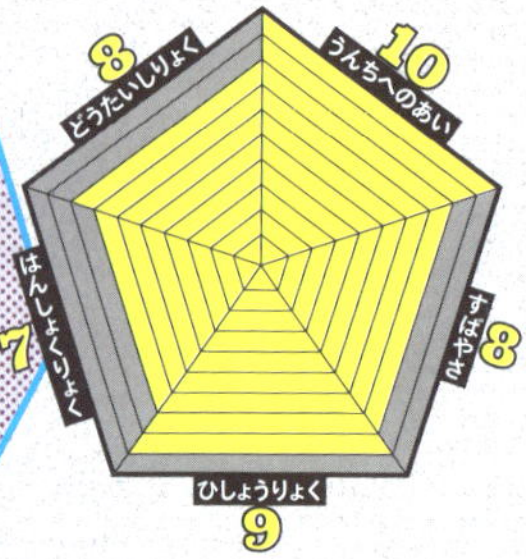

Fly
ハエ
（山根和馬）

食《た》べ物《もの》などにたかって、大《だい》腸菌《ちょうきん》や黄色《おうしょく》ブドウ球菌《きゅうきん》、サルモネラ菌《きん》などさまざまな病原菌《びょうげんきん》を媒介《ばいかい》することで知《し》られる害虫《がいちゅう》。

分類	ハエ目 ハエ亜目 環縫短角群 ハエ下目
主食	腐敗した食べ物や動物の死体、フン
ファイトスタイル	ハエたたきを避ける特殊な眼と平均棍

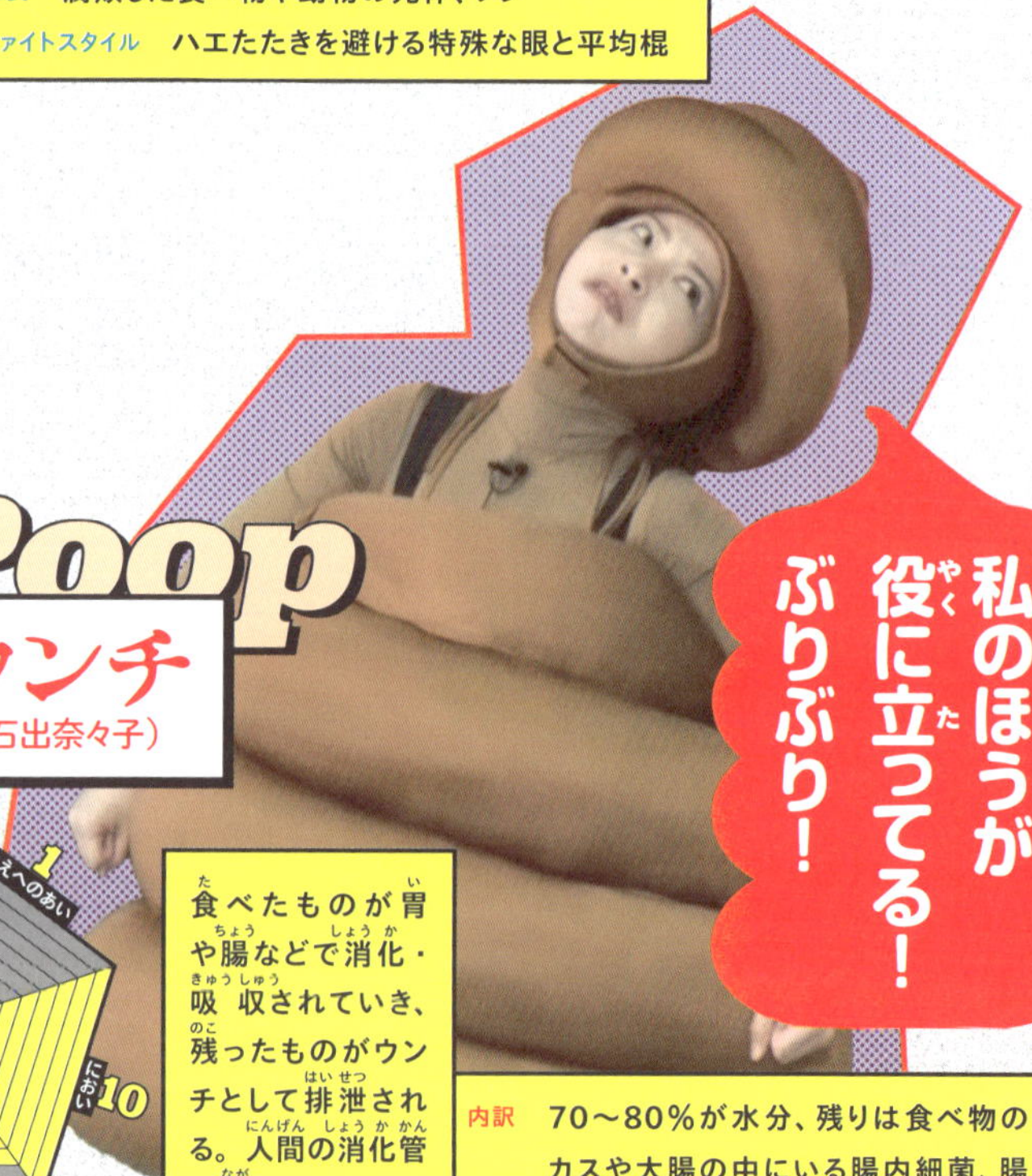

Poop
ウンチ
（石出奈々子）

私《わたし》のほうが役《やく》に立《た》ってる！ぶりぶり！

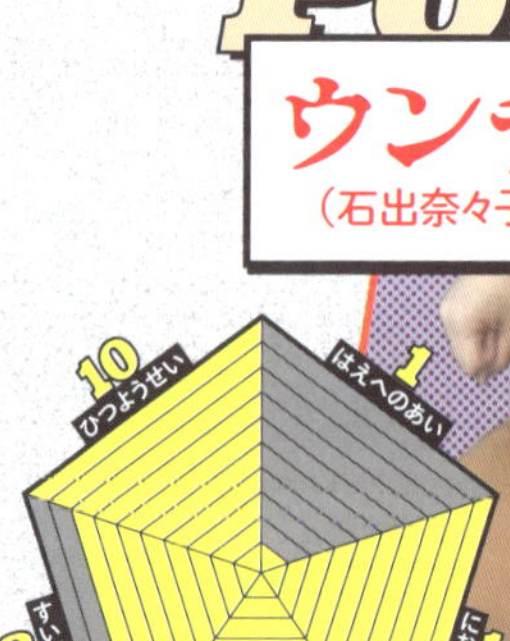

食《た》べたものが胃《い》や腸《ちょう》などで消化《しょうか》・吸収《きゅうしゅう》されていき、残《のこ》ったものがウンチとして排泄《はいせつ》される。人間《にんげん》の消化管《しょうかかん》の長《なが》さは6～8mといわれている。

内訳	70～80％が水分、残りは食べ物のカスや大腸の中にいる腸内細菌、腸の粘膜の死骸など
消化時間	約24～72時間

ROUND 1 人間《にんげん》の生活《せいかつ》には欠《か》かせない！

意外《いがい》な役割《やくわり》対決《たいけつ》

一見《いっけん》**仲良《なかよ》しヴィラン**のウンチとハエ。
彼《かれ》らにもとっても大事《だいじ》な役割《やくわり》が隠《かく》されていたんだ。
ハエは、幼虫《ようちゅう》をうまく活用《かつよう》することで**農業《のうぎょう》や畜産《ちくさん》の促進《そくしん》**を助《たす》けるとアピール。
食糧危機《しょくりょうきき》の救世主《きゅうせいしゅ》に!?

〈**ハエ**の言い分①〉

ハエの子《こ》どもは人類《じんるい》を食糧《しょくりょう》危《き》機《き》から救《すく》う！

私《わたし》は卵《たまご》から生《う》まれた幼虫《ようちゅう》をつかって**有機肥料《ゆうきひりょう》をつくるシステム**を研究《けんきゅう》しています。仕組《しく》みはシンプル。品《ひん》種改良《しゅかいりょう》で産卵能力《さんらんのうりょく》を高《たか》めたハエの卵《たまご》を豚《ぶた》のフン尿《にょう》のうえにおくだけです。そうすると8時間《じかん》で卵《たまご》がふ化《か》し幼虫《ようちゅう》が生《う》まれます。幼虫《ようちゅう》はフン尿《にょう》の分解能力《ぶんかいのうりょく》が非常《ひじょう》に高《たか》く、6日後《かご》にはフン尿《にょう》を**サラサラでニオイのない有機肥料《ゆうきひりょう》に変《か》えてくれる**んです。そして栄養《えいよう》をたくわえた幼虫《ようちゅう》はサナギになるためにフンの中《なか》からはいでてきます。この習性《しゅうせい》を利用《りよう》して、自動的《じどうてき》に幼虫《ようちゅう》と肥料《ひりょう》を分別《ぶんべつ》しています。一般的《いっぱんてき》に有機肥料《ゆうきひりょう》は完成《かんせい》まで半年《はんとし》から1年《ねん》かかりますが、この方法《ほうほう》なら**わずか1週間《しゅうかん》でつくることができる**んです！

ハエの幼虫を使って
有機肥料を開発している
串間充崇くん
（ムスカ）

ハエのメスは羽化してから5日で産卵し、一生のうちに500個の卵を産むと言われている

幼虫は乾燥・粉砕して、鶏や豚などの家畜や魚のエサとして利用

幼虫は体から消化酵素を出して、フンを分解しながら食べる。そして、ふ化してから4日後には自然に外へとはい出る

完成した有機肥料

（ウンチの言い分①）

腸内細菌《ちょうないさいきん》は未知《みち》なる宝《たから》なの♡

人間《にんげん》の体《からだ》の仕組《しく》みのなかで、ウンチがはたしている役割《やくわり》はいったいなんなのだろう？
実《じつ》は、ウンチをつくりだす際《さい》に活躍《かつやく》する**腸内細菌《ちょうないさいきん》**が、
ウイルスから体《からだ》を守《まも》る働《はたら》きをしているんだ！

腸内細菌を知り尽くした
冨士川凜太郎くん
（ヘルスケアメーカー 研究責任者）

さまざまなアスリートの**ウンチなどを2000以《い》上《じょう》**集《あつ》めて分析《ぶんせき》したところ、一般人《いっぱんじん》にくらべてウンチに含《ふく》まれている**酪酸菌《らくさんきん》が2倍《ばい》**以《い》上《じょう》だということがわかりました。酪酸菌《らくさんきん》とは、**免疫力《めんえきりょく》を保《たも》つ**働《はたら》きがある腸内細菌《ちょうないさいきん》の一《いっ》種《しゅ》。その数《かず》が多《おお》いほど、激《はげ》しく運動《うんどう》したあともベストにちかい**コンディションを保《たも》ちやすい**ことがわかってきました。

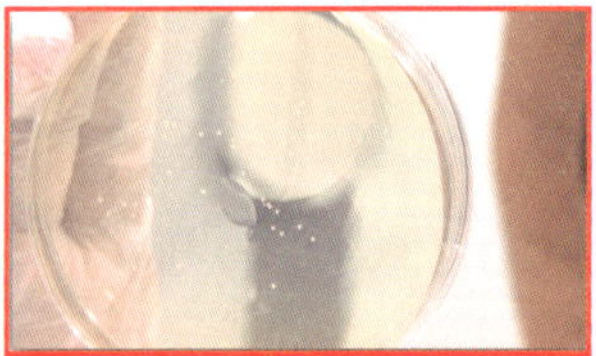

アスリートのウンチに含まれる酪酸菌は、一般人と比較して2倍以上！

解説者
映像クリエイター
ミホチロくん

解説！
脅威《きょうい》の酪酸菌《らくさんきん》

①

ブロッコリーや食物繊維を食べると、酪酸が発生する。大腸の粘液の壁を強くして体内に入ったウイルスの動きをブロックする

②

さらに、ウイルスをやっつける働きをするB細胞が酪酸を食べて抗体をつくり、この抗体でウイルスを無力化

③

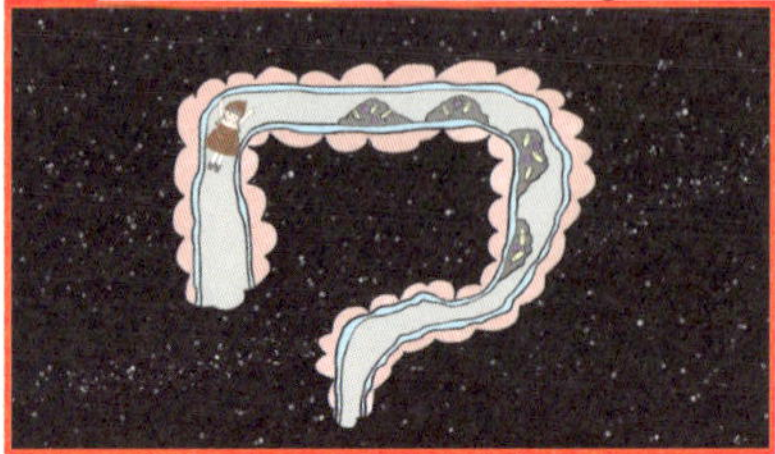

残った酪酸菌やウイルスの死がいはウンチとして排出されるから、腸内はキレイに保たれる

④

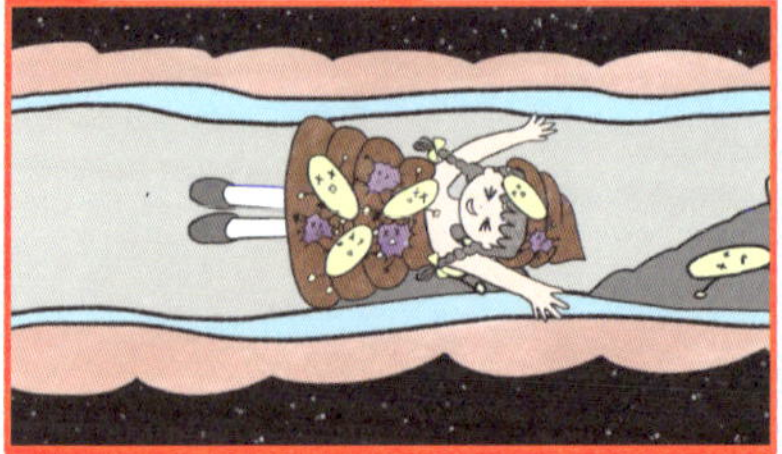

ウンチには酪酸菌以外にも数億個の腸内細菌が。人間を救うヒントをこんもりため込んだ未知なる宝の山なんだ

ROUND 2

超意外《ちょういがい》な場面《ばめん》で大活躍《だいかつやく》！

すごいこと自慢《じまん》対決《たいけつ》

ハエとウンチ。
世界中《せかいじゅう》で嫌《きら》われ者《もの》かと思《おも》いきや
実《じつ》はある場所《ばしょ》では評価《ひょうか》されている**スター**だった！
ハエを研究《けんきゅう》につかうことで**ノーベル賞《しょう》**を獲得《かくとく》？　ウンチをつかった**飲《の》みもの**がある？

（**ハエ**の言い分②）

オレたちはノーベル賞《しょう》に貢献《こうけん》している

人《にん》間《げん》の体《からだ》をつくる設計図《せっけいず》の役割《やくわり》をはたしている「**遺伝子**《いでんし》」。その物質的《ぶっしつてき》な正体《しょうたい》は長《なが》らくわかっていなかったが、1920年代《ねんだい》にはショウジョウバエを使《つか》った研究《けんきゅう》から、遺伝子《いでんし》が染《せん》色体上《しょくたいじょう》にあるという説《せつ》が確立《かくりつ》され、1933年《ねん》**ノーベル生理学《せいりがく》・医学賞《いがくしょう》**を受賞《じゅしょう》したんだ。また、2017年《ねん》の同賞《どうしょう》では、ショウジョウバエから「**体《たい》内時計《ないどけい》**」の遺伝子《いでんし》を発見《はっけん》した研究《けんきゅう》が受《じゅ》賞《しょう》。ハエは**ノーベル賞《しょう》の常連《じょうれん》**（過去《かこ》5回《かい》）で、人類《じんるい》の科学的《かがくてき》な進歩《しんぽ》を支《ささ》えているんだぞ！

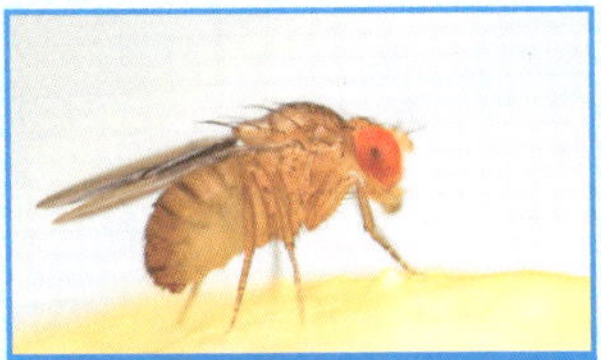

ショウジョウバエは、生物の「遺伝子」を研究するのに適しているんだ

（**ウンチ**の言い分②）

1杯《ぱい》5000円《えん》のコーヒーをつくってるんだ

タイでつくられている、**ゾウのウンチ**から採《と》れた**コーヒー**があるんだ。まず、コーヒーの実《み》と果物《くだもの》などを混《ま》ぜたものをゾウに与《あた》える。するとコーヒー豆《まめ》の**苦《にが》み成分《せいぶん》**であるタンパク質《しつ》が、**ゾウの腸内《ちょうない》**で15～70時間《じかん》かけて分解《ぶんかい》。そしてウンチから豆《まめ》の形《かたち》が残《のこ》っているものを洗《あら》い、天日干《てんぴぼ》しし、ばい煎《せん》などの処理《しょり》をすることで苦《にが》みのないマイルドなコーヒーが生《う》まれるんだぞ。なんと、タイの高《こう》級《きゅう》ホテルでは**1杯《ぱい》5000円《えん》以上《いじょう》**で提供《ていきょう》されているんだ！

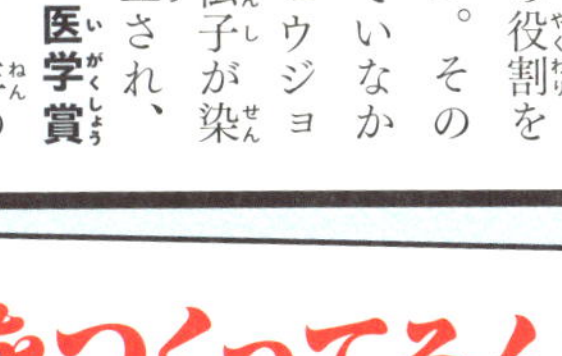

苦み成分が少ないのが特徴のコーヒー

ROUND 3

ハエやウンチが人間《にんげん》を救《すく》う!?

革新的《かくしんてき》な治療法《ちりょうほう》対決《たいけつ》

ハエやウンチがいかに大事《だいじ》な存在《そんざい》であるかは、**医療分野《いりょうぶんや》**での活用《かつよう》をみれば丸《まる》わかり。
ハエの幼虫《ようちゅう》が**壊疽《えそ》などの治療《ちりょう》**に役立《やくだ》っていると明《あき》らかになれば、
ウンチは移植《いしょく》によって**大腸《だいちょう》の健康状態《けんこうじょうたい》**を保《たも》てると主張《しゅちょう》！

（**ハエ**の言い分③）“マゴットセラピー”で傷《きず》を癒《いや》している！

治療に使うのは無菌繁殖した大きさ1mmのヒロズキンバエの幼虫。糖尿病や火傷、感染症などで壊疽した体の一部を治療してくれる

骨折治療の最前線で活躍している
星亨くん
（東大和病院　整形外科センター長）

マゴットセラピーとは、**ハエの幼虫《ようちゅう》**（ウジ虫《むし》）をつかって壊疽《えそ》（体組織《たいそしき》が壊死《えし》して腐《くさ》った状《じょう》態《たい》）などを治療《ちりょう》する方法《ほうほう》のことです。我々《われわれ》は彼《かれ》らウジ虫《むし》のことを**世界最小《せかいさいしょう》の外科医《げかい》**と呼《よ》んでいます。実《じつ》はウジ虫《むし》は消化液《しょうかえき》をだし、**壊疽《えそ》した部分《ぶぶん》を溶《と》かして食《た》べてくれ**ます。さらにウジ虫《むし》の排泄物《はいせつぶつ》には抗菌効果《こうきんこうか》があり、傷口《きずぐち》がキレイに。これまでは足《あし》を切断《せつだん》する治療《ちりょう》がほとんどでしたが、**最後《さいご》の手段《しゅだん》**としてマゴットセラピーが活躍《かつやく》する可能性《かのうせい》があります！

（**ウンチ**の言い分③）“便移植療法《べんいしょくりょうほう》”で腸内《ちょうない》スッキリ！

腸《ちょう》内細菌《ないさいきん》の乱《みだ》れによってさまざまな病気《びょうき》が引《ひ》き起《お》こされることがわかっています。そして近年《きんねん》、健康《けんこう》な人《ひと》からもらった**腸内細菌《ちょうないさいきん》を患者《かんじゃ》さんに移植《いしょく》**する「**便移植療法《べんいしょくりょうほう》**」の研究《けんきゅう》が進《すす》んでいるんです。この治療法《ちりょうほう》によって、便秘《べんぴ》や潰瘍性大腸炎《かいようせいだいちょうえん》、アレルギー症状《しょうじょう》、精神疾患《せいしんしっかん》などが改善《かいぜん》する可能性《かのうせい》があります。便移植《べんいしょく》で腸内環《ちょうないかん》境《きょう》を変《か》えることは、治療方法《ちりょうほうほう》がなかった患者《かんじゃ》さんや今《いま》までの薬《くすり》で治《なお》らなかった患者《かんじゃ》さんに**大《おお》きく貢献《こうけん》できる可能性《かのうせい》があります！**

健康な人のウンチから元気な腸内細菌を集めて菌液をつくり、患者の腸内細菌を取り除いてから菌液を注入。健康な腸内細菌に入れ替える

消化器内科の名医
石川大くん
（順天堂大学 消化器内科）

ROUND 4 愛《あい》と平和《へいわ》、歴史《れきし》に貢献《こうけん》する!?

最先端研究《さいせんたんけんきゅう》対決《たいけつ》

（ハエの言い分④）

未来《みらい》の世界平和《せかいへいわ》に役立《やくだ》つかも!?

ハエとウンチは**研究現場《けんきゅうげんば》の最前線《さいぜんせん》**でも注目《ちゅうもく》の的《まと》!
そこには**世界平和《せかいへいわ》**を導《みちび》くヒントや
歴史《れきし》をひも解《と》く重要《じゅうよう》なカギが隠《かく》されていた!?
気持《きも》ち悪《わる》くてクサイだけじゃない、**真《しん》の魅力《みりょく》がここに!**

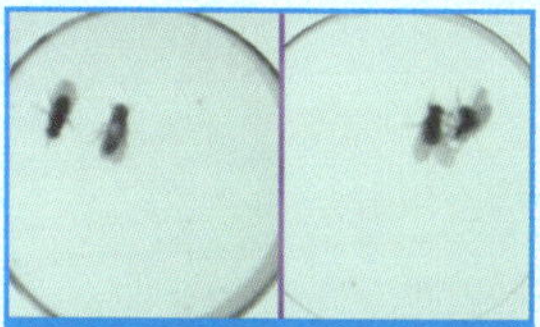

個別飼育したハエは30分で100回以上も殴り合った

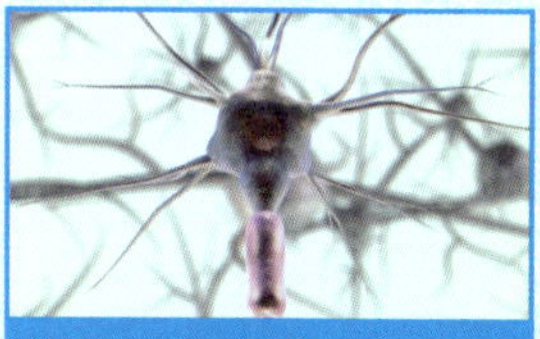

人間の脳にもnervy神経と似たものがあり、ハエを研究すれば人間の脳の解明、そして争いのない世界に役立つかもしれません!

私《わたし》たちの実験《じっけん》では、羽化《うか》したショウジョウバエを1週間《しゅうかん》「**集団《しゅうだん》で飼育《しいく》する**」グループと「**個別《こべつ》に飼育《しいく》する**」グループに分《わ》けました。そのあと、集団《しゅうだん》で飼育《しいく》したハエには特《とく》に変化《へんか》はありません。しかし、個別《こべつ》で飼育《しいく》したハエは**乱闘《らんとう》を開始《かいし》**したのです。実《じつ》は、ハエの脳《のう》の中《なか》には**nervy神経《しんけい》**というものがあり、これによって「攻撃《こうげき》したい衝動《しょうどう》」を抑《おさ》えています。しかし、個別《こべつ》飼育《しいく》したハエには、**この神経《しんけい》が働《はたら》いていないこと**が判明《はんめい》したんです。

生き物の新たな行動原理を研究する
石井健一くん
（東京大学大学院理学研究科／Salk 生物学研究所 朝比奈研究室）

今《いま》から**約《やく》2億《おく》5200万年前《まんねんまえ》**、大規模《だいきぼ》な火山活動《かざんかつどう》や海《うみ》の無酸素化《むさんそか》により、**海洋生物《かいようせいぶつ》の95%の種《しゅ》が絶滅《ぜつめつ》**。そこから生態系《せいたいけい》が回復《かいふく》するには約《やく》900万年《まんねん》かかったと考《かんが》えられていました。しかし、大量絶滅《たいりょうぜつめつ》から500万年後《まんねんご》の**ウンチの化石《かせき》**を調《しら》べたところ、小《ちい》さな骨《ほね》を発見《はっけん》。すでに脊椎動物同士《せきついどうぶつどうし》の食物連鎖《しょくもつれんさ》が復活《ふっかつ》していたことがわかり、**通説《つうせつ》を覆《くつがえ》したんです!**

地層と化石から地球環境や生物進化の歴史を読み解く
泉賢太郎くん
（千葉大学教育学部 准教授）

（ウンチの言い分④）

数億年《すうおくねん》の歴史《れきし》を塗《ぬ》り替《か》える力《ちから》があるのよ!

宮城県で発見された“ウンチの化石”。リンやカルシウムが鉱物になり化石化

画像協力:東京大学総合研究博物館
（許可なく画像の転用を行うことを禁止する）

判定《はんてい》

なくなればいいのに！とか言《い》っちゃっていいんですかぁ～？

ウンチはすべて食物《たべもの》のカスだと思《おも》われがちですが、その7～8割《わり》は「水分《すいぶん》」で、残《のこ》りは「食《た》べカス」、「腸内細菌《ちょうないさいきん》」、「腸壁《ちょうへき》の粘膜《ねんまく》」がほぼ同《おな》じ割合《わりあい》で含《ふく》まれています。中《なか》でも「腸内細《ちょうないさい》菌《きん》」は、食物《しょくもつ》の消化《しょうか》だけでなく免疫《めんえき》などの体《からだ》の健康《けんこう》や、心《こころ》とも密接《みっせつ》に関係《かんけい》しているとも言《い》われています。大切《たいせつ》な役割《やくわり》を果《は》たして出《で》てきたとたん、クサい、汚《きたな》いはかわいそうかも？

ハエも、ほかの生《い》きものが見向《みむ》きもしないような汚物《おぶつ》に卵《たまご》を産《う》み、幼虫《ようちゅう》が猛《もう》スピードで食《た》べてキレイにしてくれるおかげで、世界《せかい》が美《うつく》しく保《たも》たれています。もし、ハエがこの世《よ》から消《き》えたとしたら、もっと汚《きたな》いもので世界《せかい》が埋《う》まっちゃうかも⁉　どちらも人間《にんげん》とは切《き》っても切《き》れない腐《くさ》れ縁《えん》ということで、この勝負《しょうぶ》引《ひ》き分《わ》け！（「ヴィランの言い分」制作スタッフ）

オレ様《さま》に勝《か》ちたいなら一《いち》から出直《でなお》してきな！

私《わたし》のほうが“うん”と役《やく》に立《た》ってるわ！

ハエさん、ウンチさん、どちらもがんばったね！

ヴィランの控《ひか》え室《しつ》 2

どちらがすごいか今日《きょう》こそ決着《けっちゃく》だ!!
今回《こんかい》はチカラくらべで勝負《しょうぶ》だ!!
望《のぞ》むところだ!!
VS
ウンチくん
ハエくん
最終決戦《さいしゅうけっせん》!?
うおおお!!
フン!!

よーし
ボクも…
ヌギ
ヌギ…
ウンチさん!!
ちょっと
ストップ!!
(番組《ばんぐみ》スタッフ)
それ《モザイク》
脱《ぬ》いじゃうと
書籍化《しょせきか》できなく
なっちゃうよ〜
(番組《ばんぐみ》スタッフ)
こまるな〜
すみません…
勝負《しょうぶ》あり!?

ばいばい。
また、次《つぎ》の控《ひか》え室《しつ》で会《あ》おうね。

BATTLE 09

緊張《きんちょう》も睡魔《すいま》も人間《にんげん》のためになる!?
驚《おどろ》きのメカニズムに注目《ちゅうもく》！

大事《だいじ》な場面《ばめん》での不安《ふあん》や心配《しんぱい》からくる“緊張《きんちょう》”とリラックスした状態《じょうたい》で訪《おとず》れる“睡魔《すいま》”。
真逆《まぎゃく》の方向《ほうこう》から人間《にんげん》を苦《くる》しめる感覚系《かんかくけい》二大《にだい》ヴィランがイメージを覆《くつがえ》すために勝負《しょうぶ》！
緊張《きんちょう》でパフォーマンスが向上《こうじょう》し、赤面《せきめん》することで脳《のう》を守《まも》る!?
睡魔《すいま》は睡眠《すいみん》が必要《ひつよう》な人間《にんげん》にとって大事《だいじ》な合図《あいず》!?
最新科学《さいしんかがく》の研究《けんきゅう》によって、緊張《きんちょう》と睡眠《すいみん》の秘《ひ》められた効能《こうのう》が明《あき》らかに！

ヴィラン紹介

Tention

きんちょう
緊張
（もう中学生）

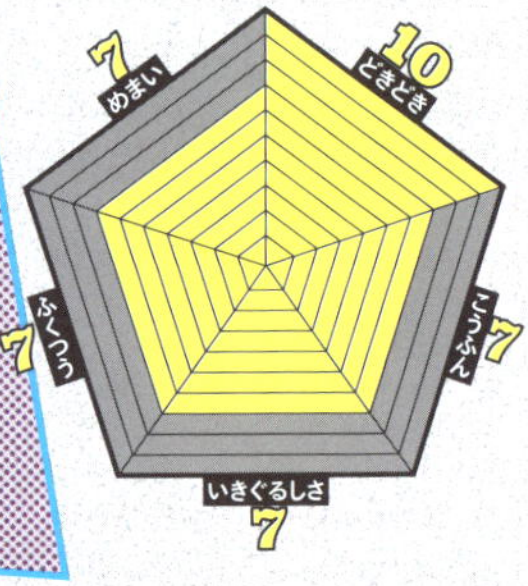

発表会《はっぴょうかい》やテスト、スポーツの試合《しあい》など、さまざまな場《ば》面《めん》でプレッシャーを感《かん》じると姿《すがた》を現《あらわ》す嫌《いや》な存在《そんざい》。顔《かお》が赤《あか》くなったり、汗《あせ》をかいたりすることも。

緊張とは　心や身体が引き締まること

メカニズム　生存本能、交感神経、アドレナリンなどが関係

Sleepy

すいま
睡魔
（栗原類）

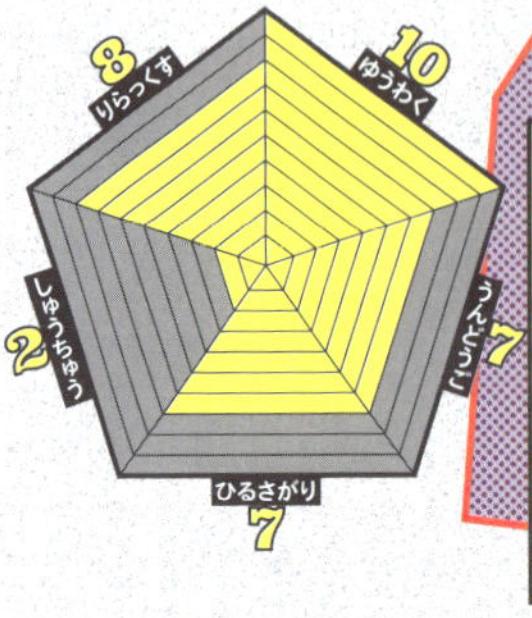

授業中《じゅぎょうちゅう》やご飯《はん》を食《た》べたあとの満腹《まんぷく》時《じ》など、夜以外《よるいがい》にも予期《よき》せぬときに襲《おそ》いかかってくる悪魔《あくま》。あくびが出《で》るのが特徴《とくちょう》。

睡魔とは　強い眠気にとらわれている状態

メカニズム　体内時計、睡眠圧、側坐核などの働き

ROUND 1

生《い》きていくために必要《ひつよう》な状態《じょうたい》！

驚《おどろ》きのメカニズム対決《たいけつ》

緊張《きんちょう》する場面《ばめん》に遭遇《そうぐう》するとき、心臓《しんぞう》がどきどきし、
胸《むね》がキュッと縮《ちぢ》こまるような思《おも》いをする人《ひと》も多《おお》いだろう。
そのメカニズムには、実《じつ》は人間《にんげん》が生《い》きていくために
絶対《ぜったい》に必要《ひつよう》な本能的《ほんのうてき》な働《はたら》きがあったんだ！

（**緊張**の言い分①）

ドキドキするのは運命《うんめい》なんだ！

緊《きん》張《ちょう》とは、敵《てき》に遭遇《そうぐう》した際《さい》に、全《ぜん》力《りょく》で戦《たたか》うか全力《ぜんりょく》で逃《に》げるかを選択《せんたく》する過程《かてい》で発生《はっせい》する**動物《どうぶつ》の本能《ほんのう》**。実験《じっけん》として、大《おお》きなラットと小《ちい》さなラットの動《うご》きを観察《かんさつ》しました。縄張《なわば》り意識《いしき》を持《も》った大《おお》きなラットが小《ちい》さなラットを攻撃《こうげき》すると、小《ちい》さなラットは生命《せいめい》の危機《きき》を感《かん》じて緊張状態《きんちょうじょうたい》に。このとき、小《ちい》さなラットの体温《たいおん》は**1・5℃近《ちか》くも上昇《じょうしょう》**。身体中《からだじゅう》の力《ちから》が最高《さいこう》になるようにして戦《たたか》うか逃《に》げるかを選《えら》ばないと襲《おそ》われてしまうため、動物《どうぶつ》は体温《たいおん》を上《あ》げることでベストコンディションにしているんです。現代《げんだい》でも、大勢《おおぜい》の人《ひと》を相手《あいて》にする場面《ばめん》では**同《おな》じような生存本能《せいぞんほんのう》が働《はたら》いている**と考《かんが》えられます。

緊張のメカニズムのスペシャリスト
柿木隆介くん
（生理学研究所 名誉教授）

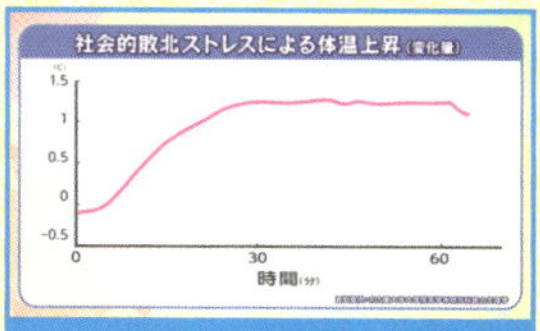

小さなラットの体温上昇を表した図

大きなラットに攻撃され緊張して固まってしまった小さなラット

資料・映像提供：名古屋大学大学院医学系研究科統合生理学

コラム

なぜ体温《たいおん》を上《あ》げるの？ 交感神経《こうかんしんけい》の秘密《ひみつ》

体温上昇《たいおんじょうしょう》に関係《かんけい》しているのは、自分《じぶん》の意思《いし》とは関係《かんけい》なく働《はたら》く自律神経系《じりつしんけいけい》のひとつである「交感神経《こうかんしんけい》」です。交感神経《こうかんしんけい》が活発《かっぱつ》になると、腎臓《じんぞう》のあたりからアドレナリンというホルモンが分泌《ぶんぴつ》されます。これによって、心臓《しんぞう》の鼓動《こどう》が速《はや》くなり心拍数《しんぱくすう》が上昇《じょうしょう》。結果的《けっかてき》に大量《たいりょう》の血液《けつえき》が全身《ぜんしん》を駆《か》け巡《めぐ》り、体温《たいおん》が上昇《じょうしょう》します。緊張《きんちょう》して分泌《ぶんぴつ》されたアドレナリンは“戦《たたか》いのホルモン”とも呼《よ》ばれ、私《わたし》たちが身体《からだ》を動《うご》かす戦闘準備《せんとうじゅんび》をしてくれているのです！

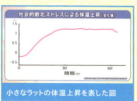

睡魔の言い分①

脳《のう》は情報《じょうほう》がいっぱいだと知《し》らせているんだ

胸《むね》がドキドキする緊張《きんちょう》とは真逆《まぎゃく》で、
リラックスしきった状態《じょうたい》で**不意《ふい》にやってくる**のが睡魔《すいま》。
邪魔《じゃま》に思《おも》うこともあるけれど、**睡魔《すいま》が訪《おとず》れるメカニズム**にも
人《ひと》の**健康《けんこう》な生活《せいかつ》**に関《かか》わる大事《だいじ》な働《はたら》きがあるんだ!

◎体内時計
体内時計が約24時間の周期で睡眠・体温・ホルモンなどのリズムをコントロールしている

そもそも、人《ひと》はなぜ眠《ねむ》くなるのだろう? その仕組《しく》みのひとつが**体内時計《たいないどけい》**だ。脳《のう》にある体内時計《たいないどけい》の中枢《ちゅうすう》が全身《ぜんしん》に指令《しれい》を送《おく》り、人間《にんげん》の身体《からだ》のさまざまなリズムを調整《ちょうせい》している。この体内時計《たいないどけい》から送《おく》られる**指《し》令《れい》によって**私《わたし》たちは朝《あさ》になると目《め》を覚《さ》まし、昼《ひる》は覚醒《かくせい》を続《つづ》け、夜《よる》になると眠《ねむ》くなるんだ。また、急《きゅう》に睡魔《すいま》が訪《おとず》れる理由《りゆう》は、眠《ねむ》くなるもうひとつの仕組《しく》みである「**睡眠圧《すいみんあつ》(眠《ねむ》りたいという欲求《よっきゅう》の強《つよ》さ)**」が関係《かんけい》している。

◎睡魔《すいま》が訪《おとず》れるメカニズム

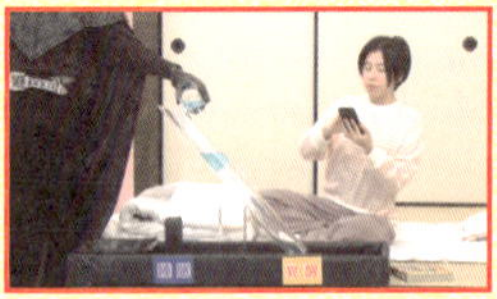

人間《にんげん》の脳《のう》の中《なか》には、日中《にっちゅう》の活動《かつどう》で目《め》にした風景《ふうけい》や会話《かいわ》、SNSやテレビなどから得《え》たさまざまな情報《じょうほう》が溜《た》まっていく。蓄積《ちくせき》すると、眠《ねむ》りたい欲求《よっきゅう》である「睡眠《すいみん》圧《あつ》」が増《ふ》えていく

→

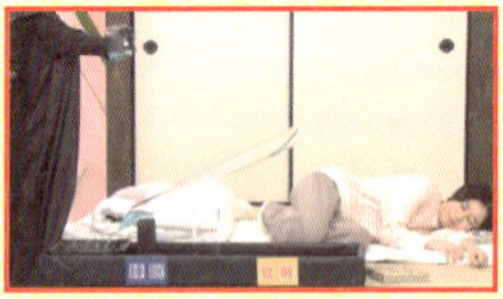

脳《のう》の容量《ようりょう》には限《かぎ》りがあるので、膨大《ぼうだい》な情報《じょうほう》が脳《のう》に溜《た》まり一定量《いっていりょう》を超《こ》えると、人間《にんげん》は睡眠状態《すいみんじょうたい》へ。眠《ねむ》っている間《あいだ》にある情報《じょうほう》は保存《ほぞん》・記《き》憶《おく》され、ある情報《じょうほう》は捨《す》てられていく

→

情報《じょうほう》の整理《せいり》が終《お》わると、人間《にんげん》は目覚《めざ》める。つまり、睡魔《すいま》は理不尽《りふじん》に急《きゅう》に訪《おとず》れるのではなく、日中《にっちゅう》の活動《かつどう》を経《へ》て、「脳《のう》はもう情報《じょうほう》がいっぱいだよ」と知《し》らせてくれている状態《じょうたい》なのだ

十《じゅう》分《ぶん》な睡眠《すいみん》を取《と》らずにいると、脳《のう》には**未整《みせい》理《り》の情報《じょうほう》**が溜《た》まったままになる。そして、新《あら》たな1日《にち》のはじまりによってさらに情《じょう》報《ほう》が溜《た》まっていく。この状態《じょうたい》を「**睡眠負債《すいみんふさい》**」と呼《よ》び、生活《せいかつ》や活動《かつどう》の質《しつ》が低下《ていか》するだけでなく、さまざまな病気《びょうき》につながる恐《おそ》れもあるんだ。どんなにやりたいことがあっても、**睡眠《すいみん》はしっかりとろう!**

ROUND 2 緊張《きんちょう》とあくびは私《わたし》たちの味方《みかた》？

それは誤解《ごかい》！対決《たいけつ》

（緊張の言い分②）

緊張《きんちょう》するからリラックスできる！

緊《きん》張《ちょう》があるからこそ、人間《にんげん》はより休《やす》めることがわかっている。これは、緊張状態《きんちょうじょうたい》をつくる交感神経《こうかんしんけい》とペアになっている**副交感神経《ふくこうかんしんけい》**が関係《かんけい》しているんだ。緊張《きんちょう》が解《と》けると、副交感神経《ふくこうかんしんけい》が優位《ゆうい》に働《はたら》き、**体温《たいおん》が低下《ていか》してリラックス**した状態《じょうたい》になる。さらに、「ただ休《やす》む」だけの状態《じょうたい》と「緊張《きんちょう》してから休《やす》む」状態《じょうたい》を実験《じっけん》で比較《ひかく》したところ、緊張《きんちょう》してから休《やす》んだほうが副交感神経《ふくこうかんしんけい》の占《し》める割合《わりあい》がより多《おお》くなることがわかった。この結果《けっか》から、家《いえ》で何《なに》もせずに休《やす》んでいるより、いちど**緊張《きんちょう》を与《あた》えて休《やす》んだほうがよりリラックスできる**と考《かんが》えられているんだ。

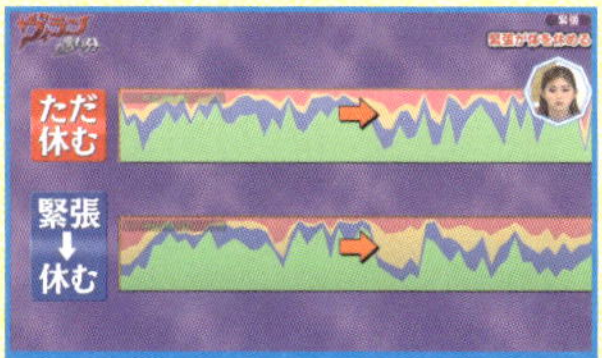

「ただ休む」状態と「緊張してから休む」状態で脳波を比較。後者のほうが振れ幅が大きいことがわかった

（睡魔の言い分②）

あくびは睡魔《すいま》の敵《てき》なんです

あくびと睡魔《すいま》は仲間《なかま》のように思《おも》われていますが、実《じつ》はあくびは人《ひと》の覚醒《かくせい》を保《たも》ち、**脳《のう》をスッキリさせる**働《はたら》きがあるんです。あくびがどのように脳《のう》を覚醒《かくせい》させるのかには諸説《しょせつ》ありますが、有力《ゆうりょく》とされているのが**〝脳《のう》の冷《れい》却説《きゃくせつ》〟**です。眠気《ねむけ》を感《かん》じるのは、脳《のう》に情報《じょうほう》が溜《た》まって**オーバーヒート**した状態《じょうたい》。そこであくびをすると、脳《のう》が冷《ひ》やされて眠気《ねむけ》を起《お》こす必要《ひつよう》がなくなり、覚醒《かくせい》が保《たも》たれるそうです。つまり、あくびは**睡魔《すいま》を撃退《げきたい》する生理現象《せいりげんしょう》**なのです！

脳のメカニズムを研究する
北一郎くん
（東京都立大学 人間健康科学研究科 教授）

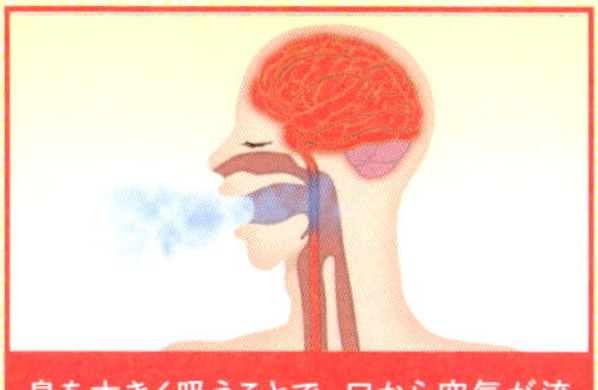
息を大きく吸うことで、口から空気が流れ込み、のど付近の血液を冷やす

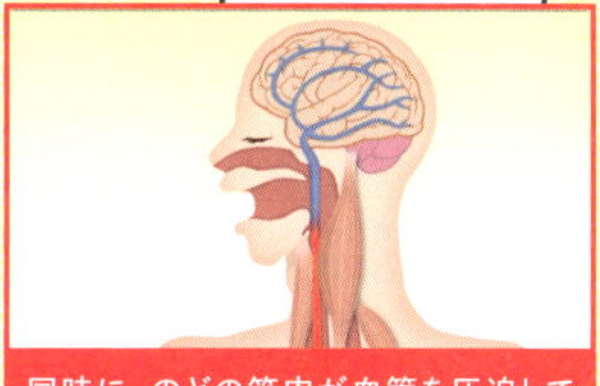
同時に、のどの筋肉が血管を圧迫して冷えた血液を脳へ運び、脳を冷やす

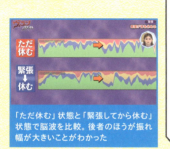

ROUND 3

睡魔《すいま》と緊張《きんちょう》の意外《いがい》な仕組《しく》みとは？

続《ぞく》！驚《おどろ》きのメカニズム対決《たいけつ》

睡魔《すいま》や緊張《きんちょう》が人《ひと》にとって**大切《たいせつ》な理由《りゆう》**はまだまだある。
ご飯《はん》を食《た》べて満腹《まんぷく》になったときや退屈《たいくつ》なときに眠《ねむ》くなるのは
脳内《のうない》の**ある機能《きのう》**が関与《かんよ》していたんだ！
また、緊張《きんちょう》は私《わたし》たちが**最大限《さいだいげん》にパフォーマンスを発揮《はっき》する**ために必要《ひつよう》だった!?

緊張の言い分③

緊張《きんちょう》がもたらす効果《こうか》がある！

自律神経を研究する
小林弘幸くん
（順天堂大学 医学部 教授）

緊《きん》張《ちょう》するといつもの力《ちから》が発揮《はっき》できないと思《おも》いがちですが、それは緊張《きんちょう》しすぎているからです。実《じつ》は**〝ちょうどいい緊張《きんちょう》〟**を保《たも》てば、パフォーマンス向上《こうじょう》にもつながります。これには**アドレナリンの分泌《ぶんぴつ》**が関《かか》わっていて、緊張《きんちょう》していない**〝下《さ》がり〟**状態《じょうたい》では、アドレナリンの分泌《ぶんぴつ》が減少《げんしょう》するため注意力《ちゅういりょく》が散漫《さんまん》になり、やる気《き》が出《で》なくなります。一方《いっぽう》、**〝上《あ》がり〟**状態《じょうたい》では、筋肉《きんにく》が固《かた》まってしまい、強《つよ》い疲労《ひろう》を感《かん》じてしまいます。この2つの状態《じょうたい》の真《ま》ん中《なか》である**〝ゾーン〟状態《じょうたい》**だと、ほどよくアドレナリンが分泌《ぶんぴつ》され、肉体的《にくたいてき》にも精神的《せいしんてき》にもベストになるんです。

緊張・興奮のレベルとパフォーマンスの関係は、3つの状態に分けられる

緊《きん》張《ちょう》すると顔《かお》が赤《あか》くなるのはなぜなのだろう？ 実《じつ》は、緊張状態《きんちょうじょうたい》になると体内《たいない》では**血《ち》を全身《ぜんしん》に送《おく》るため**に血管《けっかん》が拡張《かくちょう》する。とりわけ顔《かお》は皮膚《ひふ》が薄《うす》く、血管《けっかん》も多《おお》いため赤《あか》くなるんだ。**緊張《きんちょう》によって脳《のう》の働《はたら》きが過剰《かじょう》**になると、脳《のう》の温度《おんど》は高《たか》くなりすぎてしまう。しかし、汗《あせ》をかいたり風《かぜ》に当《あ》たったりすることで顔《かお》の表面《ひょうめん》が冷《ひ》やされることで、多《おお》くの血液《けつえき》は冷《ひ》やされるんだ。つまり、顔《かお》が赤《あか》くなることで、**脳《のう》の温度《おんど》を下《さ》げて、脳《のう》を守《まも》っている**んだぞ！

皮膚が薄く血管が多いので、顔の血管が拡張して赤くなる

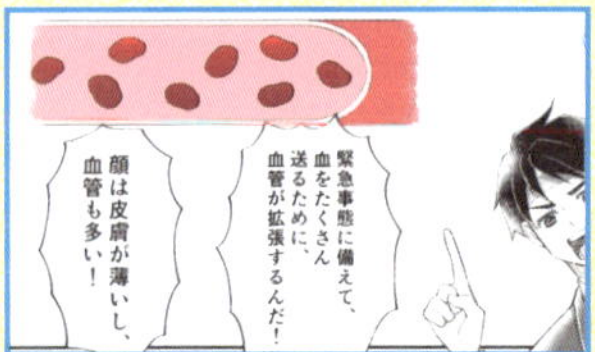

冷やされた血液は脳に流れ込む前に海綿静脈洞と呼ばれる部分に集まる

イラスト：たら実

（睡魔の言い分③）

知《し》られざる脳《のう》の仕《し》組《く》みがある！

睡《すい》眠《みん》を制御《せいぎょ》する仕組《しく》みには、栄《えい》養状態《ようじょうたい》も関与《かんよ》しています。私《わたし》は1998年《ねん》に**世界《せかい》で初《はじ》めて**、栄養《えいよう》状態《じょうたい》と睡眠《すいみん》に関係《かんけい》する脳内物質《のうないぶっしつ》「**オレキシン**」を発見《はっけん》しました。オレキシンをつくる神経細胞《しんけいさいぼう》は覚醒《かくせい》を維持《いじ》する働《はたら》きを持《も》っており、起《お》きている状態《じょうたい》を支《ささ》えます。野生動物《やせいどうぶつ》は空腹《くうふく》になると狩《か》りに出《で》ますが、その際《さい》には行動《こうどう》を遂行《すいこう》するために**覚醒状態《かくせいじょうたい》を持続《じぞく》させる**必要《ひつよう》があり、オレキシンをつくる神経細胞《しんけいさいぼう》が活発《かっぱつ》に働《はたら》くのです。反対《はんたい》に**満腹《まんぷく》になると**この働《はたら》きが弱《よわ》くなり、眠《ねむ》くなってしまいます。人間《にんげん》はご飯《はん》を食《た》べ、血液中《けつえきちゅう》に糖《とう》が増《ふ》えるとオレキシンの活動《かつどう》が弱《よわ》くなることが明《あき》らかになっています。

睡眠について探究する
櫻井武くん
（筑波大学 国際統合睡眠医科学研究機構 教授）

覚《かく》醒《せい》や眠気《ねむけ》と深《ふか》い関《かか》わりがあるのが、脳《のう》の一部分《いちぶぶん》にある大脳辺縁系《だいのうへんえんけい》と報酬《ほうしゅう》系《けい》。怒《いか》りや喜《よろこ》びなど感情《かんじょう》が活性化《かっせいか》すると**眠《ねむ》気《け》が軽《かる》く**なります。無気力状態《むきりょくじょうたい》では活動《かつどう》が低下《ていか》し、**眠気《ねむけ》が強《つよ》まります**。つまり、興味《きょうみ》を引《ひ》く活動《かつどう》や**小《ちい》さな達成感《たっせいかん》を得《え》る**ことが、報酬系《ほうしゅうけい》を刺激《しげき》し、活力《かつりょく》を取《と》り戻《もど》す助《たす》けになります。

オレキシンは、間違った時間に眠気がこないように覚醒レベルを維持する働きを持つ

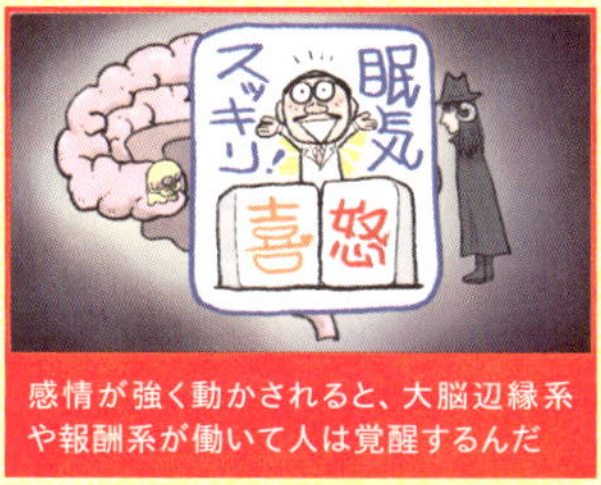

感情が強く動かされると、大脳辺縁系や報酬系が働いて人は覚醒するんだ

退屈な状態になると、報酬系や大脳辺縁系の活動が低下して、眠りに誘われる

イラスト：仙太（動楽猫）

緊張《きんちょう》と睡魔《すいま》は
おたがいに
関係《かんけい》があるんだな！

判定《はんてい》

どちらも、「人間《にんげん》にひそむ謎《なぞ》」ですけどね

人前《ひとまえ》でなにかをするときや、ここ一番《いちばん》の挑戦《ちょうせん》のときに必《かなら》ずやってくる厄介者《やっかいもの》が「緊張《きんちょう》」。そしてご飯《はん》を食《た》べたあとの〝5時《じ》間目《かんめ》〟と聞《き》いただけでもやってくるのが「睡魔《すいま》」ですよね。緊張《きんちょう》は、生命《せいめい》の危機《きき》を感《かん》じて逃《に》げるか戦《たたか》うかの選択《せんたく》をするため、つまり最高《さいこう》のパフォーマンスを発揮《はっき》するために備《そな》わっている動物《どうぶつ》の本能《ほんのう》と言《い》われています。一方《いっぽう》、満腹《まんぷく》になるとやってくる睡魔《すいま》は、「オレキシン」という脳内物質《のうないぶっしつ》が関《かか》わっています。オレキシンは空腹《くうふく》の動物《どうぶつ》が食料《しょくりょう》を探《さが》すときなど、起《お》きている状態《じょうたい》を続《つづ》ける必要《ひつよう》があるときに働《はたら》くのですが、満腹《まんぷく》になるとオレキシンを作《つく》る神経細胞《しんけいさいぼう》の働《はたら》きが弱《よわ》くなるのです。どちらも人間《にんげん》がコントロールするのは難《むずか》しいということで、互角《ごかく》の戦《たたか》いです。（「ヴィランの言い分」制作スタッフ）

緊張《きんちょう》と上手《じょうず》に
付《つ》き合《あ》って
生活《せいかつ》しよう!

ではみなさま、
おやすみなさい

緊張《きんちょう》さん、睡魔《すいま》さん、ナイスファイト!

BATTLE 10

身《み》の回《まわ》りの恐《おそ》ろしい物質《ぶっしつ》たち
そのパワーの秘密《ひみつ》が明《あ》かされる！

花《か》粉《ふん》 VS 紫《し》外《がい》線《せん》

アレルギー症状《しょうじょう》で苦《くる》しめる花粉《かふん》と肌《はだ》にダメージを与《あた》える紫外線《しがいせん》。
外《そと》だけでなく家《いえ》の中《なか》にまで侵入《しんにゅう》してくる空気中《くうきちゅう》の二大《にだい》ヴィランが
それぞれの強《つよ》さの秘密《ひみつ》と人間《にんげん》に役立《やくだ》つ事実《じじつ》を猛《もう》アピール！
花粉《かふん》を出《だ》さないスギがある？
日本《にほん》の水《みず》が安全《あんぜん》に飲《の》めるのは紫外線《しがいせん》のおかげだった？
言《い》い分《ぶん》を聞《き》けば少《すこ》しは許《ゆる》せるかも!?

ヴィラン紹介

今日《きょう》も
あなたの顔《かお》に
舞《ま》い降《お》ります！

Pollen
花粉《かふん》
（加藤諒）

くしゃみや鼻水《はなみず》、鼻《はな》づまり、目《め》のかゆみなど、アレルギー症状《しょうじょう》で人々《ひとびと》を苦《くる》しめる厄《やっ》介者《かいもの》。多《おお》くの人《ひと》たちが花粉症《かふんしょう》に悩《なや》まされている。

種類　スギ、ヒノキ、イネ、ブタクサなど

花粉が多い時期　2月半ばから4月まで

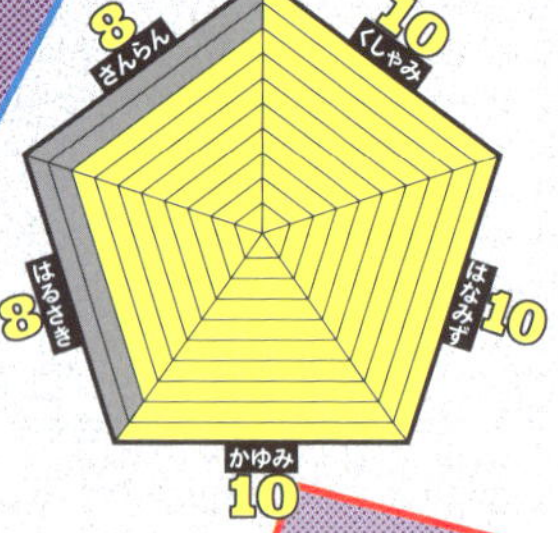

オラオラ、
紫外線《しがいせん》様《さま》の
お通《とお》りだ〜！

Ultraviolet light
紫外線《しがいせん》
（レイザーラモンHG）

肌《はだ》を焼《や》き、シミやシワの原因《げんいん》になる悪《あく》の光線《こうせん》。1日《にち》に15分《ふん》から30分《ぶん》、紫外線《しがいせん》を浴《あ》びると、体内《たいない》でビタミンDが生成《せいせい》されて骨《ほね》が丈夫《じょうぶ》になると言《い》われる。

種類　UV-A、UV-B、UV-C

紫外線が多い時期　4月〜9月ごろ

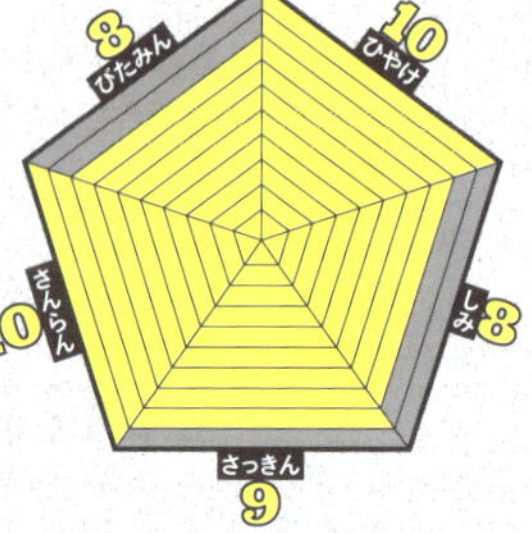

ROUND 1

まずは花粉《かふん》と紫外線《しがいせん》についてよく知《し》ろう!

脅威《きょうい》のメカニズム対決《たいけつ》

私《わたし》たちを苦《くる》しめる花粉《かふん》と紫外線《しがいせん》は、
それらが生《う》まれる仕組《しく》みを知《し》ることできっと印象《いんしょう》が変《か》わるはずだ。
花粉《かふん》が増《ふ》えているのは、実《じつ》は**人間《にんげん》の活動《かつどう》のせい**だって?
彼《かれ》らの言《い》い分《ぶん》を聞《き》いて、**いちど周《まわ》りの環境《かんきょう》を見渡《みわた》してみよう!**

(**花粉**の言い分①)

人間《にんげん》のせいで花粉症《かふんしょう》は増《ふ》えている

理由1 たくさんのスギやヒノキが植《う》えられた

第《だい》二《に》次《じ》世《せ》界《かい》大《たい》戦《せん》が終《お》わった**1945年《ねん》から、**復興《ふっこう》のために国内《こくない》では大量《たいりょう》の木材《もくざい》が必要《ひつよう》になりました。そこで、**たくさんのスギやヒノキが植《う》えられ、**花粉《かふん》の量《りょう》が増《ふ》え、花粉症《かふんしょう》の人《ひと》が年々《ねんねん》増《ぞう》加《か》。今やスギやヒノキは**人工林《じんこうりん》のおよそ7割《わり》**を占《し》めます。

花粉を本格的に飛ばしはじめるのは植えてから30年後。樹齢が50年になるまでは、年々花粉が増えていく

免疫について
研究している
安達禎之くん
(東京薬科大学 教授)

理由2 アスファルトなどによる道路舗装《どうろほそう》

花《か》粉《ふん》は地面《じめん》が土《つち》などであれば吸収《きゅうしゅう》されますが、アスファルトなどの地《じ》面《めん》では、**跳《は》ね返《かえ》って何度《なんど》も空中《くうちゅう》に舞《ま》い上《あ》がり**人々《ひとびと》が吸《す》い込《こ》みやすい状況《じょうきょう》に。都会《とかい》に花粉症《かふんしょう》の人《ひと》が多《おお》い**理由《りゆう》のひとつ**です。

理由3 大気汚染《たいきおせん》

①

花粉の大きさは約0.03mmで、鼻毛などによってブロックされるものも。しかし、スギ花粉の場合、花粉の外側についている約0.0005mmの小さな粒が鼻毛や粘膜を通って奥まで侵入

②

さらに、花粉は自動車の排気ガスなどから放出される大気汚染物質に触れると大暴走。亀裂が入ってふくらみ、およそ8割が破裂してしまう

③

花粉内部にあるデンプンの粒から花粉症の原因物質が溶け出すと、人間が異物を感知する免疫機能が働き、くしゃみや鼻水で外に出そうとするんだ

（紫外線の言い分①）

紫外線《しがいせん》は3種類《しゅるい》ある！

花粉《かふん》は人間《にんげん》のせいで増《ふ》えているけど、紫外線《しがいせん》はどうだろう。
ついつい**日焼《ひや》けの大敵《たいてき》**だと思《おも》いがちだけど、
実《じつ》は**人間《にんげん》の役《やく》に立《た》っている**紫外線《しがいせん》もあることに注目《ちゅうもく》！
UV-Cという種類《しゅるい》は、**おいしい水《みず》に欠《か》かせないんだ。**

◎そもそも紫外線《しがいせん》って？

紫《し》外線《がいせん》とは、**太陽《たいよう》から降《ふ》り注《そそ》ぐ光《ひかり》の一部《いちぶ》**。太陽《たいよう》の光《ひかり》には「目《め》に見《み》える光《ひかり》」と「目《め》に見《み》えない光《ひかり》」があり、紫外線《しがいせん》は**目《め》に見《み》えない光《ひかり》**のひとつなんだ。また、実《じつ》は紫外《しがい》線《せん》には**UV-A、UV-B、UV-C**といった3種類《しゅるい》があり、それぞれに特性《とくせい》が異《こと》なるんだぞ。

虹色の部分が、目に見える光（可視光線）。それ以外の紫外線や赤外線は目に見えない光

UV-A、UV-B、UV-Cでは、それぞれ光が届く範囲と人体への影響が変わってくるんだ

◎UV-Cは水《みず》の浄化《じょうか》に大活躍《だいかつやく》！

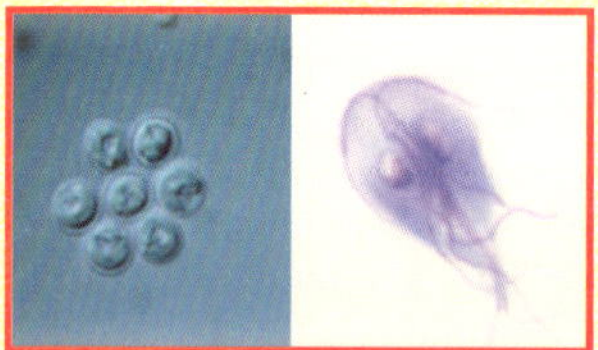
© 大阪健康安全基盤研究所（左）

地下水には腹痛や下痢を引き起こすクリプトスポリジウム（左）やジアルジアといった微生物が含まれる

UV-Cをおよそ1秒照射するだけで、殺菌することができる。それだけ強力なんだ

UV-Cには、生命《せいめい》の設計図《せっけいず》である**DNAを破壊《はかい》する**ほどの強《つよ》さがありますが、オゾン層《そう》によって吸収《きゅうしゅう》されるため地上《ちじょう》にはほとんど届《とど》きません。しかしこのUV-Cは、**水《みず》の浄化《じょうか》**で大活躍《だいかつやく》しているんです。我々《われわれ》の浄水場《じょうすいじょう》では人工的《じんこうてき》にUV-Cを発生《はっせい》させ、深《ふか》さ１００ｍから汲《く》み上《あ》げた**地下水《ちかすい》に照射《しょうしゃ》**しています。これによってあらゆる菌《きん》や微生物《びせいぶつ》を破壊《はかい》し、**安心《あんしん》な水《みず》ができあがる**んです。

浄水場に務める
裏廣人くん
（川中島水道管理事務所 管理課長）

ROUND 2

その恐《おそ》ろしさに理由《りゆう》あり

驚《おどろ》きの能力《のうりょく》対決《たいけつ》

UV-Cは人間《にんげん》の役《やく》に立《た》っているとわかったけど
UV-AやUV-Bはどんな役割《やくわり》を果《は》たしているのだろう。
実《じつ》はこの2種類《しゅるい》が**肌《はだ》の脅威《きょうい》になっている**んだ。
強力《きょうりょく》な効果《こうか》を知《し》って、**しっかり対策《たいさく》しよう。**

（**紫外線**の言い分②）

お肌《はだ》の大敵《たいてき》!? UV-AとUV-Bの脅威《きょうい》

◎UV-Bは肌《はだ》を赤《あか》くする！

①

UV-Bを浴びると、皮膚の表面にある角質層が赤く腫れる

②

すると人間の肌にはUV-Bを吸収するメラニン色素がつくられる。これがいわゆる「日焼け」

③
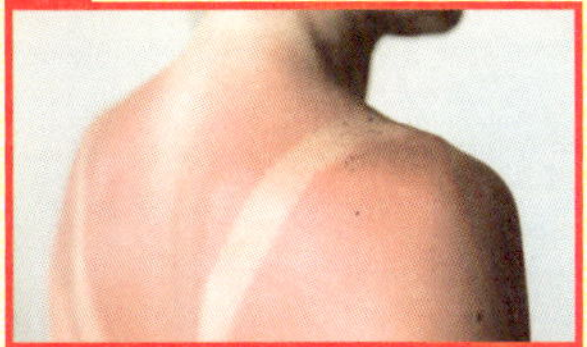
このメラニン色素がシミやソバカスの原因になるんだ

◎UV-Aは肌《はだ》を黒《くろ》くして老《ろう》化《か》させる！

①

UV-Aを浴びると、メラニン色素が濃くなり、肌は茶褐色になる

②

さらにUV-Aは、深いところにあるコラーゲン線維を破壊してしまう

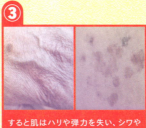

③
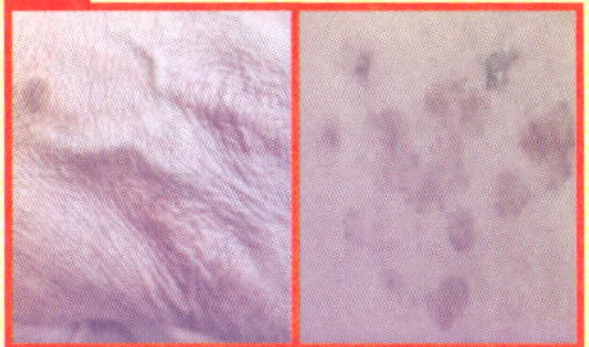
すると肌はハリや弾力を失い、シワやたるみといった老化の原因になるんだ

（花粉の言い分②）

子孫《しそん》を残《のこ》すための工夫《くふう》がある！

紫外線《しがいせん》の脅威《きょうい》が明《あき》らかになった一方《いっぽう》、
花粉《かふん》は**子孫《しそん》を繁栄《はんえい》させるため**の手段《しゅだん》として**風《かぜ》に運《はこ》ばれやすい姿《すがた》**をしているのだと主張《しゅちょう》！
紫外線《しがいせん》と花粉《かふん》、**どちらの能力《のうりょく》が優《すぐ》れているのか!?**

解説者

アニメクリエイター
伊藤ゆかりくん

解説！
なぜ花粉《かふん》がこんなに多《おお》いのか？

①

ツツジレンジャー（紫）、スギレンジャー（茶）、マツレンジャー（緑）、ヒマワリレンジャー（黄）からなる花粉戦隊ハンショクジャーは、植物を繁殖させるためのヒーロー。花粉である彼らは、生き残るために必死で戦っている！

②

ヒマワリやツツジはほかの生き物を利用して花粉を運んでもらうタイプ

③

ヒマワリ花粉はトゲトゲした形状で、ツツジ花粉はベトベトした性質。どちらも虫にくっついて運んでもらいやすいんだ

④

キレイな花で虫を誘えないスギやマツ花粉は、数で勝負！ スギの雄花の先っぽには40万個の花粉がびっしり！

⑤

スギ花粉は風に乗りやすい丸い形状。マツ花粉は空気袋で遠くまで飛ぶことができる

⑥

受粉できない花粉もあるけど、“数打ちゃ当たる”精神で、できるだけ遠くまで風に乗っていくんだ

⑦

雌花にたどり着いて受粉に成功すると、3ヶ月かけて種子を生成。その種が土にこぼれ落ちて、新しい芽が育っていくんだ

ROUND 3

地球環境《ちきゅうかんきょう》を救《すく》う花粉《かふん》と紫外線《しがいせん》

実《じつ》は人《ひと》の役《やく》に立《た》つ対決《たいけつ》

花粉《かふん》や紫外線《しがいせん》は、人間《にんげん》に悪影響《あくえいきょう》を及《およ》ぼす一面《いちめん》もある。
しかし、彼《かれ》らがいることで**地球環境《ちきゅうかんきょう》が支《ささ》えられている**場面《ばめん》も。
無花粉《むかふん》スギの存在《そんざい》や紫外線《しがいせん》が**サンゴに及《およ》ぼす効果《こうか》**を知《し》って、
よりよい付《つ》き合《あ》い方《かた》を考《かんが》えていこう！

（花粉の言い分③）花粉《かふん》を出《だ》すスギはなくなる？

30年《ねん》ほど前《まえ》に、**まったく花粉《かふん》を飛《と》ばさないスギ**が発見《はっけん》されたんです。これは無花粉《むかふん》スギと呼《よ》ばれ、**5000本《ぼん》から1万本《まんぼん》に1本《ぽん》**存在《そんざい》します。さらにその遺伝様式《いでんようしき》を解明《かいめい》し、交配《こうはい》させることで苗木《なえぎ》の大量生産《たいりょうせいさん》に成功《せいこう》しました。スギは成長《せいちょう》が早《はや》いので、二酸化炭素《にさんかたんそ》の吸収率《きゅうしゅうりつ》が高《たか》く**温暖化対策《おんだんかたいさく》**に役立《やくだ》ったり、急斜面《きゅうしゃめん》に植《う》えることで**土砂災害《どしゃさいがい》を防《ふせ》いだり**するメリットがあります。だから伐採《ばっさい》したあとは、無花粉《むかふん》スギなどへの植《う》え替《か》えが重要《じゅうよう》だと思《おも》います。

スギ花粉について研究する
斎藤真己くん
（富山県 森林研究所 農学博士）

通常のスギは少し揺らすだけで大量の花粉が出るが、無花粉スギは同じように雄花がついているにもかかわらず花粉が出ない

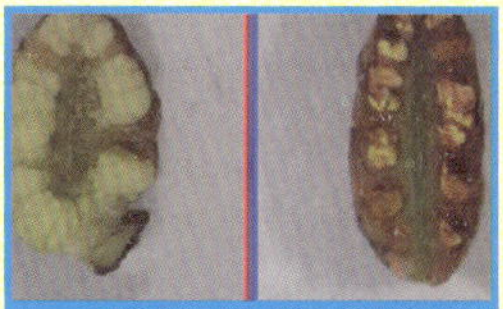

通常のスギは雄花の中にクリーム色の花粉がびっしり！ しかし、無花粉スギの雄花にはそれが見られません

光合成のメカニズムを研究する
皆川純くん
（基礎生物学研究所 教授）

（紫外線の言い分③）紫外線《しがいせん》が地球《ちきゅう》を守《まも》っている！

地《ち》球《きゅう》の**表面積《ひょうめんせき》のわずか0・1%**にしかないと言《い》われているサンゴ礁《しょう》。生《い》き物《もの》の住《す》みかであり、海《うみ》の水《みず》をキレイにする**浄水器《じょうすいき》**の役割《やくわり》を果《は》たしています。実《じつ》は、このサンゴにとって紫外線《しがいせん》は生《い》きるためにとても役立《やくだ》つもの。サンゴの細胞《さいぼう》の中《なか》には**褐虫藻《かっちゅうそう》**と呼《よ》ばれる植物《しょくぶつ》プランクトンが生息《せいそく》していて、サンゴは褐虫藻《かっちゅうそう》が光合成《こうごうせい》でつくったエネルギーを栄養《えいよう》にしています。調査《ちょうさ》によると、この褐虫藻《かっちゅうそう》は、サンゴに含《ふく》まれるタンパク質《しつ》がUV-Aを吸収《きゅうしゅう》して**緑色《みどりいろ》に発光《はっこう》することで引《ひ》き寄《よ》せられる**と判明《はんめい》。つまり、UV-Aのおかげでサンゴは元気《げんき》でいられるのです！

褐虫藻がないと、サンゴは栄養不足でどんどん弱まり、白化してしまう

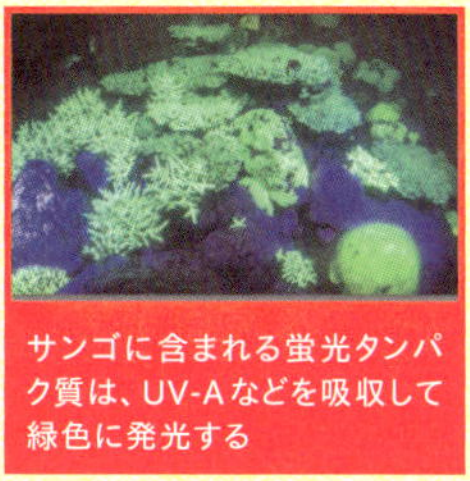

サンゴに含まれる蛍光タンパク質は、UV-Aなどを吸収して緑色に発光する

写真提供：天草よかよかダイビング

判定《はんてい》

まあまあ、お互《たが》い地上《ちじょう》に舞《ま》い降《お》りてくる仲間《なかま》なんで

マツやスギは雄花《おばな》につけた大量《たいりょう》の花粉《かふん》を風《かぜ》で飛《と》ばす方法《ほうほう》で子《し》孫《そん》を残《のこ》そうとします。受粉《じゅふん》の成功率《せいこうりつ》が低《ひく》いので数《かず》で勝負《しょうぶ》というわけです。それが都会《とかい》では舗装《ほそう》された地面《じめん》によって吸収《きゅうしゅう》されず、また大気汚染物質《たいきおせんぶっしつ》と結《むす》びつくことで大暴走《だいぼうそう》！　花粉《かふん》症《しょう》は人間《にんげん》のせいでもありますよね。一方《いっぽう》、紫外線《しがいせん》はキレイな水道水《すいどうすい》を作《つく》り出《だ》すための浄化《じょうか》にも活用《かつよう》されています。UV-Cという紫外線《しがいせん》の一種《いっしゅ》で殺人光線《さつじんこうせん》とも呼《よ》ばれる強力《きょうりょく》な光《ひかり》です。地球《ちきゅう》を囲《かこ》むオゾン層《そう》によってカットされていますが、人《にん》間《げん》による環境汚染《かんきょうおせん》が原因《げんいん》でそのオゾン層《そう》の破壊《はかい》が問題《もんだい》になっています。どちらのヴィランも私《わたし》たち人間《にんげん》の行動《こうどう》を振《ふ》り返《かえ》るきっかけになり、勝敗《しょうはい》は決《き》められませんね。（「ヴィランの言い分」制作スタッフ）

スギ花粉《かふん》たち、
やっぱり多《おお》スギ？

降《ふ》り注《そそ》ぐのは
希望《きぼう》の光線《こうせん》なんだ！

BATTLE 11

厄介者《やっかいもの》が私《わたし》たちを守《まも》っていた!?
生理現象系《せいりげんしょうけい》ヴィランのバトル勃発《ぼっぱつ》!

オナラ VS 鼻水《はなみず》

嫌《いや》なニオイをもたらすオナラと出《で》ると止《と》まらなくなる鼻水《はなみず》。
不意《ふい》にやってきて私《わたし》たちを苦《くる》しめる体《からだ》の不快《ふかい》な現象《げんしょう》トップ2がここで衝突《しょうとつ》!
健康長寿《けんこうちょうじゅ》に欠《か》かせないとオナラが主張《しゅちょう》すれば、
最前線《さいぜんせん》で体《からだ》を守《まも》っていると鼻水《はなみず》が対抗《たいこう》。
知《し》らず知《し》らずのうちに人間《にんげん》を守《まも》ってくれている真《しん》のボディガードはどっちだ!

ヴィラン紹介

Fart
オナラ
（西野未姫）

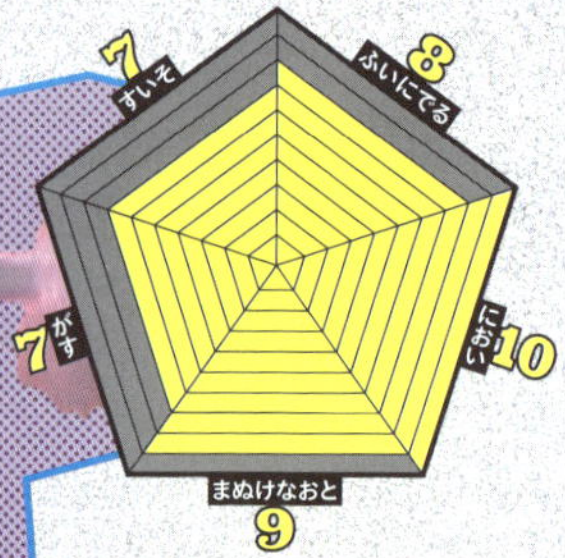

食《しょく》事《じ》の際《さい》に飲《の》み込《こ》んだ空《くう》気《き》がおなかからお尻《しり》を通《とお》って体《からだ》の外《そと》に排《はい》出《しゅつ》されるガス。大《おお》きい音《おと》がするオナラより、すかしっ屁《べ》のほうがクサい性《せい》質《しつ》がある（？）

つくられる場所	飲み込んだ空気が70%、残りの3割は消化の過程で発生したガス
成分	窒素、メタン、水素、二酸化炭素、酸素、硫化水素など
1日につくられる量	0.5〜1.5リットル程度

Snot
鼻水《はなみず》
（酒井貴士［ザ・マミィ］）

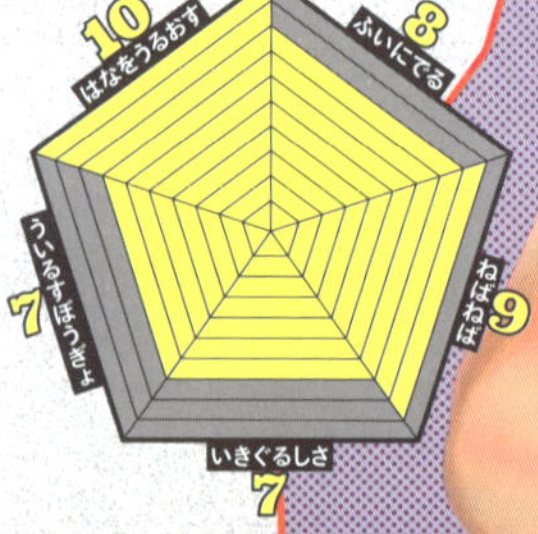

寒《さむ》いときや花《か》粉《ふん》症《しょう》の際《さい》に鼻《はな》からずるずる出《で》て止《と》まらなくなる厄《やっ》介《かい》者《もの》。鼻《はな》がつまっているときは鼻《はな》水《みず》がたまっているような不《ふ》快《かい》感《かん》を与《あた》える。

つくられる場所	鼻の内側にある「鼻腺」
成分	鼻粘膜から分泌される粘液、血管からの浸出液など
1日につくられる量	約1リットル以上

ROUND 1 そのイメージは勘違い？
意外な正体対決

オナラは**クサくて**、鼻水は**鼻づまりがしんどい**。
そうした嫌な印象には、実は別の側面があったんだ。
ほとんど空気で、**ニオイの原因はほぼない**と言うオナラと
敵の侵入から守るために鼻づまりを起こすと主張する鼻水。
オナラや鼻水の真の姿をじっくり観察してみよう！

（オナラの言い分①）
オナラの成分はほとんど空気！

オナラに含まれる気体の成分を分析したところ、窒素やメタン、水素、二酸化炭素、酸素が全体の99％を占めていることがわかりました。これらはすべて「ニオイのしないガス」です。オナラの起源は、その約70％が私たちの身の回りに漂う空気。そうした周囲の空気を、人は毎日の飲食の際に食べ物や水と一緒に消化器官まで飲み込みます。それがオナラになるので、原料はほとんど空気なんです！

オナラの成分
窒素 41％
メタン 38％
水素 12％
二酸化炭素 7％
酸素 1％ その他 1％

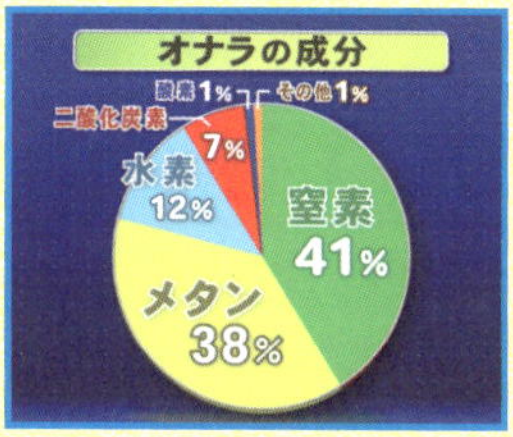

オナラなどの生体ガスの専門家
澤野誠くん
（埼玉医科大学医学部 教授）

鼻づまりは、「鼻甲介」と呼ばれる部分がふくらむことで起こります。人間はかぜをひくと鼻甲介が大きく膨れ上がりますが、これは**鼻の中に悪いものが入ってこないように、空気を遮断してくれている**んです。このせいで鼻水が渋滞して止まらなくなってしまいますが、もともと鼻づまりは**体を守るため**のものなんですよ。

（鼻水の言い分①）
鼻づまりは体を守るため！

鼻水を研究して30年！
鴻信義くん
（東京慈恵会医科大学耳鼻咽喉科 教授）

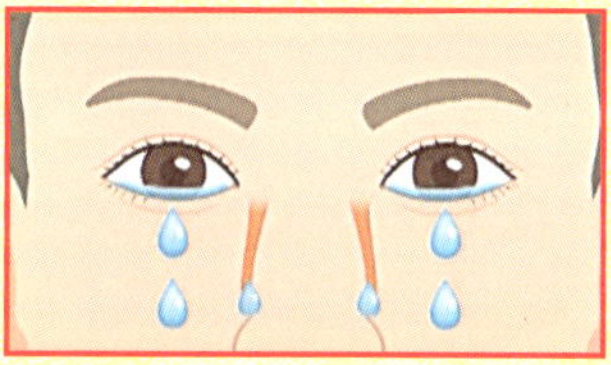

涙と一緒に出るのは鼻水じゃない！？
泣いているときには鼻水もたくさん出てくるけれど、この成分、実は涙そのものなんだ。目と鼻は管でつながっているから、涙がたくさん出ると鼻からもあふれてしまうんだぞ。

ROUND 2

病《びょう》 気《き》を察知《さっち》する手《て》がかりにもなる!

すごいメカニズム対決《たいけつ》

ほとんどが空気《くうき》でできているオナラだが、
それでは**どうしてクサくなってしまうのだろう?**
その秘密《ひみつ》は、人間《にんげん》が**食《た》べているもの**に関係《かんけい》していたんだ。
また、冬《ふゆ》になるとズルズルと厄介《やっかい》な鼻水《はなみず》だけれど、
実《じつ》は**寒《さむ》さに関係《かんけい》なくずっと出《で》っぱなし**で体《からだ》を守《まも》っていた!?

(**オナラ**の言い分②)

ニオイがするのは腸内細菌《ちょうないさいきん》のせい

オナラのニオイの元《もと》は、実《じつ》は腸内《ちょうない》でつくられているんだ。水《みず》や食《た》べ物《もの》は体《たい》内《ない》に取《と》り込《こ》まれると、やがて腸《ちょう》へ運《はこ》ばれ、炭水化物《たんすいかぶつ》や食物繊維《しょくもつせんい》は**ウンチと〝無臭性《むしゅうせい》のガス〟**に分類《ぶんるい》される。このままではクサくないけれど、肉《にく》や魚《さかな》などに含《ふく》まれるタンパク質《しつ》を腸内細菌《ちょうないさいきん》が分解《ぶんかい》すると、硫化水素《りゅうかすいそ》やインドールなどニオイの強《つよ》いガスが発生《はっせい》する。割合《わりあい》は**オナラ全体《ぜんたい》の約《やく》1%**ほど。このわずかな成分《せいぶん》のせいで、**オナラはクサいというレッテル**をはられてしまうんだ。

大腸にいる100兆個以上の腸内細菌によって食べ物が分解され、うんちとガスが誕生

わずかなクサいガスのせいでオナラの全体が汚染され、クサいオナラとなって放出されてしまう

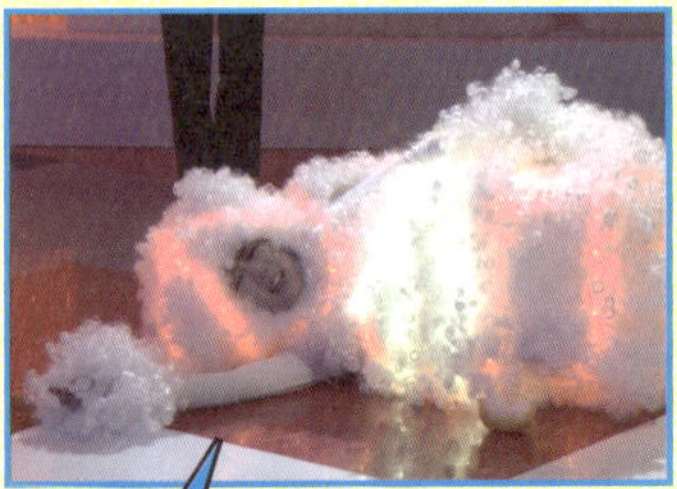

お前《まえ》たちが変《へん》なモノを
食《く》わせたから
クサくなったんだ!

コラム

クサいニオイが続《つづ》くと要注意《ようちゅうい》!?

ストレスや生活習慣《せいかつしゅうかん》の乱《みだ》れもクサいオナラの原因《げんいん》。また、2週間以上《しゅうかんいじょう》強《つよ》いニオイや生臭さを感じたら、過敏性腸症候群《かびんせいちょうしょうこうぐん》や大腸《だいちょう》かんの可能性《かのうせい》も。オナラのニオイは体調《たいちょう》の変化《へんか》を察知《さっち》するバロメーターにもなるんだ。

（鼻水の言い分②）

1日1リットル出ている!?

鼻水温泉
源泉掛け流し
【噴出量】1日1リットル
【効能】加温・加湿

鼻水は体を守っている!

鼻には「鼻甲介」と呼ばれる3つのヒダがあり、吸った空気は鼻水で潤った鼻甲介を通って肺へと届く。

もし鼻水がなくなってしまうと、粘膜は乾燥し、傷だらけに。鼻血が出やすくなったり、病気にかかりやすくなる

鼻の中は粘膜でおおわれており、基本的には粘膜のいたるところから。その発生源は、粘膜のいたるところから。1日に1リットルくらいの鼻水が粘膜からにじみ出てきているんだぞ。実は鼻水は乾燥に弱く繊細な粘膜を常に潤すことで守っている存在。また、この大量の鼻水は空気を吸い込む際にも活躍している。冬の冷たく乾燥した空気をそのまま取り込むとのどや気管支、肺を傷めてしまうが、体温とほとんど同じ温度の鼻水を経由することで、温かい空気に変わり体を守っているんだぞ!


解説!

黄色い鼻水はなぜ生まれるの?

解説者
アニメクリエイター
伊藤ゆかりくん

❶ 鼻の中にいる鼻水には、ホコリが体内に入らないようにブロックする役目がある。ホコリをキャッチした鼻水はのどを通って胃袋まで運ばれ、胃酸などで殺菌されるんだ

❷ 鼻の中にはウイルスが入ってくることも。しかし鼻水にはウイルスを弱体化させる「IgA」という免疫物質がたくさん含まれているから、体への侵入を防ぐことができるんだ

❸ ウイルスの量が多いと鼻水では防げない場面も。体内に侵入したウイルスや白血球が撃退。残された白血球やウイルスの死骸が混ざると、黄色い鼻水になるんだ

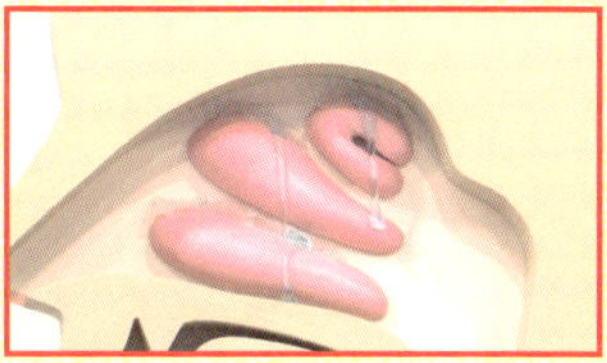

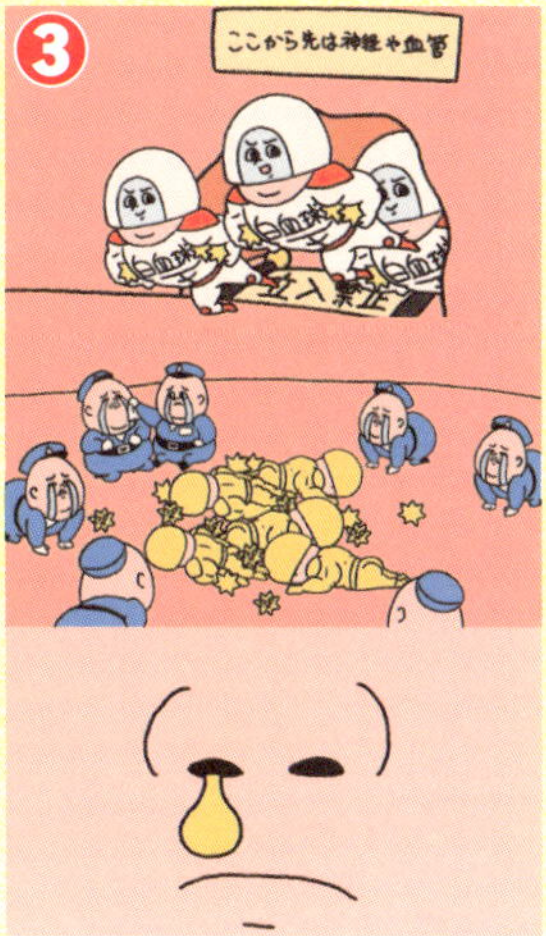

ROUND 3

人類《じんるい》の進歩《しんぽ》には欠《か》かせない存在《そんざい》！

人《ひと》の役《やく》に立《た》つのはどっち？対決《たいけつ》

健康《けんこう》や病気《びょうき》と深《ふか》い関《かか》わりがあるとわかった鼻水《はなみず》とオナラ。しかし、それ以上《いじょう》に**人《ひと》に貢献《こうけん》する重大《じゅうだい》な働《はたら》き**があるんだ。ある偉大《いだい》な研究者《けんきゅうしゃ》が**鼻水《はなみず》から発見《はっけん》した物質《ぶっしつ》**によって、私《わたし》たちの日常生活《にちじょうせいかつ》が守《まも》られている!?
そしてオナラは、**未来《みらい》の発電《はつでん》や健康《けんこう》にとって不可欠《ふかけつ》!?**

（**鼻水**の言い分③）

歴史的大発見《れきしてきだいはっけん》があった!?

発見した人

細菌学者

アレクサンダー・フレミング

1928年に青《あお》カビから世界初《せかいはつ》の抗生物質《こうせいぶっしつ》である「ペニシリン」を発見《はっけん》し、多《おお》くの人《ひと》の命《いのち》を救《すく》った研究者《けんきゅうしゃ》。また、抗菌《こうきん》、抗《こう》ウイルス作用《さよう》のある物質《ぶっしつ》「リゾチーム」を発見《はっけん》したことでも知《し》られる。

コラム

リゾチームの発見《はっけん》には鼻水《はなみず》が大《おお》きく関《かか》わっていた！

1922年《ねん》、フレミングさんは戦争《せんそう》で負傷《ふしょう》した兵士《へいし》を救《すく》うため、傷口《きずぐち》を悪化《あっか》させる黄色《おうしょく》ブドウ球菌《きゅうきん》を撃退《げきたい》する方法《ほうほう》を研究《けんきゅう》していた。しかし成果《せいか》が出《で》ず……ある日《ひ》、彼《かれ》が黄色《おうしょく》ブドウ球菌《きゅうきん》を培養《ばいよう》しているシャーレに落《お》としたのは、なんと自分《じぶん》の鼻水《はなみず》。すると数日後《すうじつご》、シャーレ内《ない》で菌《きん》の一部《いちぶ》が溶《と》けてなくなっているのを発見《はっけん》！ これこそがリゾチームを見《み》つけた瞬間《しゅんかん》だった。その後《ご》、涙《なみだ》や唾液《だえき》、卵白《らんぱく》などにもリゾチームが含《ふく》まれることが判明《はんめい》。現在《げんざい》では、食品《しょくひん》の日持《ひも》ち向上《こうじょう》につながる成分《せいぶん》として利用《りよう》されている。

画像提供 WAFTEC BIO

（**オナラ**の言い分③）

電力《でんりょく》を作《つく》り出《だ》せる

オナラに含《ふく》まれる**メタン**はたくさん集《あつ》めることで発電《はつでん》にも役立《やくだ》つんだ！　生《なま》ゴミや下水道《げすいどう》の汚泥《おでい》を巨大《きょだい》なタンクに貯《た》めておくと、微生物《びせいぶつ》が食《た》べてオナラにあたるメタンを発生《はっせい》させる。このメタンを燃《も》やし、そのときに生《う》まれる力《ちから》を利用《りよう》して発電《はつでん》することが可能《かのう》。**1年間《ねんかん》で約《やく》680万kWh＝約《やく》2000世帯《せたいぶん》分**の電力量《でんりょくりょう》を生《う》みだすことが可能《かのう》だ。

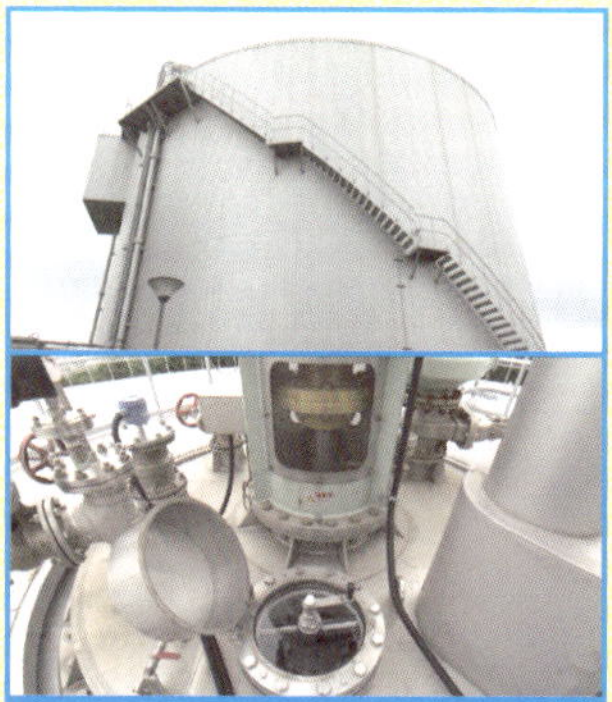

微生物のオナラを使って発電している豊橋市バイオマス利活用センター

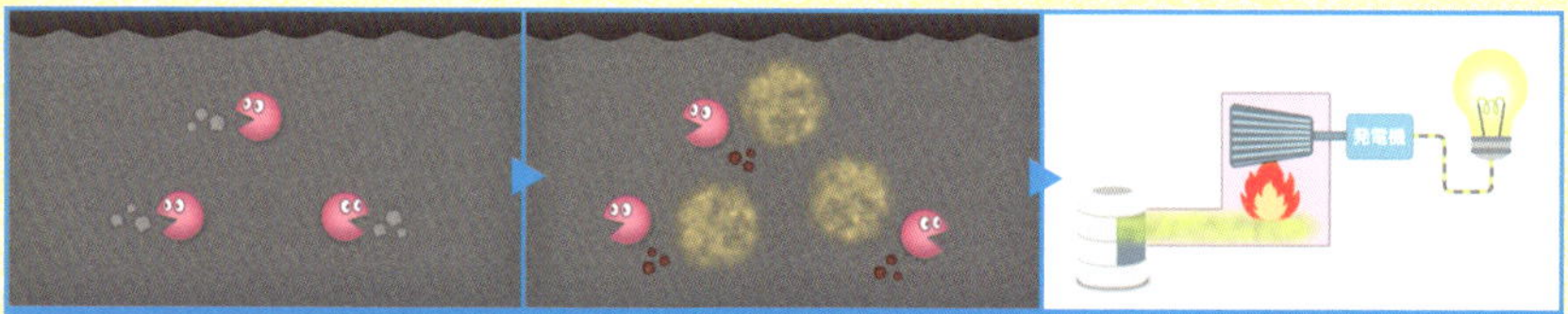

微生物のオナラの仕組みは、人間と同じ。メタンや二酸化炭素からなるガスと、残りカス（うんち）に分解される。このうちの残りカスは石炭の代替エネルギーとしても再利用されている

（**オナラ**の言い分④）

健康《けんこう》に役立《やくだ》つ!?

実《じつ》は、オナラには**人間《にんげん》を長生《ながい》きさせる**効果《こうか》があるんですよ。健康《けんこう》で長生《ながい》きに必要《ひつよう》なのは**「水素《すいそ》」**です。オナラの成分《せいぶん》で水素《すいそ》が多《おお》い人《ひと》は健康《けんこう》だという報告《ほうこく》もあります。これは水素《すいそ》が、体《からだ》の中《なか》で**暴走《ぼうそう》した免疫細胞《めんえきさいぼう》を正《せい》常《じょう》に戻《もど》す**役割《やくわり》があるからです。水素《すいそ》のおかげで、細胞《さいぼう》が長生《ながい》きしやすいんですね。野菜《やさい》などの食《しょく》物繊維《もつせんい》や牛乳《ぎゅうにゅう》に含《ふく》まれる乳糖《にゅうとう》を摂取《せっしゅ》することによって、**より多《おお》くの水素《すいそ》が大腸《だいちょう》でつくられる**とわかっています。

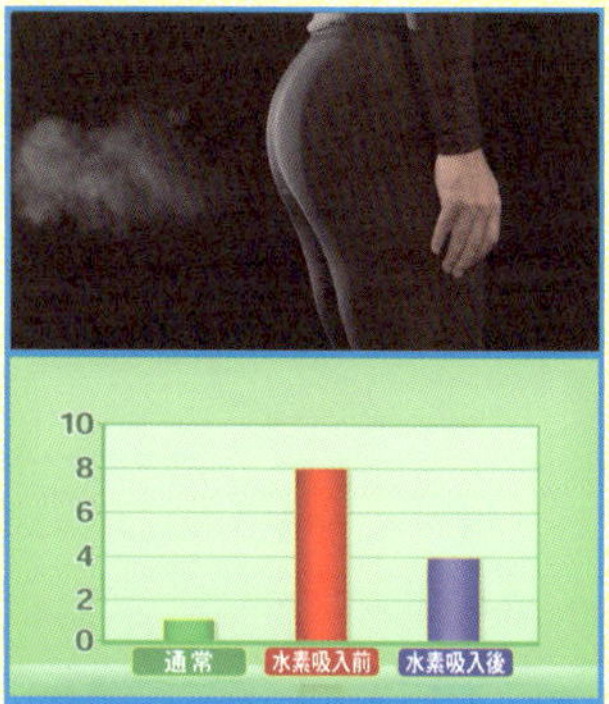

濃度2％ほどの医療用水素ガスを吸うことで、脳梗塞や心肺停止時の脳の神経細胞を守る効果がある

老化を抑える方法を研究する
大澤郁朗くん
（東京都健康長寿医療センター研究所）

判定《はんてい》

どちらもちょっと〝カッコ悪《わる》いだけ〟ですが何《なに》か？

オナラのおよそ7割《わり》は食《た》べものといっしょに飲《の》み込《こ》んだ空《くう》気《き》。そこに消化《しょうか》の過程《かてい》で発生《はっせい》したガスが加《くわ》わっただけで、通《つう》常《じょう》悪《わる》さはしません。オナラに含《ふく》まれる水素《すいそ》が多《おお》い人《ひと》は長生《ながい》きしやすいというデータもあり、少《すこ》しくらいクサくたってカワイイものじゃないですか。一方《いっぽう》の鼻水《はなみず》には、細菌《さいきん》やウィルスと結合《けつごう》してその毒素《どくそ》を無効《むこう》にする免疫《めんえき》グロブリン（ＩｇＡ）がたくさん含《ふく》まれていて、さまざまな感染症《かんせんしょう》を予防《よぼう》してくれます。すごくないですか？　寒《さむ》い日《ひ》に鼻水《はなみず》が出《で》ているとちょっとカッコ悪《わる》いかもですが、病気《びょうき》を防《ふせ》いでくれているなら、それくらいどうってことない!?　どちらもカッコ悪《わる》さを差《さ》し引《ひ》いてもおつりがくるくらいのお役立《やくだ》ちポイントがあるということで、この勝負《しょうぶ》、五《ご》ブーと五《ご》ブー（五分《ごぶ》と五分《ごぶ》）！（「ヴィランの言い分」制作スタッフ）

オナラは
どんどん出《だ》してね！

鼻水《はなみず》もたくさん
出してくれよな！

オナラさん、鼻水《はなみず》さん、ありがとう！

BATTLE 12

あなたの隣《となり》で暮《く》らす悪魔《あくま》たち
真《しん》の〝虫《むし》食《く》い王《おう》〟はどっちだ！

体内《たいない》に侵入《しんにゅう》して成長《せいちょう》する寄生虫《きせいちゅう》と歯《は》に穴《あな》をあける虫歯《むしば》。
気《き》づかぬうちに私《わたし》たちにジワジワと損害《そんがい》を与《あた》える
戦略家《せんりゃくか》の二大《にだい》ヴィランが、お互《たが》いの強《つよ》さをアピール！
病気《びょうき》の治療《ちりょう》にヒントを与《あた》える寄生虫《きせいちゅう》に、地球《ちきゅう》を救《すく》う物質《ぶっしつ》を生《う》む虫歯菌《むしばきん》。
実《じつ》はどちらも、扱《あつか》い方次第《かたしだい》でいいヤツだった!?

ヴィラン紹介

寄生して楽に生きていきたいんだ〜

主な種類　回虫、鉤虫、鞭虫など。
　　　　　　日本では寄生虫だけで約100種類
　　　　　　記録されている
ファイトスタイル　主に内臓に寄生して成虫になる

人や動物の表面や体内に住みつき栄養を奪うだけでなく、時には食中毒をも引き起こす邪悪な生物。宿主なしでは生きていけない存在。

Parasite
寄生虫
（鈴木拓［ドランクドラゴン］）

レーダーチャート：あやつる6／かくれんぼ8／どくせい8／ふいうち10／せいめいりょく9

Cavity
虫歯
（須田亜香里）

ズキズキと歯に痛みを与え、治療する際には苦痛をともなう虫歯。小学生は3割、30歳を超えると9割以上が虫歯の経験者だという調査結果も。

レーダーチャート：さんせい9／いたみ10／はんしょく8／だえき1／はみがき1

主な虫歯菌　ストレプトコッカスミュータンス菌
　　　　　　ほかにもソブリヌス菌やラクトバチルス
　　　　　　菌が知られる
ファイトスタイル　糖質をエサにして繁殖していく

あなたの歯を ズッキ ズキ〜♡

ROUND 1

彼《かれ》らの生命力《せいめいりょく》をなめるな！

最恐《さいきょう》の生態《せいたい》対決《たいけつ》

知《し》らぬ間《ま》に身体《からだ》の内《うち》に潜《ひそ》んでくる寄生虫《きせいちゅう》と虫歯《むしば》。
寄生虫《きせいちゅう》といえば**アニサキス**が有名《ゆうめい》だが、
彼《かれ》らには一生《いっしょう》の中《なか》で目標《もくひょう》にしている**理想《りそう》の宿主《しゅくしゅ》**がいるんだ。
しかし、**人間《にんげん》がそれをさまたげている**ことが明《あき》らかに！

（**寄生虫**の言い分①）

好《す》きで人《ひと》に寄生《きせい》するわけじゃない！

◎そもそも寄生虫《きせいちゅう》って？

地球上《ちきゅうじょう》のあらゆる生物《せいぶつ》に寄《き》生虫《せいちゅう》は存在《そんざい》している。**ギョウ虫《ちゅう》やいわゆるサナダ虫《むし》（日本海裂頭条虫）**など、人間《にんげん》に寄生《きせい》するものも。寄《き》生虫《せいちゅう》の中《なか》でも有名《ゆうめい》なのが**アニサキス**。幼虫《ようちゅう》は1～2cmだが、成長《せいちょう》すると長《なが》いものでおよそ15cmにもなる。

◎本当《ほんとう》はクジラやイルカがいい！なぜ人《ひと》の体《からだ》にたどり着《つ》くの？

アニサキスはまず、**海《うみ》の中《なか》で卵《たまご》がふ化《か》して幼虫《ようちゅう》が誕生《たんじょう》する**ところから一生《いっしょう》がスタート。その後《のち》、オキアミなどの**小《ち》さな海《うみ》の生物《せいぶつ》に食《た》べられる**ことで、寄生《きせい》がはじまる。最終目《さいしゅうもく》的地《てきち》は、**クジラやイルカなどの海洋哺乳類《かいようほにゅうるい》**。海洋哺乳類《かいようほにゅうるい》がオキアミを食《た》べアニサキスは寄生《きせい》し、やがて成虫《せいちゅう》になり産《さん》卵《らん》する。その卵《たまご》はフンに混《ま》じって海中《かいちゅう》へというサイクルなんだ。魚《さかな》を生《なま》のまま人間《にんげん》が食《た》べると、アニサキスが体内《たいない》に入《はい》りこむことも。クジラやイルカにたどり着《つ》きたいのに、**人間《にんげん》は彼《かれ》らの一生《いっしょう》を台無《だいな》しにする**存在《そんざい》なんだぞ！

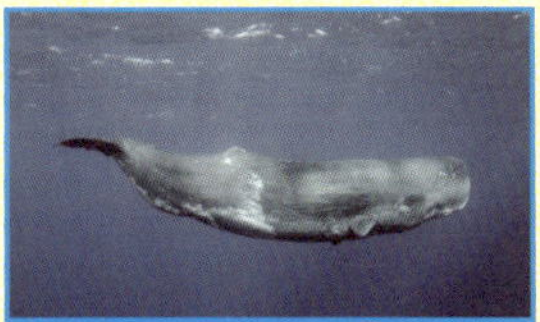

幼虫→中間宿主（オキアミ）→終宿主（クジラやイルカ）→産卵の循環がアニサキスの理想の一生なんだ

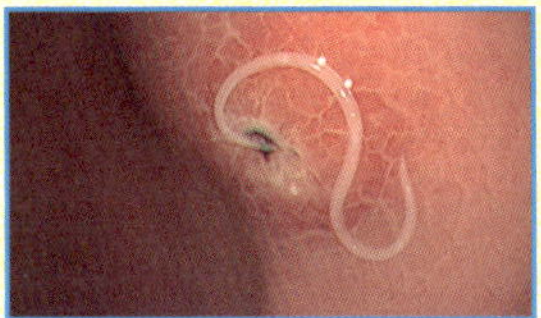

人間がアニサキスを食べてしまうと、1週間ほどで死滅するものの、その間に激しい腹痛を引き起こすことも

画像提供：仙台消化器・内視鏡内科はじめのクリニック

虫歯の言い分①

人《ひと》の歯《は》は最高《さいこう》の住《す》みかなの

寄生虫《きせいちゅう》（アニサキス）は好《す》きで人《ひと》に寄生《きせい》しているわけではないと判明《はんめい》したが、一方《いっぽう》の**虫歯菌《むしばきん》は人間《にんげん》の口《くち》の中《なか》が大好《だいす》き**。そこには繁殖《はんしょく》しやすい秘密《ひみつ》が隠《かく》されていた！

◎なぜ虫歯《むしば》は痛《いた》いのか？

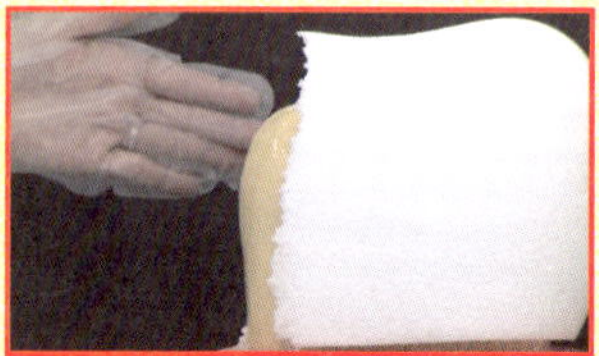

象牙質には無数の管が広がっており、その管は歯髄と呼ばれる歯の神経につながっている

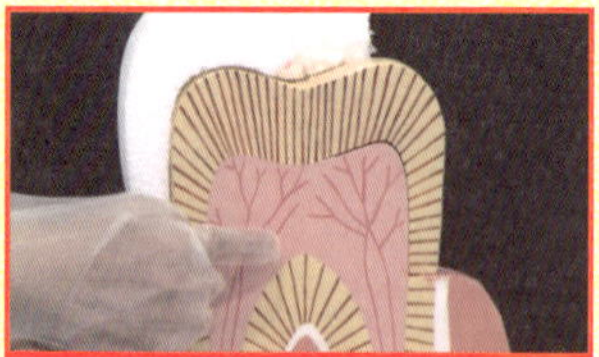

虫歯菌が出す物質が広がっていくと、象牙質も溶けてしまい、むき出しになった神経の中にも菌が侵入してしまう

健《けん》康的《こうてき》な歯《は》の場合《ばあい》、表面《ひょうめん》は厚さ2～3ミリの**エナメル質《しつ》**（＝「人間《にんげん》の身体《しんたい》の中《なか》でいちばん硬《かた》い組織《そしき》」といわれている）でできた層《そう》でおおわれていて、刺激《しげき》を受《う》けても**痛《いた》みを感《かん》じることはない**。しかし、虫歯菌《むしばきん》が出《だ》す物質《ぶっしつ》によってエナメル質《しつ》が溶《と》け、その下《した》にある**象牙質《ぞうげしつ》**という組織《そしき》が出《で》てくる。これによってわずかな刺激《しげき》でも神経《しんけい》へと伝《つた》わり、**痛《いた》みを感《かん》じてしまう**んだ。

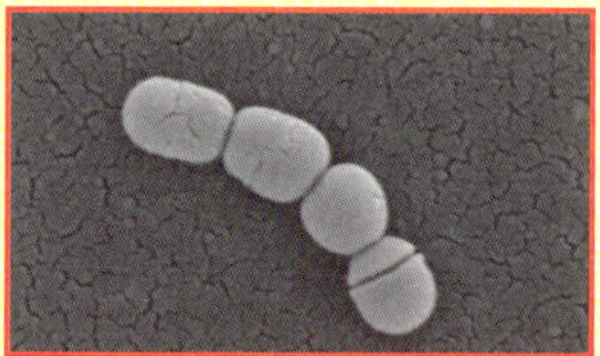

ミュータンス菌の正式名称は「ストレプトコッカス ミュータンス」

◎なぜ虫歯《むしば》ができるのか？

人《ひと》はみんな、無菌《むきん》で生《う》まれてから1週間《しゅうかん》くらいすると、周《まわ》りの人《ひと》がもっているさまざまな菌《きん》が口《くち》の中《なか》に入《はい》ってきて住《す》みつきます。そのひとつが**ミュータンス菌《きん》**（もっとも有名《ゆうめい》な虫歯《むしば》菌《きん》）です。砂糖《さとう》をエネルギーにして増《ぞう》殖《しょく》し、その際《さい》に**副産物《ふくさんぶつ》として出《で》る酸《さん》**が歯《は》を溶《と》かすのです。また、ミュータンス菌《きん》は砂糖《さとう》からねばねばしたものを出《だ》して歯《し》こうをつくり住《す》みかとします。そして、菌《きん》が酸《さん》を出《だ》すと歯《し》こうの中《なか》にたまるので、**歯《は》が溶《と》けやすくなる**のです。

口の中にいる菌を研究している
石原和幸くん
（東京歯科大学 教授）

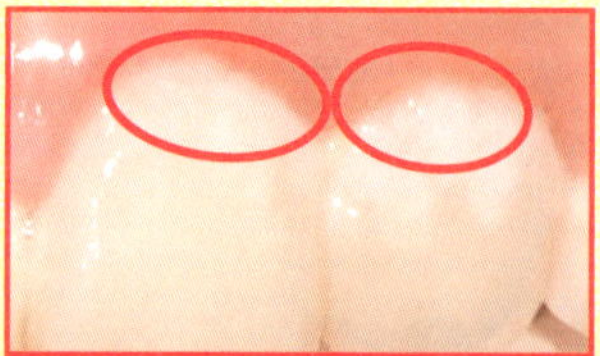

歯こうはミュータンス菌の家。ここにいれば、他の菌に邪魔されず増殖することができる

ミュータンス菌は歯こうの中で増殖し、そこから副産物として生まれる酸が長時間、歯に触れることになる。これによって虫歯につながってしまうんだ

ROUND 2

うまく付《つ》き合《あ》う方法《ほうほう》がある！

ヴィランとの共存《きょうぞん》（?）対決《たいけつ》

寄生虫《きせいちゅう》と虫歯《むしば》は人間《にんげん》に**悪影響《あくえいきょう》を与《あた》える**存在《そんざい》だけど、実《じつ》はその**特性《とくせい》を理解《りかい》して正《ただ》しく対処《たいしょ》**すればうまく付《つ》き合《あ》うこともできるかもしれないんだ。寄生虫《きせいちゅう》は「**医療《いりょう》**」、虫歯《むしば》は「**歯磨《はみが》き**」がヒント!?

（**寄生虫**の言い分②）

その特性《とくせい》を医療《いりょう》に？

人《ひと》の寄生虫《きせいちゅう》の中《なか》には、**人《ひと》の免疫反応《めんえきはんのう》を抑《おさ》える**ことで長《なが》く生《い》きるものがいます。この能力《のうりょく》を逆手《さかて》にとれば、免疫《めんえき》が暴走《ぼうそう》してしまう**自己免疫疾患《じこめんえきしっかん》**（自《じ》分《ぶん》を守《まも》る免疫《めんえき》が、正常《せいじょう》な細胞《さいぼう》や組織《そしき》まで攻撃《こうげき》してしまう病気《びょうき》）の治療《ちりょう》に応用《おうよう》できるかもしれません。自《じ》己《こ》免疫疾患《めんえきしっかん》のひとつが、**1型糖《がたとう》尿病《にょうびょう》**。寄生虫《きせいちゅう》が生《う》み出《だ》す糖《とう》（トレハロース）が作用《さよう》した結果《けっか》、**発《はっ》症《しょう》が抑《おさ》えられる**ことがわかったんです。寄生虫《きせいちゅう》が1型糖尿病《がたとうにょうびょう》の治療《ちりょう》のヒントになっているのです！

寄生虫の特性を医療に活かす研究をしている
下川周子くん
（国立感染症研究所寄生動物部室長）

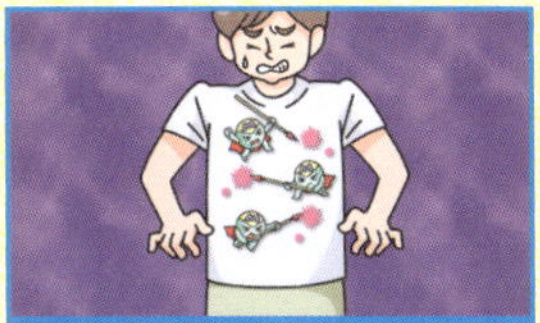

1型糖尿病は子どもや若者に多く発症し、血糖値の調整ができないため、体調に合わせて1日に何度もインスリンを投与する必要があるなど生涯続く病気

実験に使用したのは、げっ歯類の腸管に寄生する寄生虫

（**虫歯**の言い分②）

正《ただ》しい歯磨《はみが》きは私《わたし》の敵《てき》！

歯《し》こうは正《ただ》しい歯磨《はみが》きによってこすり取《と》ることができるんだ。まずは歯《は》ブラシを5ミリ幅《はば》くらいで**細《こま》かく動《うご》かす**こと。また、歯《は》ブラシは鉛筆《えんぴつ》のように**3本指《ぼんゆび》で持《も》ち、歯《は》に対《たい》して並行《へいこう》に当《あ》てる**だけでなく下向《したむ》き45度や上向《うわむ》き45度などに傾《かたむ》けることでキレイに磨《みが》くことができる。さらに、**同《おな》じ場所《ばしょ》ばかりを磨《みが》かない**のもポイントだぞ。

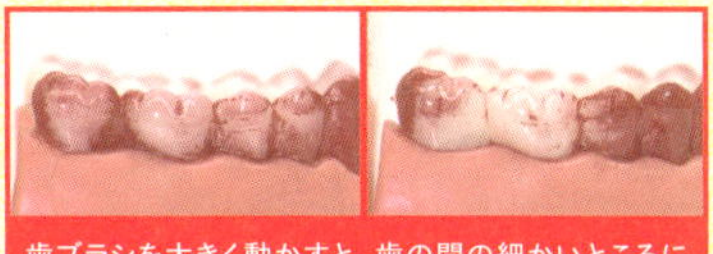

歯ブラシを大きく動かすと、歯の間の細かいところに毛先が届きにくくなる。実際に「大きく動かす」と「細かく動かす」を比べると……磨いた秒数は同じなのに汚れの落ち方に大きな差が出た！

ROUND 3

その働《はたら》きが自然《しぜん》を救《すく》う!?

地球《ちきゅう》にやさしい一面《いちめん》対決《たいけつ》

寄生虫《きせいちゅう》も虫歯《むしば》も、**敵《てき》に回《まわ》すとこわ〜い存在《そんざい》**。でもうまく利用《りよう》すれば、
人間《にんげん》だけでなく私《わたし》たちが住《す》む地球《ちきゅう》のためにもなってくれるんだ!
ヴィランたちの“やさしさ”を最先端科学《さいせんたんかがく》が明《あき》らかにする!

（**虫歯**の言い分③）

自然《しぜん》由来《ゆらい》の高性能《こうせいのう》プラスチックがつくれる

虫歯菌から“あるもの”を発見
岩田忠久くん
（東京大学 高分子材料学 教授）

虫《むし》歯菌《ばきん》をつかうと、環境《かんきょう》にやさしいプラスチックをつくることができるんです。**“虫歯菌《むしばきん》”プラスチック**の原料《げんりょう》は、虫歯菌《むしばきん》がもつ酵素《こうそ》と砂糖《さとう》。虫歯菌《むしばきん》でつくったプラスチックは、レジ袋《ぶくろ》に使《つか》われているポリエチレンやペットボトルに使《つか》っているものにくらべて、**とても熱《ねつ》に強《つよ》い**のが特徴《とくちょう》です。自動車《じどうしゃ》や電子機器《でんしきき》の材料《ざいりょう》、熱《ねつ》がかかるところでもつかうことができます。さらに、自然《しぜん》へ還元《かんげん》できる**生分解性《せいぶんかいせい》**という機能《きのう》をもたせられるので、**ゴミにならず**、環境問題《かんきょうもんだい》を解決《かいけつ》する手助《てだす》けになると思《おも》います。

①

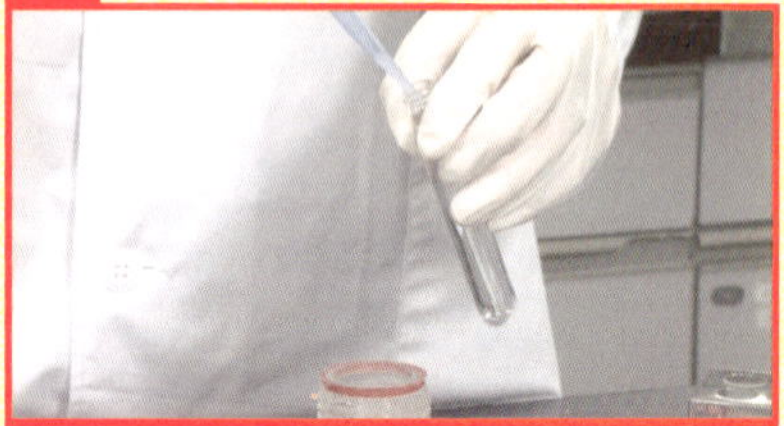

砂糖水に虫歯菌が持つ酵素を入れると……

②

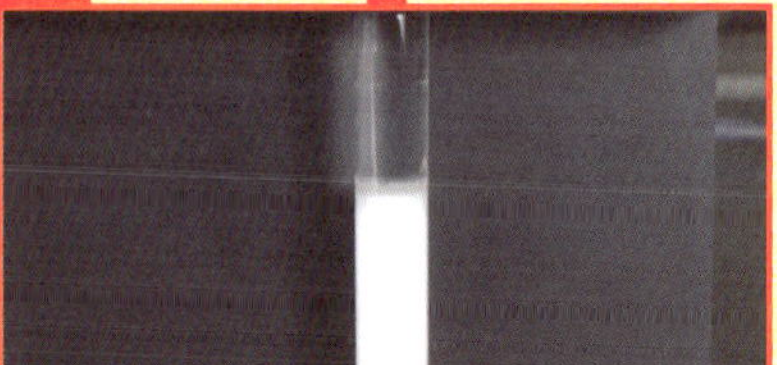

歯こうの一種である「α-1,3-グルカン」がもりもりできて沈殿します。これを乾燥させると……

③

化学的な処理を行うと、虫歯菌プラスチックのできあがり!

④

ポリエチレン（左）が120℃、ペットボトル（中）が270℃で融けるのに対し、虫歯菌プラスチック（右）は340℃まで耐えた

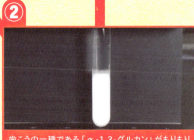

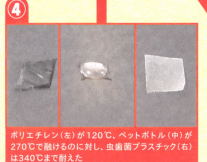

（**寄生虫**の言い分③）

生態系《せいたいけい》を守《まも》っている！

寄生虫と生態系の
関わりを研究している
佐藤拓哉くん
（京都大学生態学研究センター 准教授）

寄《き》生虫《せいちゅう》は**恐竜《きょうりゅう》が生《う》まれるよりもずっと前《まえ》から**存《そん》在《ざい》していた記録《きろく》があります。寄生虫《きせいちゅう》には、特定《とくてい》の生物《せいぶつ》が増《ふ》えすぎないよう、**生態系《せいたいけい》のバランスを維持《いじ》する**役割《やくわり》を担《にな》ってきたと考《かんが》えられているんです。私《わたし》はバッタの仲間《なかま》である**カマドウマの奇妙《きみょう》な行動《こうどう》**に注《ちゅう》目《もく》しました。

◎生態系《せいたいけい》を維持《いじ》する仕組《しく》みとは？

①

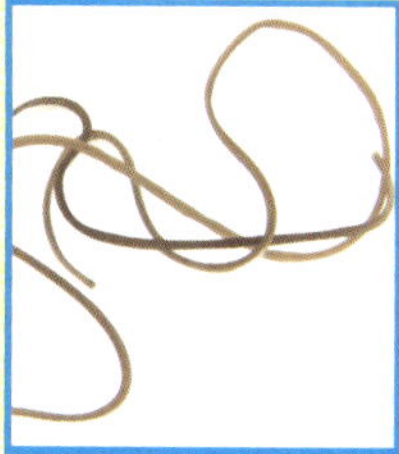

「陸上《りくじょう》で生活《せいかつ》するカマドウマを調査《ちょうさ》していると、急《きゅう》に川辺《かわべ》から川《かわ》へ飛《と》び込《こ》みました。飛《と》び込《こ》んだ理由《りゆう》は、ハリガネムシという寄生虫《きせいちゅう》に寄生《きせい》されていたから。ハリガネムシは産卵《さんらん》するために川《かわ》へ帰《かえ》らなくてはならず、カマドウマの行動《こうどう》を操《あやつ》って水《みず》に飛《と》び込《こ》ませたんです」

②

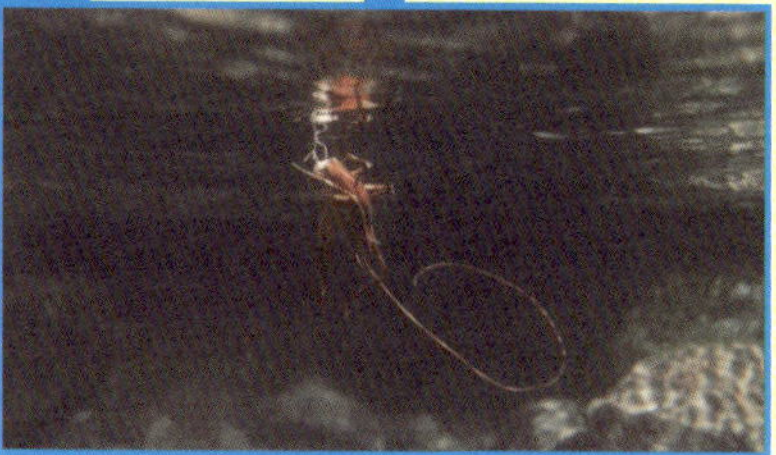

写真提供：檀上幸子

「川《かわ》に入《はい》ったハリガネムシは、カマドウマの尻《しり》から抜《ぬ》け出《だ》し、水中《すいちゅう》で繁殖《はんしょく》・産卵《さんらん》をします。また、調査《ちょうさ》を続《つづ》けていると川《かわ》に飛《と》び込《こ》まされたカマドウマはそこに住《す》む渓流魚《けいりゅうぎょ》のエサになっていることがわかりました。渓流魚《けいりゅうぎょ》が得《え》るエネルギーのうち約《やく》6割《わり》をカマドウマから得《え》ていたんです」

③

「私《わたし》たちは、カマドウマが川《かわ》にいなかったらどうなるのかを実験《じっけん》しました。渓流魚《けいりゅうぎょ》は代《か》わりに多《おお》くの水《すい》生昆虫《せいこんちゅう》を食《た》べます。一方《いっぽう》、水生昆虫《すいせいこんちゅう》のエサは藻類《そうるい》なので、水生昆虫《すいせいこんちゅう》が減《へ》った川《かわ》では藻類《そうるい》が増《ふ》えていきます」

④

「藻《も》が増《ふ》えた川《かわ》では落葉《おちば》の分解《ぶんかい》スピードが遅《おそ》くなる。すなわち、渓流魚《けいりゅうぎょ》が住《す》みにくい川《かわ》になっていたかもしれないのです。もし寄生虫《きせいちゅう》がいなかったら川《かわ》の生態系《せいたいけい》のバランス全体《ぜんたい》が狂《くる》ってしまうかもしれないのです」

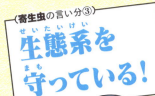

判定

どちらもカラダの中にいるので、油断しないでいきましょう

虫歯経験者は、30歳を超えると9割以上と言われています。一方寄生虫の保有率は、農作物の肥料に人糞を使うようなことがなくなって大きく下がりましたが、生食の普及でこれまであまり見られなかった症例が増えているとも言われています。

虫歯予防で大切な「歯磨き」は、ついついサボってしまうことも。寄生虫予防の決め手は「十分な加熱調理」ですが、生食を完全にやめるのも難しそう。とはいえ、虫歯菌は脳出血に関係ありとも言われていますし、寄生虫も危険な病気の原因になることがあります。どちらもなにもせずに予防しようなんて「虫のいいこと」を考えないようにしましょう。両者ともしぶとい獅子身中の虫！ということでこの勝負、引き分けですね。

（「ヴィランの言い分」制作スタッフ）

寄生生活を
これからも満喫したい！

無視ばかりしてると
虫歯になっちゃうよ！

虫歯さん、寄生虫さん、ほどほどにね！

ヴィランの控《ひか》え室《しつ》

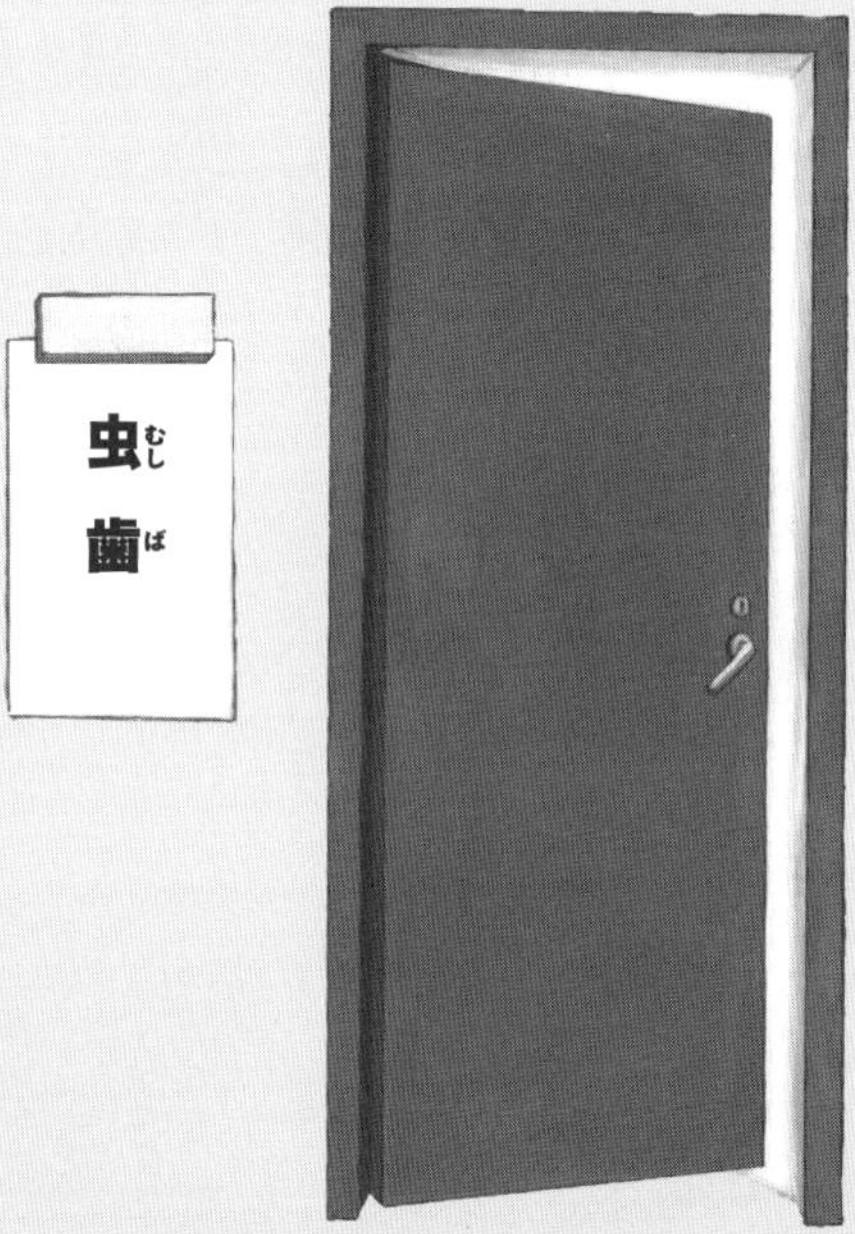

3

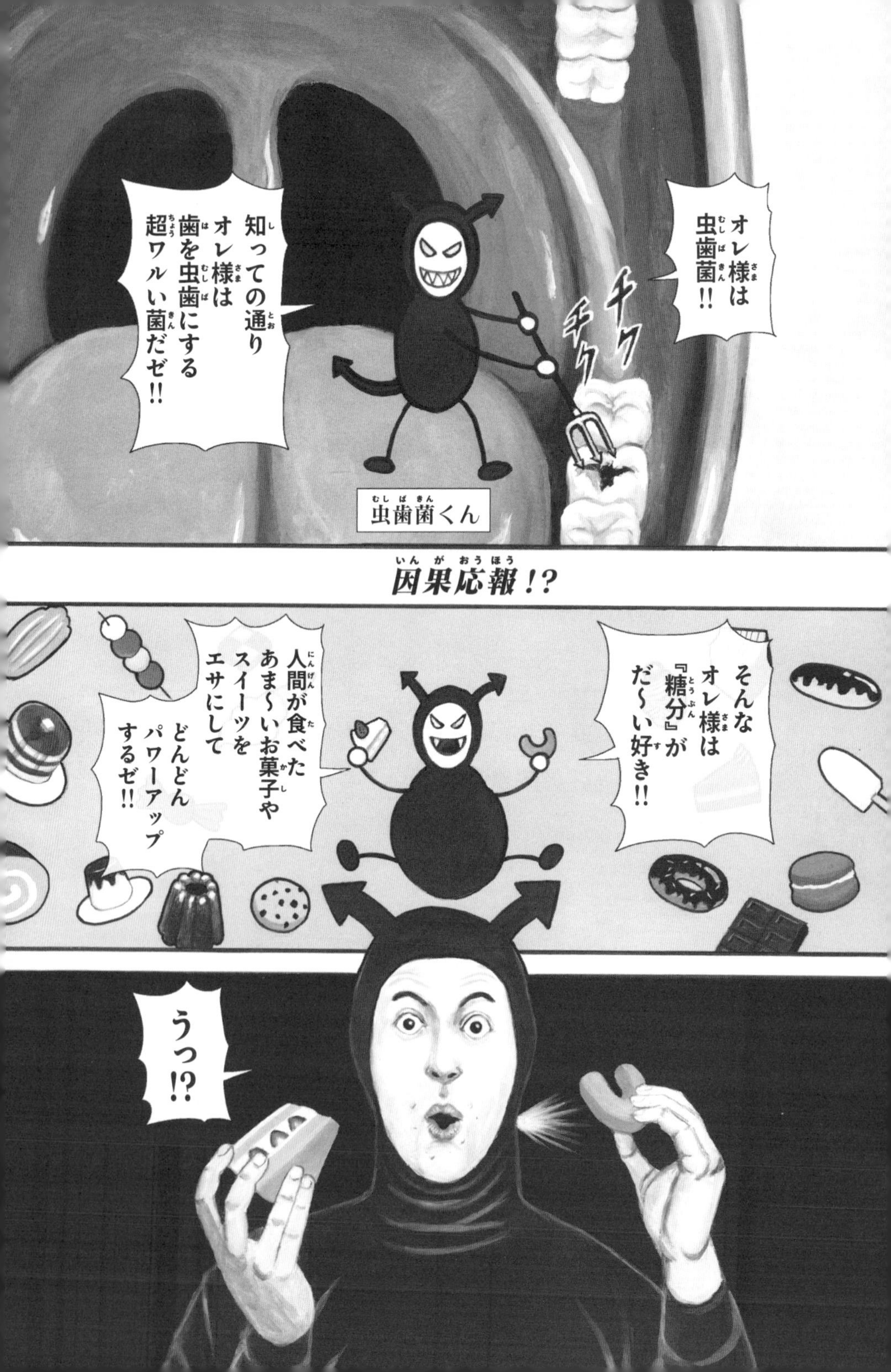
オレ様《さま》は虫歯菌《むしばきん》!!
チクチク
知《し》っての通《とお》りオレ様《さま》は歯《は》を虫歯《むしば》にする超《ちょう》ワルい菌《きん》だゼ!!
虫歯菌《むしばきん》くん
因果応報《いんがおうほう》!?
そんなオレ様《さま》は『糖分《とうぶん》』がだ〜い好《す》き!!
人間《にんげん》が食《た》べたあま〜いお菓子《かし》やスイーツをエサにしてどんどんパワーアップするゼ!!
うっ!?

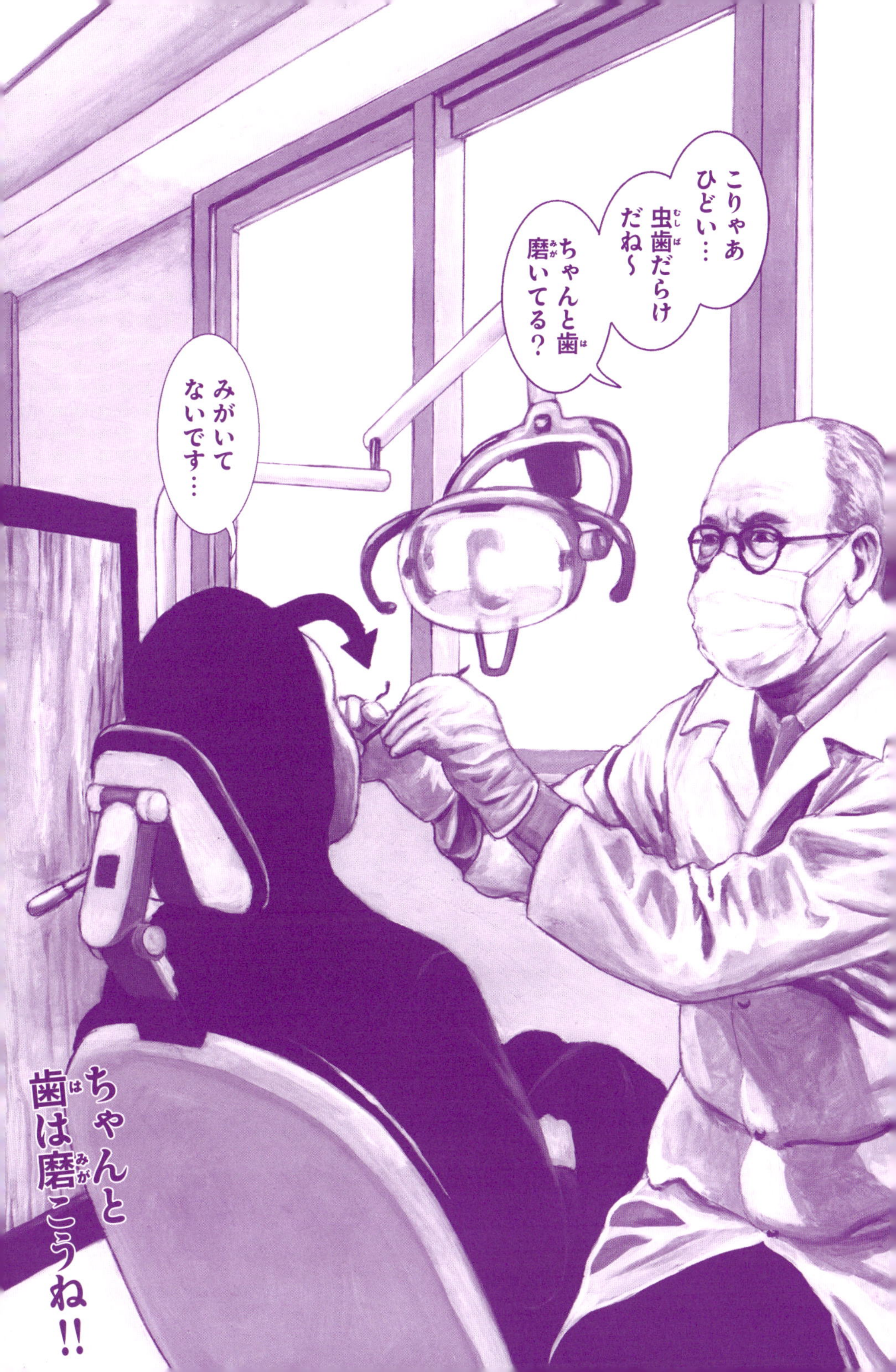
こりゃあひどい…虫歯《むしば》だらけだね～ちゃんと歯《は》磨《みが》いてる？
みがいてないです…
ちゃんと歯《は》磨《みが》こうね!!

ばいばい。また、次《つぎ》の控《ひか》え室《しつ》で会《あ》おうね。

BATTLE 13

美容《びよう》の大敵《たいてき》としてうとまれるムダ毛《げ》に、体臭《たいしゅう》のもとになると嫌《きら》われる汗《あせ》。
肉体系《にくたいけい》2大《だい》ヴィランが、その存在意義《そんざいいぎ》をかけて大激論《だいげきろん》！
ムダ毛《げ》が再生医療《さいせいいりょう》に貢献《こうけん》できる驚《おどろ》きの機能《きのう》を披露《ひろう》すれば、
汗《あせ》クサいのは自分《じぶん》のせいじゃないと汗《あせ》が無実《むじつ》を主張《しゅちょう》！
人間《にんげん》の体《からだ》にムダなものなど“毛《け》”ほどもない、手《て》に“汗《あせ》”握《にぎ》る戦《たたか》いに！

ヴィラン紹介

怒《いか》りで逆立《さかだ》ってきたぜ！

Unwanted hair

ムダ毛《げ》

（山根和馬）

顔《かお》や腕《うで》、脇《わき》の下《した》、脚《あし》など、生《は》えてほしくない場所《ばしょ》に生《は》えている体毛《たいもう》。美容《びよう》の敵《てき》として、見《み》た目《め》の印象《いんしょう》や処理《しょり》の面倒《めんどう》くささから邪魔者扱《じゃまものあつか》いされがち。

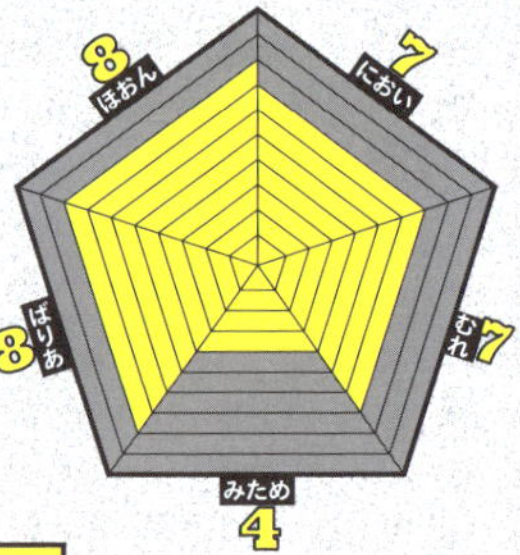

機能　体毛には身体を紫外線や衝撃から保護したり、体温を保ったりする働きがある

Sweat

汗《あせ》

（かなで［3時のヒロイン］）

興奮《こうふん》して噴《ふ》き出《だ》すわ！

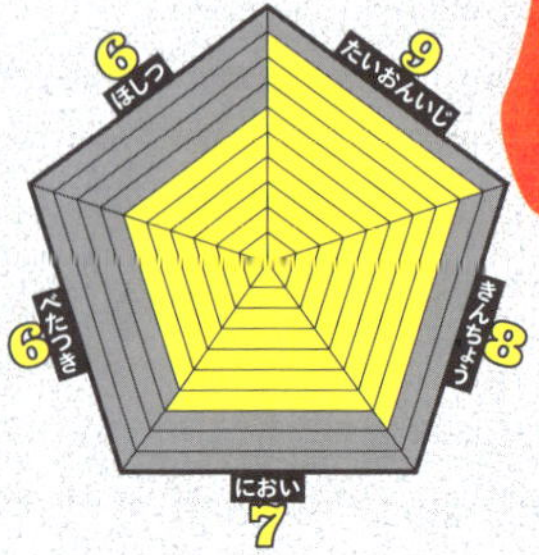

人間《にんげん》の皮膚《ひふ》にある汗腺《かんせん》という器官《きかん》から放出《ほうしゅつ》される液体《えきたい》。暑《あつ》いときや運動《うんどう》したときなどに、身体《からだ》の水分《すいぶん》を汗《あせ》として出《だ》すことで体温《たいおん》を一定《いってい》に保《たも》つ。

成分　99％は水、それ以外は乳酸や尿素、塩分

種類　全身に分布するエクリン腺と脇の下などにあるアポクリン腺から汗が出る

ROUND 1

真犯人《しんはんにん》は別《べつ》にいた！

大《おお》いなる誤解《ごかい》対決《たいけつ》

汚《きたな》くて気持《きも》ち悪《わる》い！と思《おも》われがちなムダ毛《げ》と汗《あせ》。
その裏側《うらがわ》には**隠《かく》された真実《しんじつ》**があったんだ。
ムダ毛《げ》といえば、そると**太《ふと》くなったり濃《こ》くなったり**すると思《おも》われがち。
しかし、“そう見《み》えてしまう”のには**衝撃《しょうげき》の理由《りゆう》が！**

ムダ毛《げ》の言《い》い分《ぶん》①

そると太《ふと》くて濃《こ》くなるなんて大間違《おおまちが》い！

カミソリなどで毛《け》をそると、刃《は》の入《はい》り方《かた》によってどうしても**毛《け》が斜《なな》めに切《き》れてしまう**。そうすると、もともとあった毛《け》よりも断面《だんめん》が広《ひろ》くなったように見《み》えてしまうんだ。だから、そることで毛《け》が太《ふと》くなったわけではなく、太《ふと》くなったように**見《み》えているだけ**。錯覚《さっかく》と言《い》ってもいいんだ！　また、人間《にんげん》の毛穴《けあな》は**約《やく》５００万個《まんこ》**あり、その数《かず》は一生変《いっしょうか》わらないと言《い》われている。**そることで毛《け》の本数《ほんすう》が増《ふ》えることはないんだぞ。**

偏った食生活や睡眠不足などが続くと、身体は身を守るために毛が太くなったり新たに生えたりする可能性もあるので要注意！

汗の言い分①

汗《あせ》はクサい！は…ぬれぎぬ

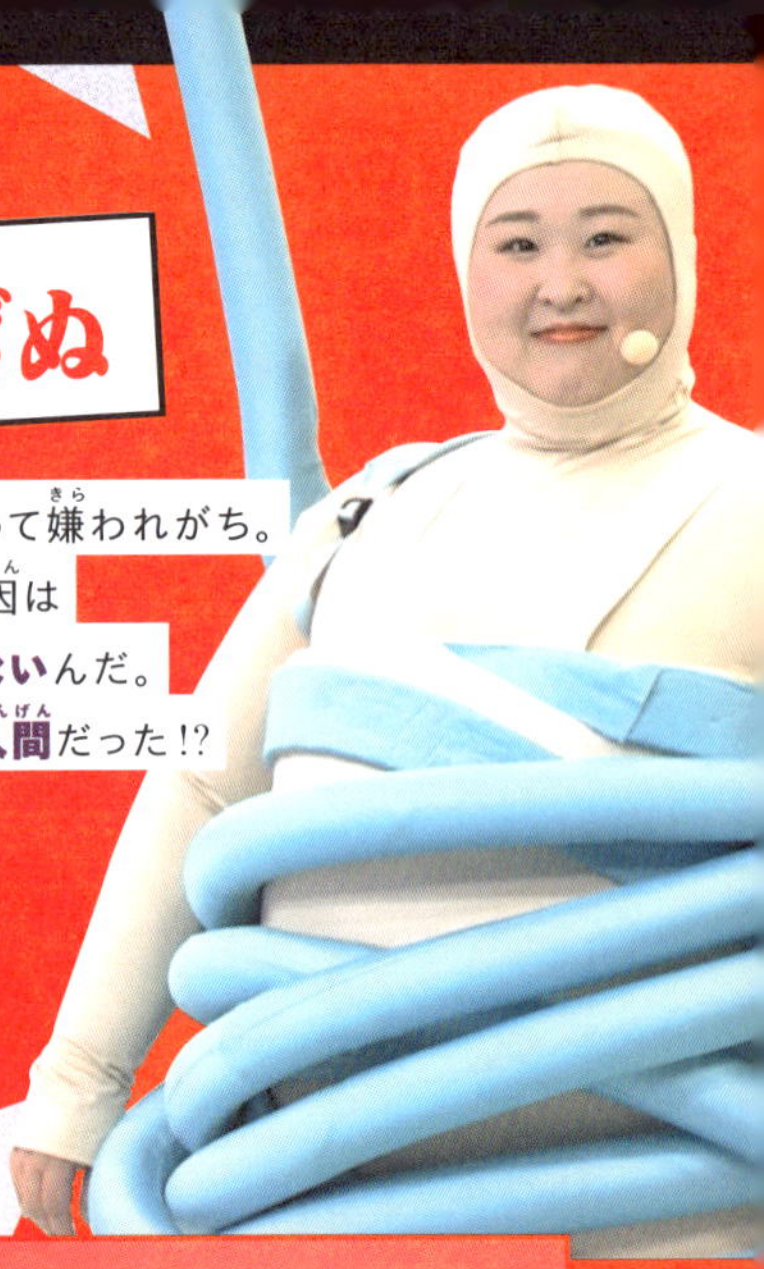

汗《あせ》は独特《どくとく》のニオイを発《はっ》することもあって嫌《きら》われがち。
しかし、実《じつ》はニオイの原因《げんいん》は
汗《あせ》そのものにあるわけではないんだ。
真犯人《しんはんにん》は、体《からだ》を不潔《ふけつ》にしている**人間《にんげん》**だった!?

私《わたし》たちの皮膚《ひふ》には、200万個《まんこ》から500万個《まんこ》の「**汗腺《かんせん》**」があると言《い》われている。汗腺《かんせん》とは、**汗《あせ》を体《からだ》の外《そと》に排出《はいしゅつ》する管《くだ》**のこと。運動《うんどう》などで体温《たいおん》が上《あ》がると、脳《のう》はその情報《じょうほう》をキャッチし、汗腺《かんせん》に汗《あせ》を出《だ》すように命令《めいれい》する。汗《あせ》の水分《すいぶん》が蒸発《じょうはつ》することで、体《からだ》の熱《ねつ》を逃《に》がして体温《たいおん》を下《さ》げることができるんだ。汗《あせ》はクサいものというイメージがあるが、汗《あせ》を構成《こうせい》する**99%は無臭《むしゅう》の水《みず》**。実《じつ》は、汗《あせ》をクサくしているのは皮膚《ひふ》の表面《ひょうめん》にあるアカや皮脂《ひし》で、それらと放置《ほうち》した汗《あせ》を細菌《さいきん》が分解《ぶんかい》することでニオイ物質《ぶっしつ》が発生《はっせい》してしまうんだ。だから、**汗《あせ》自《じ》体《たい》がクサいわけじゃないんだ！**

アカや皮脂と混ざった汗を放置すると、ニオイの原因が生まれてしまう。だから体をキレイに、清潔に保つことが大事！

アポクリン腺から生まれる汗のニオイは異性を惹きつけるフェロモンになっているという説もある

コラム

ベタベタの汗《あせ》はなぜ生《う》まれるの？

汗腺《かんせん》には、全身《ぜんしん》に分布《ぶんぷ》している「エクリン腺《せん》」と、ワキの下《した》などに分《ぶん》布《ぷ》して毛穴《けあな》を通《つう》じて汗《あせ》を出《だ》す「アポクリン腺《せん》」の2種類《しゅるい》が存在《そんざい》しているんだ。アポクリン腺《せん》から出《で》る汗《あせ》には、たんぱく質《しつ》やアンモニア、糖《とう》質《しつ》などが含《ふく》まれているため、ベタベタのもとになってしまう。

ROUND 2

実《じつ》は幸《しあわ》せな日常《にちじょう》の源《みなもと》に

生活《せいかつ》に必要《ひつよう》！対決《たいけつ》

ムダ毛《げ》や汗《あせ》はなくていいものと考《かんが》えられがち。
しかし、豊《ゆた》かな生活《せいかつ》を形《かたち》づくる**大事《だいじ》な要素《ようそ》**になるんだ。
ムダ毛《げ》があることで**幸《しあわ》せ成分《せいぶん》がたくさん放出《ほうしゅつ》される**と主張《しゅちょう》すると、
汗《あせ》はエネルギー源《げん》としての**衝撃《しょうげき》の活用方法《かつようほうほう》を提案《ていあん》！**

（ムダ毛の言い分②）

ハッピーな生活《せいかつ》になるかも！

私《わたし》は「**腕毛《うでげ》の大切《たいせつ》さ**」を示《しめ》すための実験《じっけん》をしました。それが、毛《け》をそった左腕《ひだりうで》とそらない右腕《みぎうで》を、それぞれなでて、脳《のう》で起《お》きる変化《へんか》を計測《けいそく》するというものです。この調《ちょう》査《さ》では、脳《のう》で分泌《ぶんぴつ》される〝**ハッピー成分《せいぶん》**〟と言《い》われる**オキシトシン**が、腕毛《うでげ》のある右腕《みぎうで》をなでたときによりたくさん分泌《ぶんぴつ》されることがわかったんです。毛《け》には**特殊《とくしゅ》な神経《しんけい》**が巻《ま》きついていて、毛《け》が揺《ゆ》らされた振動《しんどう》を刺激《しげき》として脳《のう》に伝《つた》えることで、オキシトシンが出《で》て幸《しあわ》せを感《かん》じるんです。

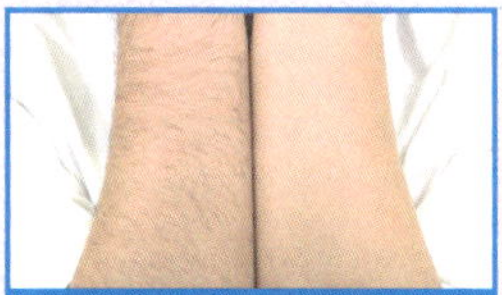

1秒間に5cmの速さで1分間なで、その後に唾液を採取。唾液の成分から脳の活動の違いがわかる実験を行った

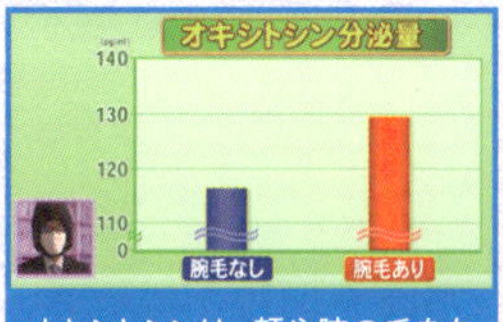

オキシトシンは、顔や腕の毛をなでると、分泌される成分。腕毛ありのほうがよりたくさん分泌された

心と体の
研究をしている
山口創くん
（桜美林大学 教授）

汗《あせ》はさまざまな情報《じょうほう》を含《ふく》んでおり、**新《あら》たなエネルギー源《げん》**として活用《かつよう》できる可《か》能性《のうせい》があるんです！ カギになるのは、汗《あせ》に含《ふく》まれる「**乳酸《にゅうさん》**」。酵素《こうそ》を塗《ぬ》った台紙《だいし》に汗《あせ》をしみ込《こ》ませると、酵素《こうそ》が乳《にゅう》酸《さん》を分解《ぶんかい》し、電子《でんし》が生《う》まれて**発電《はつでん》することができます**。発《はっ》汗《かん》があれば電力《でんりょく》を十分《じゅうぶん》取《と》り出《だ》すことができ、小型《こがた》の無線通《むせんつう》信《しん》モジュールやリチウムイオン電池《でんち》で動《うご》くデバイスも動《うご》かせるようになってきています。**宇宙空間《うちゅうくうかん》**などエネルギー源《げん》が不足《ふそく》する場所《ばしょ》での活用《かつよう》も期待《きたい》されています。

汗のすごい活用法を
研究している
四反田功くん
（東京理科大学 准教授）

（汗の言い分②）

エネルギー問題《もんだい》を解決《かいけつ》するかも！

汗中には濃度の濃い乳酸が含まれている。これを酵素とうまく反応させることで、発電を行う

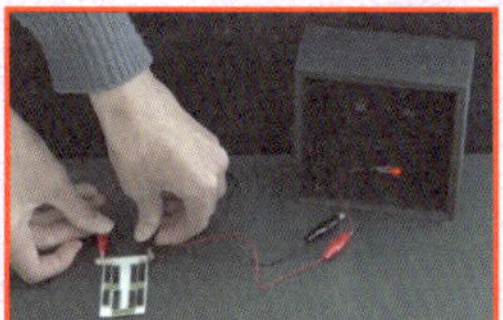

汗をしみ込ませた台紙にLEDをつなげると、光が点滅！

ROUND 3 ムダ毛も汗も使い方次第
あなどれない意外な一面対決

ムダ毛や汗の知られざる性能はまだまだあった！
実は毛穴に存在している細胞がケガの再生に貢献していたり、
汗はある方法によってコントロールすることができたり……。
ヴィランたちとのベストな付き合い方がこれでわかる！

ムダ毛の言い分③ 人間の傷を早く治す！

たとえば足をケガしたとき、その傷口を再生するためには「毛包幹細胞」という細胞が重要な働きをしている。毛包幹細胞は、ふだんはすね毛などの毛穴のまわりに存在している。この周囲の皮膚や神経に傷ができると、毛包幹細胞が再生に役立つんだ！ムダ毛として処理されてしまいがちな毛も、損傷した皮膚の再生のために役立っているんだぞ。

解説者
芸人、パラデル漫画家
本多修くん

解説！
毛包幹細胞

③
神経　筋肉　皮膚

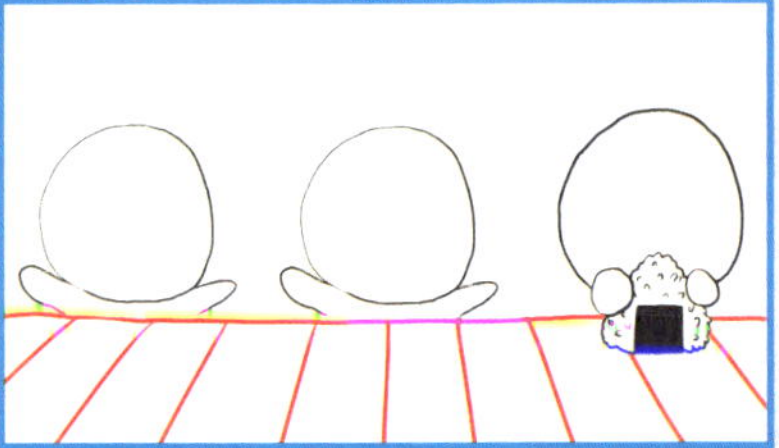

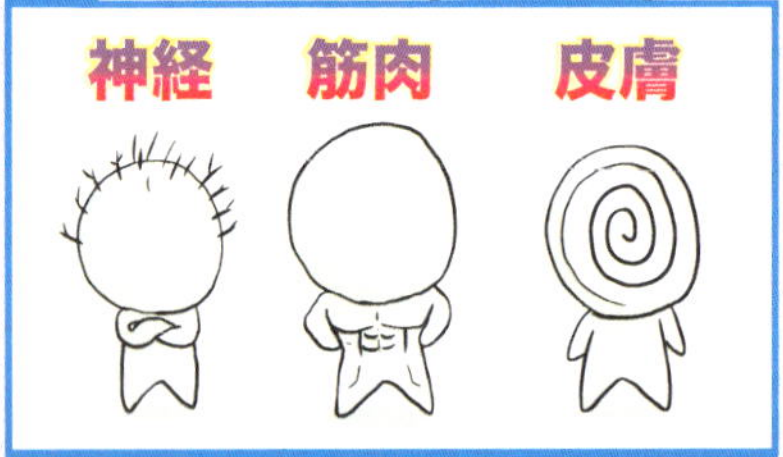

毛包幹細胞が神経や筋肉、皮膚など必要な細胞に変身

④
変身した細胞が傷口を再生→皮膚が元通りに！

①
毛包幹細胞が周りの血管を呼び寄せ血管網をつくらせる

②
血管網から栄養や酸素を取り入れ毛包幹細胞が活性化

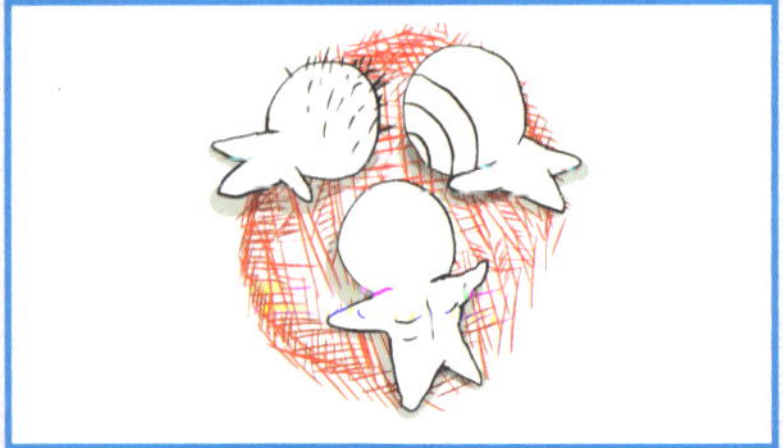

◎“毛包幹細胞《もうほうかんさいぼう》の再生能力《さいせいのうりょく》”は「再生医療《さいせいいりょう》」でも注目《ちゅうもく》!?

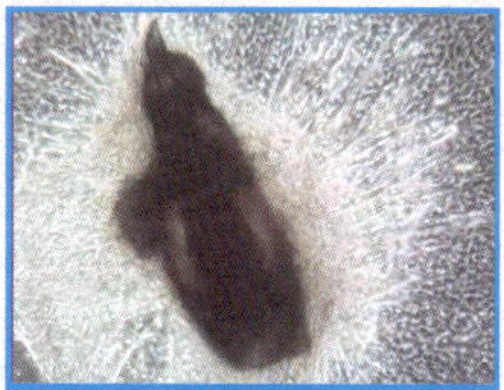

これはマウスの毛包幹細胞から作られた心臓の筋肉の細胞。毛包幹細胞が放射状に伸びて心臓の筋肉に変化している

従《じゅう》来《らい》の再生医療《さいせいいりょう》では他人《たにん》の細《さい》胞《ぼう》を使《つか》うしかなく、拒絶反《きょぜつはん》応《のう》を起《お》こしたり、がんになる危険《きけん》性《せい》があったりしました。一方《いっぽう》、**自《じ》分《ぶん》の毛包幹細胞《もうほうかんさいぼう》を使《つか》う再生医療《さいせいいりょう》**では、健康上《けんこうじょう》のリスクが低《ひく》いことが特徴《とくちょう》です。現在《げんざい》はマウスを使《つか》った研究《けんきゅう》を行《おこな》っています。**皮膚《ひふ》や神経《しんけい》の再生《さいせい》にも成功《せいこう》**していて、人間《にんげん》への応用《おうよう》が期待《きたい》されています。**ムダ毛《げ》は人《ひと》の命《いのち》を救《すく》う**可能性《かのうせい》を秘《ひ》めています！

再生医療の
スペシャリスト
天羽康之くん
（北里大学病院 皮膚科長）

（汗の言い分③）

汗《あせ》はコントロールできる！

私《わたし》たちの実験《じっけん》では、被験者《ひけんしゃ》に汗《あせ》を感知《かんち》するセンサーを取《と》り付《つ》け、**暑熱環境《しょねつかんきょう》（気温《きおん》34℃、湿度《しつど》50％）**に設定《せってい》した人工気候室《じんこうきこうしつ》に入《はい》ってもらいました。そしてワキの下《した》でベルトを締《し》めたときと、締《し》めないときを比《くら》べたところ、**締《し》めたときに顔《かお》の汗《あせ》が明《あき》らかに減《へ》りました**。身体《からだ》を圧迫《あっぱく》することで、身体《からだ》各部位《かくぶい》の**汗《あせ》の増減《ぞうげん》をある程度《ていど》調節《ちょうせつ》できる**のです。

汗と衣服の関係を
研究している
佐藤真理子くん
（文化学園大学 教授）

「皮膚圧発汗反射」と呼ばれるこの現象を利用していると考えられているのが、京都の舞妓さん。帯を締めることで顔の発汗が収まり、化粧崩れが防がれている

◎天然《てんねん》の虫除《むしよ》けになるのよ

「カバの赤い汗」に蚊の忌避効果があることを実証

2020年《ねん》、日本《にほん》の化学《かがく》メーカーは、カバの赤《あか》い汗《あせ》に蚊除《かよ》け効果《こうか》があることを実証《じっしょう》。この汗《あせ》には粘性《ねんせい》があり、蚊《か》の足《あし》が触《ふ》れると逃《に》げられなくなるので近付《ちかづ》かない。これによって、従来《じゅうらい》の化学製品《かがくせいひん》を使《つか》わない蚊除《かよ》けが開《かい》発《はつ》されたんだ

画像提供：花王株式会社

判定《はんてい》

カラダの余《あま》りものっていうのやめてもらっていいですか？

毛《け》の生《は》えている腕《うで》の皮膚《ひふ》を1秒《びょう》に5センチの速《はや》さで撫《な》でると、ストレスをいやすホルモンが分泌《ぶんぴつ》されるだけでなく、そのホルモンが血流《けつりゅう》にのって全身《ぜんしん》をめぐることで肌《はだ》の細胞《さいぼう》が活性化《かっせいか》し、肌《はだ》の水分量《すいぶんりょう》が増《ふ》えてプルプルになる効果《こうか》があるとも言《い》われています。一方汗《いっぽうあせ》は、ワキの下《した》などに分布《ぶんぷ》するアポクリン腺《せん》という汗腺《かんせん》から出《で》るものは、細菌《さいきん》などの働《はたら》きで独特《どくとく》のニオイを放《はな》ち、異性《いせい》をひきつける性《せい》フェロモンとして働《はたら》くという説《せつ》もあります。ムダ毛《げ》も汗《あせ》も、カラダの余《あま》りものだなんてとんでもない！　特《とく》に思春期《ししゅんき》を迎《むか》えたお年《とし》ごろの人《ひと》たちにとっては大切《たいせつ》なものと言《い》えそうです。というわけで手《て》に汗握《あせにぎ》ることの勝負《しょうぶ》、毛《け》ほどの疑《うたが》いが入《はい》る余地《よち》もなく、ドロー！（「ヴィランの言い分」制作スタッフ）

毛《け》には毛深《けぶか》い…いや、
奥深《おくぶか》い魅力《みりょく》があるんだ！

汚《きたな》い先入観《せんにゅうかん》は、
水《みず》に流《なが》しましょう！

BATTLE 14

人間《にんげん》と仲《なか》がいいのはどっち!?
知《し》られざる優《すぐ》れた性能《せいのう》に注目《ちゅうもく》!

サビ VS カビ

家《いえ》の中《なか》から追《お》い出《だ》したいのにできない2大《だい》ヴィラン、
サビとカビがどちらがより人間《にんげん》に身近《みぢか》な存在《そんざい》であるかをめぐって大《おお》ゲンカ!
調理《ちょうり》道具《どうぐ》や家《いえ》の屋根《やね》……さまざまなところで活躍《かつやく》しているというサビ。
対《たい》してカビは「オレたちが地球《ちきゅう》をキレイにしているんだ」と主張《しゅちょう》。
隠《かく》されたサビとカビの性質《せいしつ》を知《し》れば、きっと彼《かれ》らの見方《みかた》が変《か》わる。

ヴィラン紹介

Rust
サビ
（マシンガンズ西堀）

サビついても古《ふる》くならないぜ！

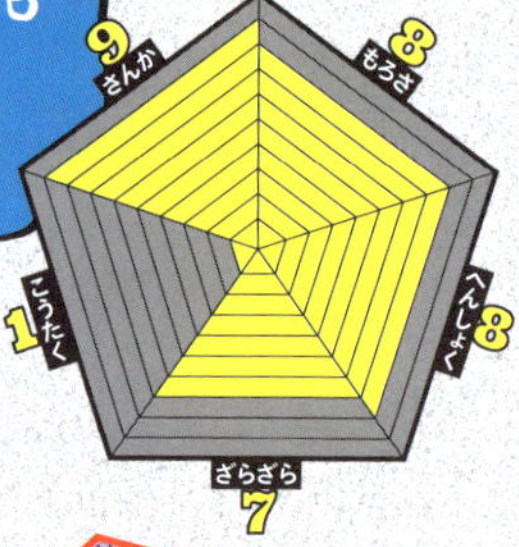

金属《きんぞく》につく腐《ふ》食《しょく》物《ぶつ》。酸《さん》素《そ》や水分《すいぶん》に触《ふ》れることでできるサビは、一般的《いっぱんてき》には金属《きんぞく》が腐食《ふしょく》した状《じょう》態《たい》だと見《み》なされる。

発生条件　金属の表面に酸素や水分などが反応を起こして生成

種類　主に赤サビ、青サビ、黒サビ、茶サビ、白サビ、緑サビ、黄サビの7種類

カビに期限切《きげんぎ》れはなし！

Mold
カビ
（つぶやきシロー）

湿度《しつど》の高《たか》い風呂《ふろ》やキッチンなどの水《みず》回《まわ》り、食品《しょくひん》などに発生《はっせい》する厄介者《やっかいもの》。食《た》べてしまうと健康《けんこう》に悪影響《あくえいきょう》を及《およ》ぼす可能性《かのうせい》がある。

発生条件　空気中を浮遊する胞子が食品などに付き、糸状の菌糸先端から栄養や水分を吸収して育つ

種類　青カビやコウジカビなど約10万種が存在

知《し》られざる生《お》い立《た》ち対決《たいけつ》

嫌《きら》われ者《もの》にも、その生《お》い立《た》ちには**驚《おどろ》きの背景《はいけい》**があった。
水《みず》にぬれると鉄《てつ》はサビてしまうと知《し》られているが、
それは**自然《しぜん》の原理《げんり》**が関係《かんけい》していた⁉
鉄《てつ》の原料《げんりょう》である「**鉄鉱石《てっこうせき》**」が赤《あか》いことに注目《ちゅうもく》！

（サビの言い分①）サビる＝本来《ほんらい》の姿《すがた》に戻《もど》りたいだけ！

なぜ鉄《てつ》は**放置《ほうち》しているとサビてしまう**のだろう？　それには鉄《てつ》の本来《ほんらい》の姿《すがた》が関係《かんけい》している。その姿《すがた》とは、オーストラリアなどの鉱山《こうざん》で採《と》れる**「鉄鉱石《てっこうせき》」**。この物質《ぶっしつ》は自然界《しぜんかい》の水《みず》と酸素《さんそ》と触《ふ》れ合《あ》うことで**赤色《あかいろ》に変《か》わる特性《とくせい》がある**。この鉄鉱石《てっこうせき》を２０００℃にも及《およ》ぶ高温《こうおん》で溶《と》かしてつくられるのが**鉄《てつ》**だ。溶《と》かしているうちに水分《すいぶん》と酸素《さんそ》が奪《うば》われ、ピカピカに光《ひか》る鉄《てつ》が完成《かんせい》するんだ。その鉄《てつ》が時間《じかん》がたち水《みず》や酸素《さんそ》に触《ふ》れると、**また赤色《あかいろ》の鉄鉱石《てっこうせき》の姿《すがた》に戻《もど》っていく**。それがサビと呼《よ》ばれている現象《げんしょう》なのだ！

ピカピカに光《ひか》り輝《かがや》く鉄男《てつお》（＝鉄《てつ》）が、ある日《ひ》、幼馴染《おさななじみ》の水希《みずき》（＝水《みず》）と再会《さいかい》する。触《ふ》れ合《あ》うと身体《からだ》がポッと赤《あか》く、熱《あつ》くなる鉄男《てつお》

水希《みずき》といると昔《むかし》を思《おも》い出《だ》しながらどこか安心感《あんしんかん》を覚《おぼ》える鉄男《てつお》。それは、昔《むかし》から水希《みずき》のことが好《す》きだったからだとふと鉄男《てつお》は気《き》づく

水希《みずき》と一緒《いっしょ》に生《い》きていくことを決《き》めた鉄男《てつお》。どんどん鉄男《てつお》はサビていってしまうが、それこそが本来《ほんらい》の姿《すがた》なのだと再認識《さいにんしき》するのだった……

解説者

イラストレーター
たら実（道楽猫）くん

(カビの言い分①)

常《つね》に人間《にんげん》の周《まわ》りにいる

サビが人間《にんげん》に本来《ほんらい》の姿《すがた》を奪《うば》われた姿《すがた》であるとわかった一方《いっぽう》、カビは**「僕《ぼく》たちは人間《にんげん》と仲良《なかよ》しなんだ!」**とアピール。カビは人間《にんげん》と**共存《きょうぞん》しながら生《い》きている**ことを主張《しゅちょう》する。知《し》られざる生《お》い立《た》ち対決《たいけつ》、**その勝負《しょうぶ》の行方《ゆくえ》は!?**

私《わたし》たちが生活《せいかつ》する空間《くうかん》には、カビの**「胞子《ほうし》」**が1立方《りっぽう》メートルあたり約数百《やくすうひゃく》から数千《すうせん》個《こ》浮《う》かんでいる。胞子《ほうし》というのは、**カビの分身《ぶんしん》で、植物《しょくぶつ》でいう種《たね》**のような存在《そんざい》だ。もともとカビは土《つち》の中《なか》で生活《せいかつ》する微生物《びせいぶつ》だが、外《そと》から風《かぜ》にのって飛《と》んできたり、人間《にんげん》の服《ふく》などについたりして家《いえ》の中《なか》に持《も》ち込《こ》まれる。**人間《にんげん》にとってすごく身近《みぢか》な存在《そんざい》なんだ。**

食べ物をずっと放置していると、カビが徐々に増えてくる

カビはよく見ると色がさまざま。家の中には、黒カビやアオカビ、コウジカビなど、種類の異なる胞子が飛んでいるんだ!

画像提供:千葉大学真菌医学研究センター

◎**カビが増《ふ》える3箇条《かじょう》**

1. 温度《おんど》(25℃が適温《てきおん》)

2. 水分《すいぶん》(湿度《しつど》60~80%)

3. 栄養《えいよう》

この3つの条件《じょうけん》がそろうと、胞子《ほうし》から**「菌糸《きんし》」**と呼《よ》ばれる細長《ほそなが》い糸《いと》のようなものが伸《の》びていく。その菌《きん》糸《し》から**水分《すいぶん》と栄養《えいよう》を取《と》り入《い》れて**成長《せいちょう》し、新《あたら》しい胞子《ほうし》を出《だ》しながらどんどんカビを増殖《ぞうしょく》していくんだ。

ROUND 2

身近《みぢか》な場面《ばめん》で大活躍《だいかつやく》!?

人間《にんげん》の生活《せいかつ》に必要《ひつよう》対決《たいけつ》

サビもカビも、実《じつ》は人間《にんげん》の生活《せいかつ》で役立《やくだ》っている場面《ばめん》がたくさん。
サビは**中華料理屋《ちゅうかりょうりや》のある場所《ばしょ》**でも活用《かつよう》されている。カビは、**味噌《みそ》やしょうゆ、チーズ**などの発酵食品《はっこうしょくひん》との**一筋縄《ひとすじなわ》ではいかない**関係《かんけい》があるんだ!

(**サビ**の言い分②)

人間《にんげん》の役《やく》に立《た》っている

実《じつ》は身近《みぢか》なところで使《つか》われているサビもあるんだ。そのひとつが中華料理屋《ちゅうかりょうりや》でチャーハンやいため物《もの》を調理《ちょうり》する際《さい》につかわれる**中華鍋《ちゅうかなべ》**。サビの一種《いっしゅ》である**「黒《くろ》サビ」**によって鍋全体《なべぜんたい》をおおうことで、水《みず》が鉄《てつ》に触《ふ》れることなく、**赤《あか》サビの発生《はっせい》を抑《おさ》えている。**もうひとつの活用例《かつようれい》が、伝統的《でんとうてき》な建造物《けんぞうぶつ》につかわれる**銅《どう》製《せい》の屋根《やね》。**銅《どう》が酸化《さんか》すると**「緑青《ろくしょう》」**と呼《よ》ばれる青《あお》サビになり、さらなる**酸化《さんか》を防《ふせ》ぐ**効果《こうか》があるんだ。

(**カビ**の言い分②)

食《しょく》の寿命《じゅみょう》を延《の》ばすことができる!

私《わたし》はカビの力《ちから》を利用《りよう》して、赤身肉《あかみにく》のステーキをおいしく、長期保存《ちょうきほぞん》するための**「熟成《じゅくせい》シート」**を開発《かいはつ》しました。肉《にく》が悪《わる》くなる原因《げんいん》は、**空気《くうき》に触《ふ》れることで起《お》こる酸化《さんか》**だと知《し》られています。この酸化《さんか》を防《ふせ》ぐのが、カビの胞子《ほうし》をまとった熟成《じゅくせい》シートなんです。**ヘリコスチラム菌《きん》**と呼《よ》ばれる食《た》べても無害《むがい》な毛《け》カビを使用《しよう》していて、これがシートから肉《にく》の内部《ないぶ》に侵入《しんにゅう》することで、酸化《さんか》を防《ふせ》ぐ物質《ぶっしつ》を放出《ほうしゅつ》してくれるんです。これによって、**10日《か》~20日《か》くらい保存期間《ほぞんきかん》を延《の》ばす**ことができます。

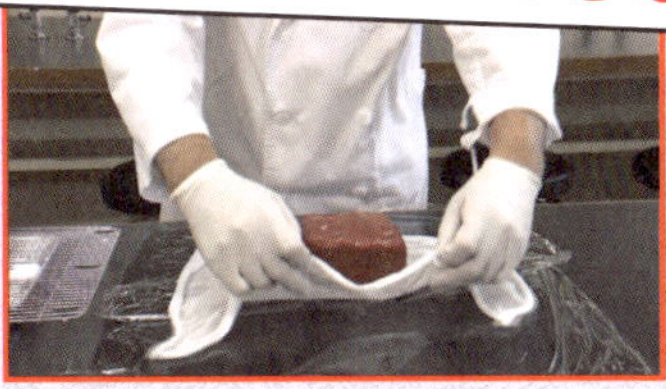

40年間カビなどの菌を研究している
村上周一郎くん
(明治大学 微生物化学研究室)

ROUND 3 人間《にんげん》もその性能《せいのう》に頼《たよ》りっきり

意外《いがい》な役割《やくわり》対決《たいけつ》

カビもサビも、人間《にんげん》にとって迷惑《めいわく》な働《はたら》きをしているように感《かん》じるけれど、
実《じつ》はその性能《せいのう》のおかげで**助《たす》かっている場面《ばめん》も**。
カビは**地球《ちきゅう》の自然環境《しぜんかんきょう》を守《まも》り**、サビは**建築《けんちく》に利用《りよう》されている**んだ!

解説《かいせつ》!
地球《ちきゅう》をキレイにするカビたち

（**カビ**の言い分③）

カビがいるから地球《ちきゅう》は美《うつく》しい!

「どうもどうも、カビです。ボクの大好物《だいこうぶつ》は自然《しぜん》にある落葉《おちば》や動物《どうぶつ》の死骸《しがい》、毛《け》やウンコ。栄養《えいよう》がたくさんつまっててうまいんやで」

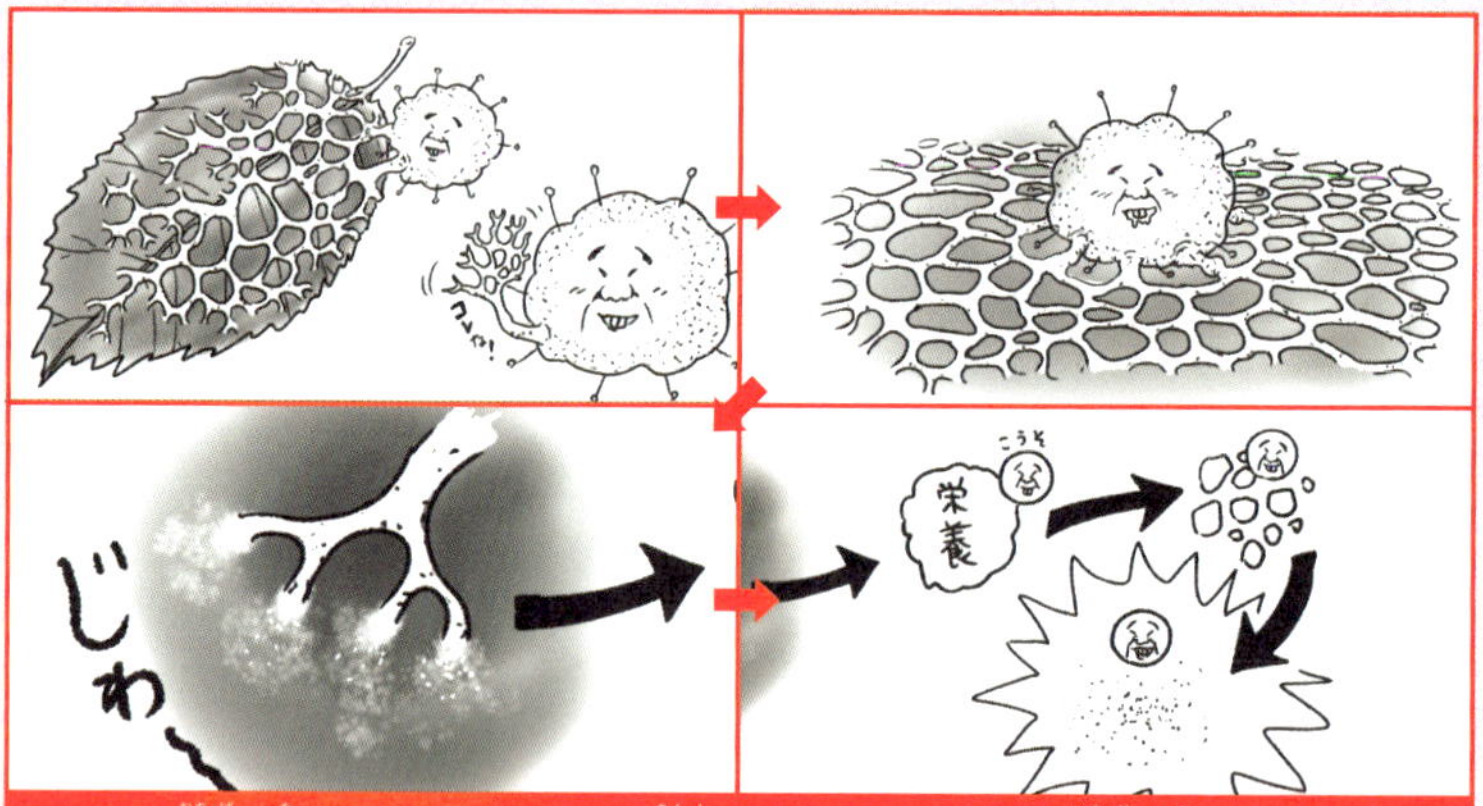

「どうやって落葉《おちば》を食《た》べるかっていうと、まずは“菌糸《きんし》”っていうカッコいいオレの一部《いちぶ》を伸《の》ばすねん。そしたら“酵素《こうそ》”っていう物質《ぶっしつ》がじわっと出《で》てきて、落葉《おちば》に含《ふく》まれた栄養素《えいようそ》を水《みず》に溶《と》ける大《おお》きさまで分解《ぶんかい》することができる。それをチューチュー吸《す》わせてもらってるねん」

「分解《ぶんかい》されて小《ちい》さくなった落葉《おちば》は土《つち》に混《ま》ざって、やがて木々《きぎ》が育《そだ》つための栄養《えいよう》になるんや。オレたちが落葉《おちば》やら死骸《しがい》やらを栄養《えいよう》に変《か》えることで、地球《ちきゅう》の自然《しぜん》が守《まも》られてる。つまり、カビは地球《ちきゅう》の役《やく》に立《た》ってるんやで!」

解説者

ギャグ漫画家／
絵本作家／ピン芸人
田中光くん

（サビの言い分③）

あえてサビさせているものがある！

あえてサビさせている素材《そざい》が**「耐候性鋼《たいこうせいこう》」**という鉄鋼材料《てっこうざいりょう》です。普通《ふつう》の鉄《てつ》がサビたときと同《おな》じような見《み》た目《め》ですが、その構造《こうぞう》がまったく違《ちが》います。普通《ふつう》の鉄《てつ》にできる赤《あか》サビには隙間《すきま》が大《おお》きく、そこに水《みず》や酸素《さんそ》が侵入《しんにゅう》することで**どんどん内部《ないぶ》までサビが進行《しんこう》**します。一方《いっぽう》、耐候《たいこう》性鋼《せいこう》はサビても隙間《すきま》ができず、サビが内部《ないぶ》の鉄《てつ》を守《まも》ってくれるので**腐食《ふしょく》にとても強《つよ》い**材料《ざいりょう》なんです。

金属材料の腐食を調査している
片山英樹くん
（物質・材料研究機構 腐食研究グループ リーダー）

鉄（左）のサビは、放っておくとどんどん進行してしまいます。しかし耐候性鋼（右）にできるサビは、水や酸素から身を守りさらなるサビの発生を防ぐ「壁」になるんだ

ROUND 4

内《うち》に秘《ひ》めた美《うつく》しさ

世界《せかい》で愛《あい》されるアートに？対決《たいけつ》

サビとカビは、**アート界《かい》で注目《ちゅうもく》の的《まと》**なんだ！ **美的《びてき》なフィールド**で勝《まさ》るのはどっち!?

（サビの言い分④）

絵画《かいが》や陶芸《とうげい》の材料《ざいりょう》に！

これは江戸時代に描かれた歌川広重の浮世絵。なかでもカエルなど赤茶色の塗料が使われている部分は、サビによって色付けされているんだ

資料協力：下井雄也

（カビの言い分④）

神秘的《しんぴてき》な現代《げんだい》アートに！

実はこれ、カビを撮影した写真なんだ！ 空気中にいるカビの胞子をシャーレで育て、胞子から伸びる菌糸を撮影したもの

写真提供：Mark fujita

判定《はんてい》

響《ひび》きが似《に》ているから仲良《なかよ》くなれそうですけど

赤《あか》サビは古《ふる》くから顔料《がんりょう》として使《つか》われてきましたし、黒《くろ》サビは中華鍋《ちゅうかなべ》やアウトドアの鉄鍋《てつなべ》には欠《か》かせませんよね。さらにお寺《てら》などに見《み》られる緑色《みどりいろ》の屋根《やね》やニューヨークの自由《じゆう》の女神《めがみ》だって緑青《ろくしょう》と呼《よ》ばれる青《あお》サビですし、耐候性鋼《たいこうせいこう》は橋《はし》などの構造材《こうぞうざい》です。

一方《いっぽう》カビは、チーズやかつお節《ぶし》、味噌《みそ》などの食品《しょくひん》に使《つか》われていますよね。さらにカビを利用《りよう》して食品《しょくひん》が腐《くさ》るのを防《ふせ》いだり食《た》べもののうま味成分《みせいぶん》を増《ふ》やす「熟成《じゅくせい》シート」も開発《かいはつ》されています。つまりどちらも私《わたし》たちがふだん見《み》ている景色《けしき》の中《なか》にたくさんあるわけで、我々《われわれ》はサビにもカビにもお世話《せわ》になっているのです。恐《おそ》れ多《おお》くて判定《はんてい》なんてできませんよね。（「ヴィランの言い分」制作スタッフ）

あんたにもう少《すこ》し
“わび・さび”があればなぁ

きみはもっと“熟成《じゅくせい》”
したら仲良《なかよ》くなれそう

サビさん、カビさん、味《あじ》わい深《ぶか》いよ！

BATTLE 15

泣《な》く子《こ》も黙《だま》るベジタブルヴィラン
嫌《きら》われ野《や》菜《さい》の隠《かく》された魅《み》力《りょく》とは！

ピーマン VS セロリ

苦《にが》みの乱《みだ》れ打《う》ち・ピーマンと香《かお》りのスペシャリスト・セロリ。
その強《つよ》すぎる個性《こせい》から老若男女《ろうにゃくなんにょ》問《と》わず嫌《きら》いな野菜《やさい》ランキングの
上位《じょうい》に君臨《くんりん》する二大《にだい》ヴィランが、決着《けっちゃく》をつけるために激突《げきとつ》！
ピーマンの緑色《みどりいろ》に秘《ひ》められた真実《しんじつ》が明《あき》らかになれば、
セロリのシャキシャキが及《およ》ぼす効果《こうか》も発覚《はっかく》！
すべては私《わたし》たちの誤解《ごかい》だった!?

ヴィラン紹介

Green Pepper
ピーマン
（寺島進）

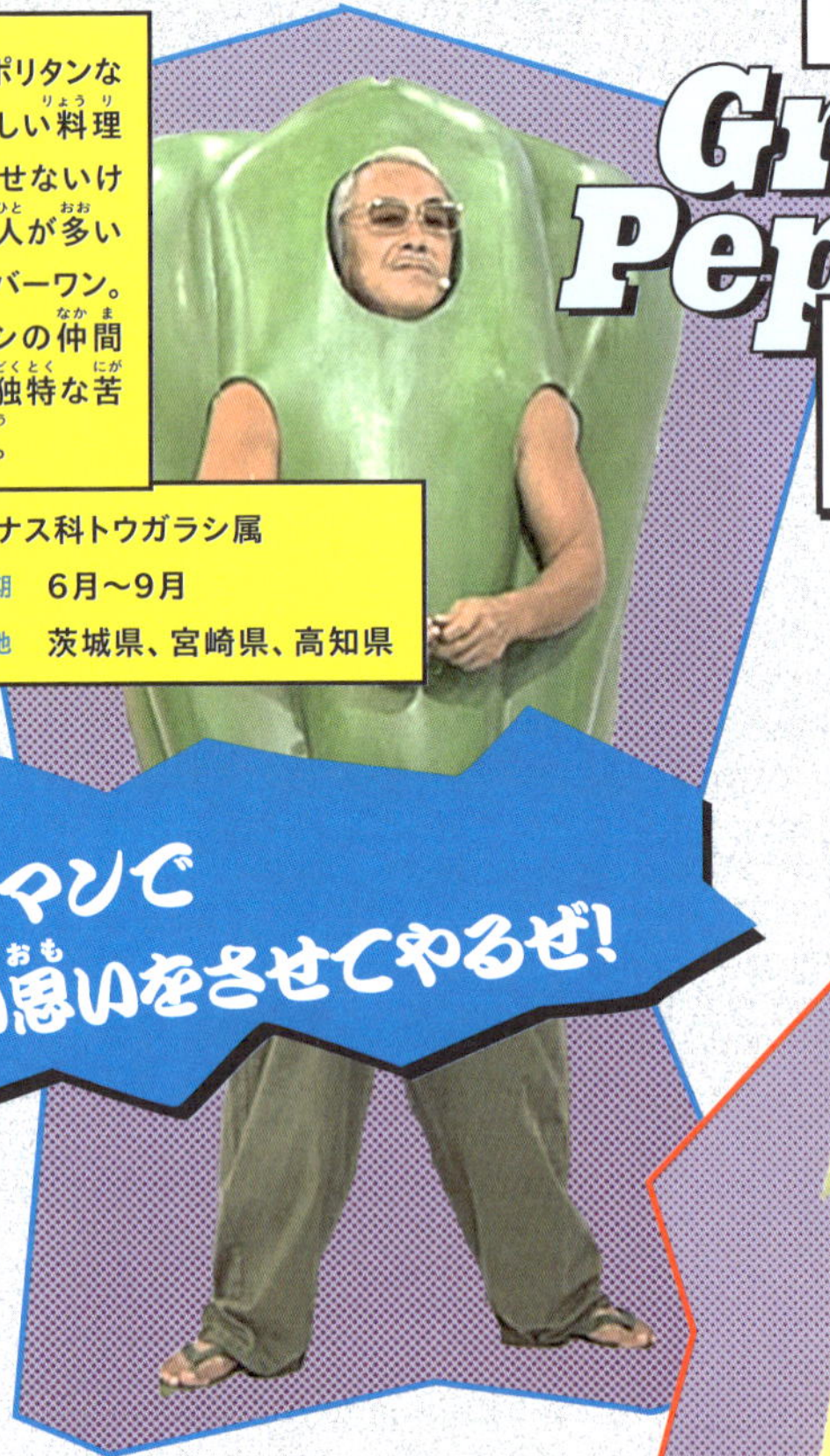

ピザやナポリタンなど、おいしい料理《りょうり》には欠《か》かせないけど嫌《きら》いな人《ひと》が多《おお》い野菜《やさい》ナンバーワン。トウガラシの仲間《なかま》で、その独特《どくとく》な苦《にが》みが特徴《とくちょう》。

分類	ナス科トウガラシ属
旬の時期	6月～9月
主な産地	茨城県、宮崎県、高知県

ピーマンで
苦《にが》い思《おも》いをさせてやるぜ!

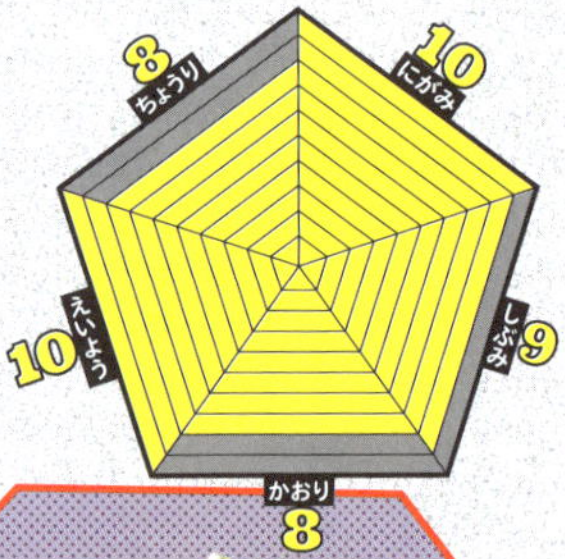

Celery
セロリ
（寺島進）

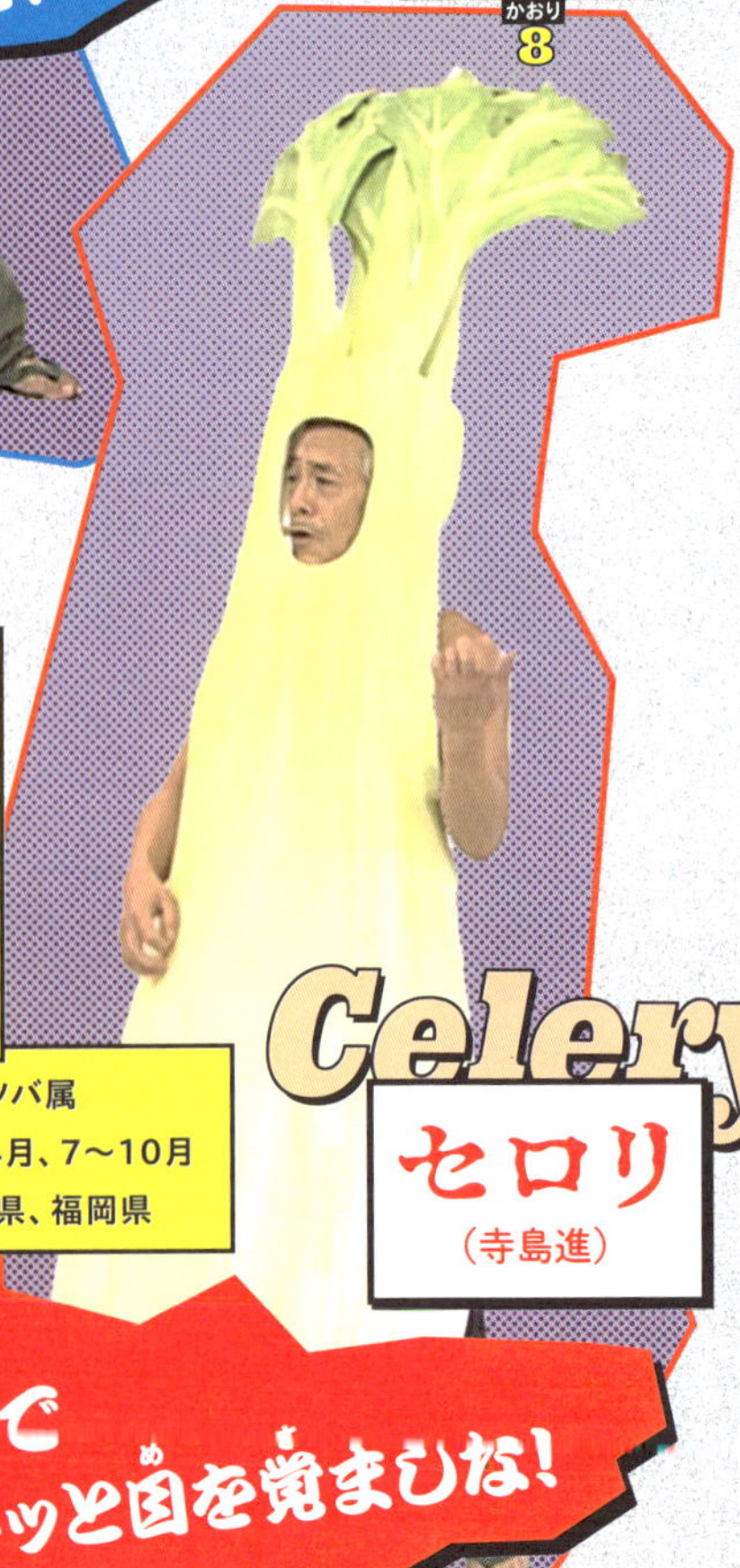

サラダや浅漬《あさづ》け、スープ、いためものなど多様《たよう》なジャンルの料理《りょうり》で活躍《かつやく》。しかし、独特《どくとく》の味《あじ》やニオイ、食感《しょっかん》が嫌《きら》われる、野菜界最強《やさいかいさいきょう》ヴィラン。

分類	セリ科オランダミツバ属
旬の時期	12月～翌年4月、7～10月
主な産地	長野県、静岡県、福岡県

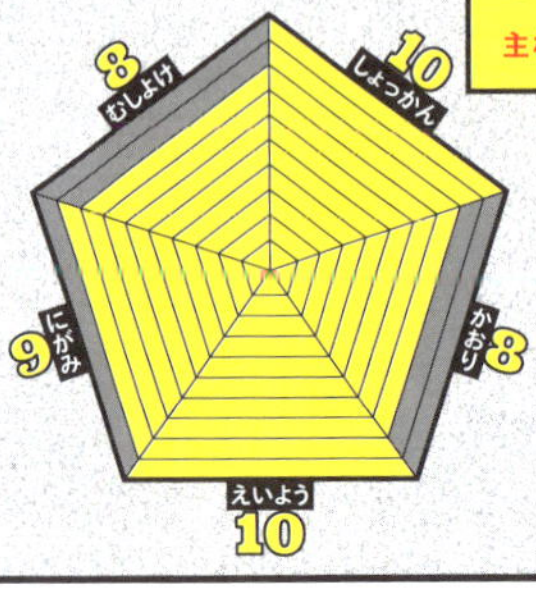

セロリで
シャキッと目《め》を覚《さ》ましな!

ROUND 1

食《く》わず嫌《ぎら》いは健康《けんこう》に損《そん》！

栄養《えいよう》がたくさん！対決《たいけつ》

ピーマンとセロリはその独特《どくとく》な風味《ふうみ》から**子《こ》どもの大敵《たいてき》**だが、
実《じつ》は彼《かれ》らの言《い》い分《ぶん》を聞《き》くと**驚《おどろ》きの事実《じじつ》が発覚《はっかく》！**
苦《にが》くて青《あお》くさいピーマンは**『それは人間《にんげん》のせい！』**とアピール。
いったいどういうことなのだろう？ 苦《にが》みの真実《しんじつ》はいかに！

（ピーマンの言い分①）

人間《にんげん》が苦《にが》いと感《かん》じているだけ！

ピーマンは苦《にが》くて嫌《きら》われがちだけど、実《じつ》は健康《けんこう》な身体《からだ》をつくる**栄養素《えいようそ》がたくさん**含《ふく》まれているんだ。主《おも》なものは、**カリウムやビタミンC、ビタミンP**など。たとえば、カリウムは塩分《えんぶん》を排出《はいしゅつ》して血圧《けつあつ》を下《さ》げる働《はたら》きによって、**脳卒中《のうそっちゅう》や心筋梗塞《しんきんこうそく》といった病気《びょうき》を予防《よぼう》**することにつながるんだぞ。

◎そもそもピーマンは栄養《えいよう》の宝庫《ほうこ》！

解説者

クリエイター
KINA（動楽猫）くん

解説！
なぜ人《ひと》はピーマンを苦《にが》いと感《かん》じるのか？

ピーマンを苦《にが》く感《かん》じる1つ目《め》の理由《りゆう》が、味《あじ》の成分《せいぶん》であるクエルシトリン。口《くち》に入《はい》ると舌《した》の感覚神経《かんかくしんけい》を通《とお》って脳《のう》へ渡《わた》り、その際《さい》に「渋《しぶ》い」と感《かん》じるんだ

→

2つ目《め》の理由《りゆう》は、香《かお》りの成《せい》分《ぶん》であるピラジン。鼻《はな》や口《くち》から入《はい》ったピラジンは脳《のう》へ伝《つた》わると「青《あお》くさい」と感《かん》じちゃう

→

「渋《しぶ》みを感《かん》じるクエルシトリン」と「青《あお》くさいピラジン」を同時《どうじ》に感《かん》じることで、人《にん》間《げん》の脳《のう》は「苦《にが》い！」と認識《にんしき》してしまうんだ！

（**セロリ**の言い分①）

独特《どくとく》なニオイが役《やく》に立《た》つ

ピーマンと同《おな》じく、セロリが嫌《きら》われる理由《りゆう》は、**独特《どくとく》の強烈《きょうれつ》な匂《にお》い**。
でもそんな匂《にお》いが、**私《わたし》たちの生活《せいかつ》を豊《ゆた》かにしてくれるんだ！**

セロリにはカリウムやビタミンB1、食物繊維《しょくもつせんい》といった栄養素《えいようそ》が含《ふく》まれていて、健康《けんこう》に役立《やくだ》つ能力《のうりょく》を秘《ひ》めている。具体的《ぐたいてき》には、**高血圧《こうけつあつ》や疲労《ひろう》、便秘《べんぴ》**に対《たい》して効果《こうか》を発揮《はっき》するんだぞ。また、セロリに多《おお》く含《ふく》まれる**アピイン**という成分《せいぶん》には**リラックス効果《こうか》がある**と言《い》われているんだ。

◎そもそもセロリは栄養《えいよう》の宝庫《ほうこ》なんだ！

マウスでの実験レベルでは、コレステロールや血糖値を下げる効果も報告されている

◎最強《さいきょう》ヴィランで効果抜群《こうかばつぐん》!?

ゴキブリにセロリの種の香りを凝縮したオイルを嗅がせたところ、10分でオイルから離れていった

セロリの香《かお》りにはβピネンやフタライド類《るい》などの成分《せいぶん》が含《ふく》まれていて、**肉《にく》の臭《くさ》みを消《け》したり、甘《あま》みやコクを強《つよ》めたり**料理《りょうり》で大活躍《だいかつやく》するんだ。また、セロリの種子《しゅし》に含《ふく》まれるリモネンなどの複数《ふくすう》の香《かお》り成分《せいぶん》は、実《じつ》は**ゴキブリよけにも効果《こうか》がある**んだ。セロリの独特《どくとく》の香《かお》りは、健康《けんこう》・料理《りょうり》・虫《むし》除《よ》けに役《やく》立《だ》っているんだぞ！

ROUND 2

その思《おも》い込《こ》みは誤解《ごかい》？

意外《いがい》な一面《いちめん》対決《たいけつ》

濃《こ》い緑《みどり》の**見《み》た目《め》が嫌《きら》われる**ピーマンと**シャキシャキ食感《しょっかん》が不快感《ふかいかん》**を与《あた》えるセロリ。
しかし、そのどちらにも私《わたし》たちが**誤解《ごかい》している事実《じじつ》**が隠《かく》されているんだ。

（ピーマンの言い分②）

本当《ほんとう》は赤色《あかいろ》なんだ！

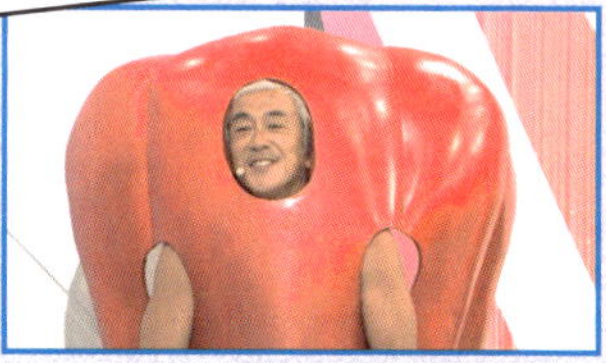

熟した赤ピーマンは甘みやビタミンなどの栄養素が増え、苦みを感じにくくなる

ピーマンが緑色《みどりいろ》になった理由《りゆう》を探《さぐ》るには、**成長《せいちょう》過程《かてい》を観察《かんさつ》**するのがおすすめだ。ピーマンの種《たね》をまいてから約《やく》60日《にち》で花《はな》が咲《さ》き、小《ちい》さな実《み》をつける。そこから2週間《しゅうかん》もすれば、7センチほどの大《おお》きさに成長《せいちょう》。これが私《わたし》たちがよく見《み》るピーマンだけど、**成長《せいちょう》はここで止《と》まらず、約《やく》40日《にち》が経《た》つと完熟《かんじゅく》して真《ま》っ赤《か》になるんだ！**　実《じつ》は、私《わたし》たちが食《た》べているのは未熟果《みじゅくか》と呼《よ》ばれる**成長途中《せいちょうとちゅう》のピーマン**。緑《みどり》ピーマンは収穫《しゅうかく》までの時間《じかん》と手間《てま》が掛《か》からないため、赤《あか》に比《くら》べて店頭《てんとう》に並《なら》ぶことが多《おお》い。つまり、ピーマンが緑色《みどりいろ》なのは**人間《にんげん》の都合《つごう》なんだぞ！**

（セロリの言い分②）

シャキシャキ食感《しょっかん》でお口《くち》が健康《けんこう》に！

セロリは硬い食感に加えて筋が多いので、ほかの野菜と比べるとかみ砕くのに時間がかかる

宮崎真至くん
（日本大学歯学部 教授）

セロリの食感《しょっかん》が、現代病《げんだいびょう》とも言《い》える**〝口《こう》唇閉鎖不全症《しんへいさふぜんしょう》〟**を防《ふせ》ぐ可能性《かのうせい》があるんです。これは、子《こ》どもによく見《み》られる口《くち》がぽかんと開《あ》いてしまう症状《しょうじょう》のこと。唾液《だえき》が乾燥《かんそう》して、細菌《さいきん》が繁殖《はんしょく》したり虫歯《むしば》になりやすくなったりします。口《くち》が無意識《むいしき》に開《あ》いてしまう原《げん》因《いん》は、**口輪筋《こうりんきん》（口周《くちまわ》りの筋肉《きんにく》）が弱《よわ》い**ことにあります。セロリが入《はい》った料理《りょうり》の場合《ばあい》、シャキシャキとした食感《しょっかん》から自然《しぜん》とかむ回数《かいすう》が増《ふ》え、口輪筋《こうりんきん》が鍛《きた》えられる。人《ひと》は16歳《さい》ごろまでにアゴの形《かたち》や筋肉《きんにく》が決《き》まってくると言《い》われているので、子《こ》どものころにしっかりセロリを咀嚼《そしゃく》して**口《くち》の筋肉《きんにく》を鍛《きた》えましょう！**

ROUND 3

レシピ次第《しだい》で大変身《だいへんしん》！

おいしい料理《りょうり》対決《たいけつ》

数々《かずかず》の栄養素《えいようそ》や効能《こうのう》があるとわかったピーマンとセロリ。
しかし、あの苦《にが》みや食感《しょっかん》は**やっぱり苦手《にがて》**……という人《ひと》も多《おお》いだろう。
そこで、調理科学《ちょうりかがく》のエキスパートが**スペシャルレシピを考案《こうあん》**。
この料理《りょうり》ならば、安心《あんしん》して子《こ》どもでも食《た》べられるはずだ！

（**ピーマン**の言い分③）

必殺《ひっさつ》！ ピーマンのおやつ！

◎ピーマンだんご［16個分《こぶん》］

材料《ざいりょう》

ピーマン……130g
白玉粉《しらたまこ》……100g

①

ピーマンをちぎってフードプロセッサーへ（ヘタは取《と》るけど種《たね》は入《い》れてOK）

②

ペースト状《じょう》にしたピーマンを白玉粉《しらたまこ》に混《ま》ぜ、ピーマンの水分《すいぶん》だけで丸《まる》めてだんご状《じょう》に

③

丸《まる》めたものを熱湯《ねっとう》に入《い》れてゆでる。だんごが浮《う》いてきたら1～2分《ふん》ゆでて出来上《できあ》がり！

完成！

もち米《ごめ》からつくられる白玉粉《しらたまこ》にはお米《こめ》の甘《あま》みがあり、ピーマンの苦《にが》みをストレートに感《かん》じにくくしてくれます。お好《この》みでみたらしあんやきなこをトッピングするのもオススメ

（セロリの言い分③）

甘《あま》〜い、セロリスイーツをどうぞ！

◎セロリアイス

材料《ざいりょう》

卵黄《らんおう》　3個分《こぶん》
砂糖《さとう》　75g
生《なま》クリーム　200ml
温《あたた》め用牛乳《ようぎゅうにゅう》　70ml
ミキサー用牛乳《ようぎゅうにゅう》　30ml
セロリ　1本《ぼん》（約《やく》140g）

①

沸騰《ふっとう》したお湯《ゆ》でセロリを丸《まる》ごと1本《ぽん》、3分《ぷん》ほどゆでる

②

ゆでたセロリと牛乳《ぎゅうにゅう》をミキサーにかけてセロリピューレをつくる

③

生《なま》クリームと牛乳《ぎゅうにゅう》をフツフツするまで温《あたた》め、卵黄《らんおう》と砂糖《さとう》を混《ま》ぜたボウルに加《くわ》えて混《ま》ぜ合《あ》わせる

④

③にセロリピューレを加《くわ》え、混《ま》ぜたら容器《ようき》に移《うつ》して冷凍庫《れいとうこ》に入《い》れる。一晩《ひとばん》冷《ひ》やして凍《こお》らせたら完成《かんせい》！

完成！

セロリを丸《まる》ごと1本使用《ぽんしよう》し、「ゆでる」「乳脂肪《にゅうしぼう》と混《ま》ぜる」「凍結《とうけつ》」の3つの工程《こうてい》によって香《かお》りを目立《めだ》たなくしているのがポイント。香《かお》りや食感《しょっかん》が苦手《にがて》な人《ひと》でも、これならパクパク食《た》べられるはず！

料理担当

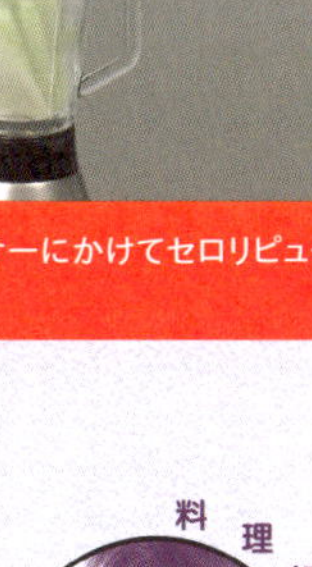

調理科学の専門家
露久保美夏くん
（東洋大学 食環境科学部）

判定《はんてい》

どちらも嫌《きら》いな方々《かたがた》の言《い》い分《ぶん》もどうぞ！

ピーマンは人間《にんげん》の時間《じかん》と手間《てま》の都合《つごう》により緑色《みどりいろ》の段階《だんかい》で店頭《てんとう》に並《なら》ぶことが多《おお》いですが、本来《ほんらい》は赤《あか》くなります。ビタミンPがあることで加熱《かねつ》してもビタミンCが失《うしな》われず、鉄分《てつぶん》がとれて美容《びよう》にも効果《こうか》があると言《い》われています。でもね、あの臭《にお》い。そして味《あじ》はどうしても苦《にが》く感《かん》じてしまうんですよね。

一方《いっぽう》セロリの香《かお》りは肉臭《にくくさ》さを消《け》したり、甘味《あまみ》やコクを強《つよ》めたりする効果《こうか》があるほか、実験《じっけん》レベルですが、コレステロールや血糖値《けっとうち》を下《さ》げる効果《こうか》も報告《ほうこく》されています。でもね、苦手《にがて》な方《かた》はあの臭《にお》いがダメなんですよね。どちらもとっても体《からだ》に良《よ》い野菜《やさい》ですが、さすがはベジタブルヴィラン！「苦手《にがて》」「嫌《きら》い」という声《こえ》には勝《か》てそうにありませんね。魅力《みりょく》と言《い》い分《ぶん》を聞《き》いていただけただけで、両成敗《りょうせいばい》としませんか？（「ヴィランの言い分」制作スタッフ）

ピーマンを食《た》べられるのは大人《おとな》の証《あかし》だぞ！

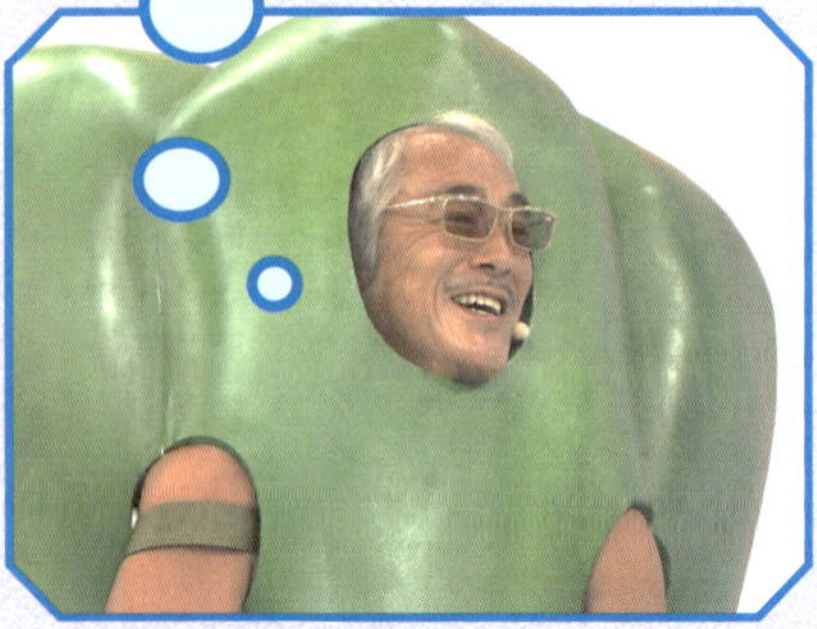

香《かお》りと食感《しょっかん》の秘密《ひみつ》、わかってくれたかな？

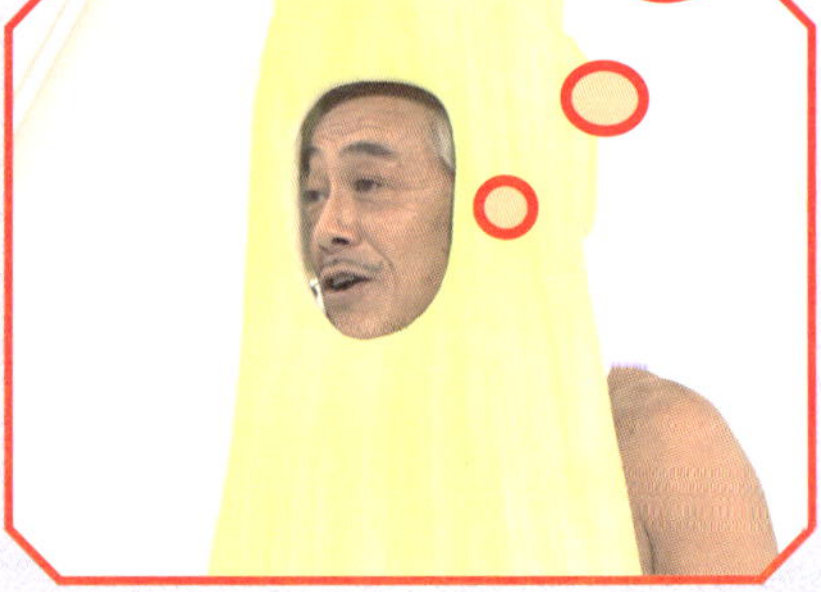

ピーマンさん、セロリさん、次《つぎ》は食卓《しょくたく》で！

BATTLE 16

かじると刺激《しげき》を与《あた》えちゃうぞ！
パンチの効《き》いた二大《にだい》ヴィラン対決《たいけつ》

ワサビ VS 毒《どく》キノコ

涙《なみだ》が出《で》るほど辛《から》いワサビと、食《た》べると死《し》にいたることもある毒《どく》キノコ。
人間《にんげん》にとって超刺激的《ちょうしげきてき》なヴィランたちが互《たが》いのよさをアピールして対決《たいけつ》！
彼《かれ》らの言《い》い分《ぶん》を聞《き》いてみると、ワサビには優《すぐ》れた栄養成分《えいようせいぶん》が含《ふく》まれていたり、
キノコの毒《どく》がある病気《びょうき》の治療薬《ちりょうやく》になったりすることが明《あき》らかに！
その辛《から》さや毒《どく》には、さまざまな理由《りゆう》と効果《こうか》があったんだ！

ヴィラン紹介

辛口《からくち》トークで圧倒《あっとう》してやるぜ！

Wasabi
ワサビ
（井口浩之［ウエストランド］）

鼻《はな》にツーンとくる鋭《するど》い辛《から》みと強力《きょうりょく》な刺激《しげき》を持《も》ち、子《こ》どもたちから恐《おそ》れられる存在《そんざい》。その一方《いっぽう》で好《す》きな人《ひと》も多《おお》く、個性的《こせいてき》な魅力《みりょく》を放《はな》つ。

分類	アブラナ科ワサビ属
旬の時期	晩秋から冬にかけて
主な産地	静岡県、長野県

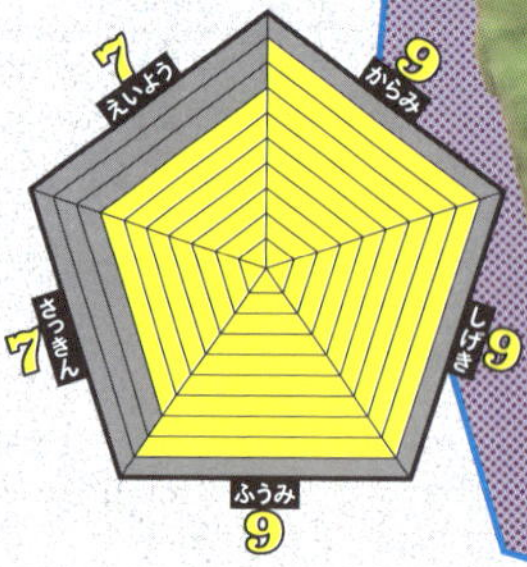

ひょっこり生《は》えてこんにちは♡

Poison Mushroom
毒《どく》キノコ
（石出奈々子）

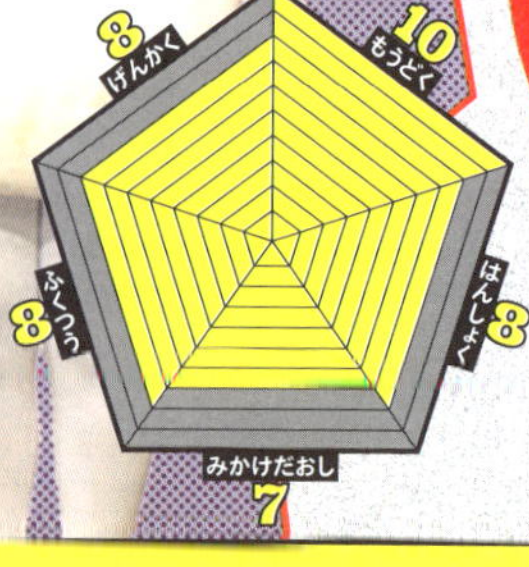

食《た》べると食中毒《しょくちゅうどく》を引《ひ》き起《お》こし、最悪《さいあく》の場合《ばあい》、命《いのち》の危険《きけん》にさらされる山《やま》の悪魔《あくま》。食《た》べられるキノコとの見《み》分《わ》けがつきづらく、細心《さいしん》の注意《ちゅうい》が必要《ひつよう》。

命に関わる種	ドクツルタケ、シロタマゴテングタケ、タマゴテングタケ
仲間	菌類の一種でカビの仲間

ROUND 1

これこそが本来《ほんらい》の姿《すがた》!

それは勘違《かんちが》い対決《たいけつ》

ワサビといえば**辛《から》いのが当《あ》たり前《まえ》**のように思《おも》うけれど、
実《じつ》は収穫《しゅうかく》されたままの状態《じょうたい》では**まったく辛《から》くないんだ!**
鼻《はな》にツーンとくる原因《げんいん》は、**料理過程《りょうりかてい》**にあった!?

(ワサビの言い分①)

実《じつ》は辛《から》くないんだ!

ワサビの起源や進化を研究している

山根京子くん

(岐阜大学応用生物科学部 准教授)

ワサビは、採《と》れたてのままでは舐《な》めても**辛《から》さを感《かん》じません。**かじったり、すりおろしたりすると辛《から》みが発生《はっせい》するんです。ワサビにはシニグリンという成分《せいぶん》があり、細《こま》かくすりおろして細胞《さいぼう》を破壊《はかい》すると、ミロシナーゼという酵素《こうそ》と混《ま》ざり、アリルイソチオシアネートという物質《ぶっしつ》に変《か》わります。**これが辛《から》さの源《みなもと》なんです。**ワサビの天敵《てんてき》は草食《そうしょく》の昆虫《こんちゅう》。天敵《てんてき》にかじられて細胞《さいぼう》が壊《こわ》されたときに嫌《いや》がる物質《ぶっしつ》をつくることで、**食《た》べられることを防《ふせ》ぐようにした**と考《かんが》えられています。

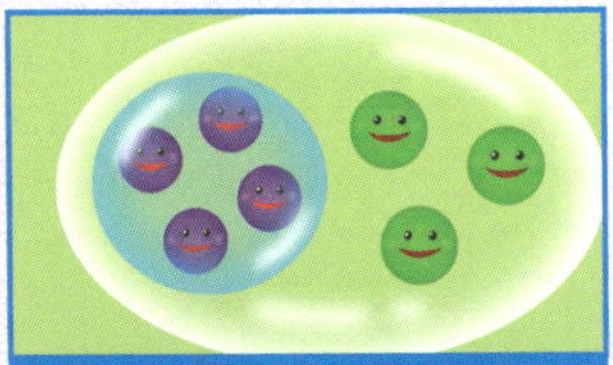

ワサビの細胞内ではシニグリンとミロシナーゼは個別に存在している

すりおろすことで香り成分と辛み成分が発生する

草食昆虫との攻防で辛さが増し、生き残ったと考えられている

すりおろすと細胞が破壊され、シニグリンがミロシナーゼと化学反応を起こしてアリルイソチオシアネートという成分に変わる

（**毒キノコ**の言い分①）

いろいろと誤解《ごかい》しているわ

「**実《じつ》は辛《から》くない！**」とワサビが主張《しゅちょう》する一方《いっぽう》、
毒《どく》キノコは「**私《わたし》たちは普通《ふつう》のキノコ**」だとアピール。
毒《どく》があるキノコと毒《どく》がないキノコ、**数《かず》を比《くら》べてみると驚《おどろ》きの真実《しんじつ》が明《あき》らかに！**

◎キノコ界《かい》では毒《どく》キノコはメジャーな存在《そんざい》！

日《に》本《ほん》には**約《やく》4000〜5000種類《しゅるい》**のキノコがあると言《い》われているが、そのうち食《た》べられるキノコは**約《やく》100種類《しゅるい》**なのに対《たい》して、毒《どく》キノコは2倍《ばい》の**200種類《しゅるい》**ほどが確認《かくにん》されているんだ。そのほかの種類《しゅるい》は、毒《どく》はないけど食《た》べることはできないキノコ。つまり、**キノコ界《かい》では毒《どく》キノコの方《ほう》がメジャーってわけ！**

◎それは本体《ほんたい》じゃないわ！

キノコにとって大事《だいじ》な部分《ぶぶん》は、枯《か》れ木《き》や土《つち》の中《なか》に広《ひろ》がる**「菌糸《きんし》体《たい》」**。私《わたし》たちが食《た》べている部分《ぶぶん》は、菌糸体《きんしたい》が繁殖《はんしょく》に必要《ひつよう》な胞子《ほうし》を飛《と》ばすために細胞分裂《さいぼうぶんれつ》を繰《く》り返《かえ》してつくった**「子実体《しじったい》」**と呼《よ》ばれる部分《ぶぶん》なんだ。毒《どく》キノコの多《おお》くは**子実体全《しじったいぜん》体《たい》に毒《どく》を持《も》っているぞ。**

◎仲間《なかま》を紹介《しょうかい》するわ！

神経障害型《しんけいしょうがいがた》

脳《のう》の神経《しんけい》に影響《えいきょう》を与《あた》え、めまいや錯《さく》乱《らん》、幻覚症状《げんかくしょうじょう》、呼吸困難《こきゅうこんなん》などを引《ひ》き起《お》こす。ベニテングタケなど。

消化器障害型《しょうかきしょうがいがた》

消化器系《しょうかきけい》に異常《いじょう》をもたらし、腹痛《ふくつう》やおう吐《と》、下痢《げり》などを引《ひ》き起《お》こす。ツキヨタケなど。

致死性毒型《ちしせいどくがた》

肝臓《かんぞう》や腎臓《じんぞう》を破壊《はかい》し、最悪《さいあく》の場合《ばあい》、命《いのち》に関《かか》わる可能性《かのうせい》もある。ドクツルタケなど。

写真提供：新井文彦

ROUND 2 辛《から》みも毒《どく》も考《かんが》え方《かた》次第《しだい》ではいいやつ！

意外《いがい》な一面《いちめん》対決《たいけつ》

〈ワサビの言い分②〉

ツーンとくるのは気体《きたい》になりやすいせい！

ワサビの辛《から》みと毒《どく》キノコの毒《どく》。
どちらも怖《こわ》い存在《そんざい》だけど、実《じつ》は**人《ひと》の命《いのち》を救《すく》ったり**、
豊《ゆた》かな森《もり》をつくったりするのに欠《か》かせない存在《そんざい》なんだ。
ワサビを食《た》べると鼻《はな》にツーンとくる理由《りゆう》もわかったぞ！

そもそも辛《から》みとは、味覚《みかく》ではなく痛覚《つうかく》で感《かん》じる**「痛《いた》み」**。ワサビを食《た》べると、口内《こうない》にある痛《いた》みや冷《つめ》たさを感《かん》じる受容体《じゅようたい》**「TRPA1」**が辛《から》み成分《せいぶん》を感知《かんち》し、脳《のう》に**「辛《から》い！」と伝達《でんたつ》**するんだ。また、この「TRPA1」は鼻《はな》のほうにもあり、気体《きたい》になった辛《から》み成分《せいぶん》がそこに到達《とうたつ》することで**「ツーン！」と感《かん》じるんだぞ。**

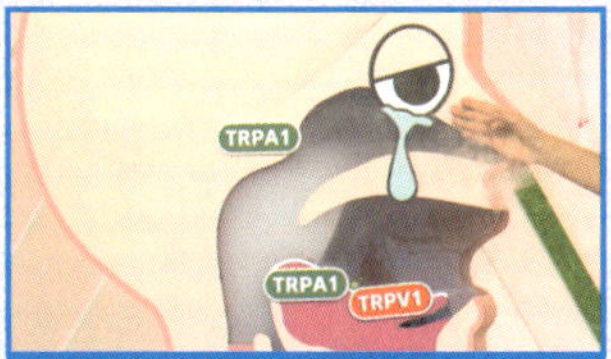

辛み成分のアリルイソチオシアネートは気体になりやすい性質があり、鼻をも刺激してしまうんだ

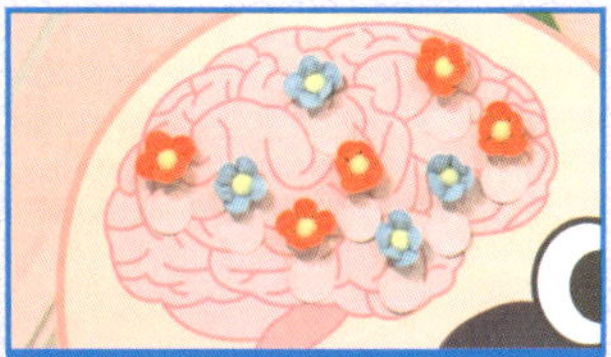

辛いのになぜかクセになって食べてしまうのは、痛みを和らげるために幸せホルモンのエンドルフィンが脳内に分泌されるからだと考えられている。ただし食べすぎは禁物よ

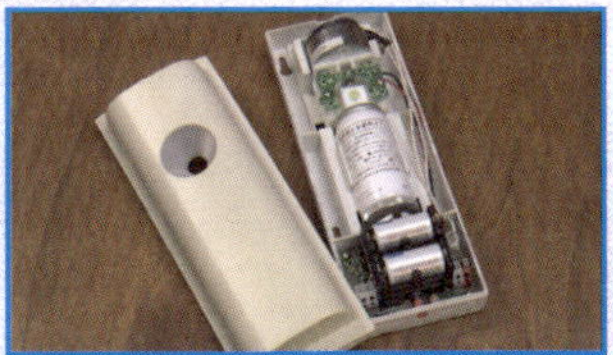

2011年にはイグ・ノーベル賞を受賞した、今井くんらが開発したワサビ火災報知器

ぐっすり眠っている人でも、ワサビのニオイは刺激として感知され飛び起きてしまう

◎ツーンが人《ひと》の命《いのち》を救《すく》う？

私《わたし》たちは、**ワサビのニオイを使《つか》った火災《かさい》報知器《ほうちき》**を開発《かいはつ》しました。緊急時《きんきゅうじ》にはワサビの辛《から》み成分《せいぶん》であるアリルイソチオシアネートが噴《ふ》き出《だ》すものです。ワサビのニオイは寝《ね》ている間《あいだ》でも人《ひと》の痛覚《つうかく》に働《はたら》きかけ、耳《みみ》が聞《き》こえにくく火災《かさい》報知器《ほうちき》の音《おと》が**聞《き》こえづらい人《ひと》にも危険《きけん》を知《し》らせる**ことができます。ワサビ火災《かさい》報知器《ほうちき》は、聴覚《ちょうかく》支援《しえん》学校《がっこう》やホテルなどに**導入《どうにゅう》されたこともあります。**

睡眠について研究している
今井眞くん
（滋賀睡眠クリニック）

〈毒キノコの言い分②〉

この毒が自然を守るのよ！

ワサビが**人命救助**に役立っている一方、
毒キノコは自然を豊かにする大事な役割を担っているんだ。
キノコが繁殖したり、木に栄養を与えたりするために**毒が必要不可欠**だった!?

人間が毒キノコを食べるとさまざまな症状を引き起こしますが、実はエゾシカやリスは「**神経障害型**」のベニテングタケが大好物。ベニテングタケには人間にとって有害な**イボテン酸**という成分が含まれていますが、リスやウシ、シカなどには毒性効果が薄いようです。また、イボテン酸はうま味成分が含まれていることがわかっています。動物が好んで食べてくれれば、胞子を運んでくれることで繁殖につながります。つまり、**キノコが生きていくために必要だったものがたまたま人間にとって毒だった**のです。

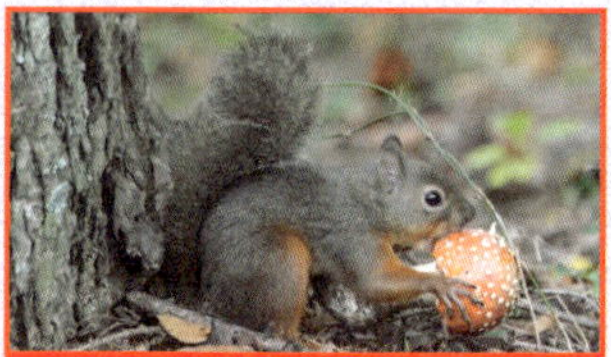

リスのように口の中に食べ物を溜め込んだり、ウシやシカのように口と胃を反すうして時間をかけて食べ物を消化したりする動物は、イボテン酸を分解できているのではないかと考えられている

写真提供：五味孝一

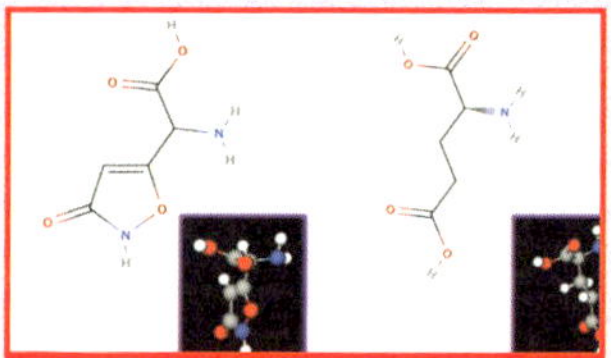

イボテン酸は、化学構造がグルタミン酸（＝うま味成分の一種）によく似ていて、同じ量でグルタミン酸の50〜100倍のうま味を発揮する

キノコを40年研究している
江口文陽くん
（東京農業大学 学長）

解説！
どうやって自然に還元されるの？

解説者
ギャグ漫画家／絵本作家／ピン芸人
田中光くん

キノコは木の根とつながり栄養をやりとりする「共生菌」とも呼ばれ、木の成長を促すリンなどを供給している。毒キノコの毒で死んだ動物の死骸を栄養にしてキノコが増え、増えたキノコは木々に栄養を行き渡らせる。つまり、キノコの毒は自然のサイクルを円滑にし、森の豊かさを守る役割を果たしているんだ。

私
私の強力な毒で動物が死ぬ
増える!!
その死骸を栄養にして

木々に栄養
いきわたる！

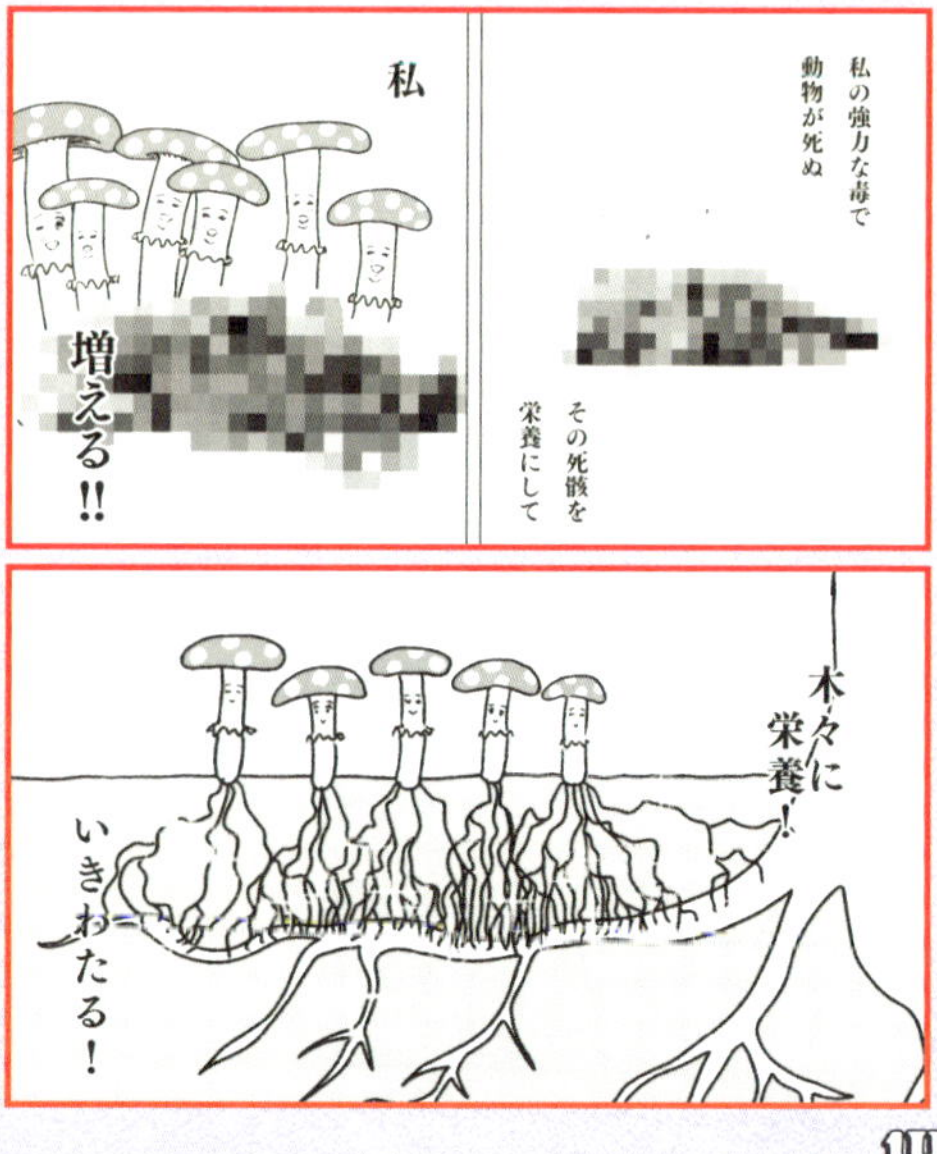

ROUND 3

病気《びょうき》の治療《ちりょう》や健康《けんこう》にも貢献《こうけん》!?

人間《にんげん》の役《やく》に立《た》つかもしれない対決《たいけつ》

ワサビと毒《どく》キノコは植物《しょくぶつ》の中《なか》では**特異《とくい》な存在《そんざい》**。しかし同時《どうじ》に、そうした個性《こせい》があるからこそ**人間《にんげん》の健康《けんこう》に役立《やくだ》つ**可能性《かのうせい》も秘《ひ》めているんだ。

ワサビや毒《どく》キノコが将来《しょうらい》の治療薬《ちりょうやく》になるかも!?

（ワサビの言い分③）

食《た》べると人体《じんたい》の機能《きのう》が向上《こうじょう》するんだ!

ワサビは、**健康《けんこう》に作用《さよう》する力《ちから》**が野《や》菜《さい》の中《なか》でも**トップクラス**なんです。カギとなるのは、カラシ油《ゆ》成分《せいぶん》のヘキサラファンです。人間《にんげん》の肝臓《かんぞう》などでは、体内《たいない》に侵入《しんにゅう》した有害《ゆうがい》な毒素《どくそ》を撃《げき》退《たい》するための**解毒酵素《げどくこうそ》**が日々《ひび》つくり出《だ》されています。その解毒酵素《げどくこうそ》が不足《ふそく》したときにワサビを食《た》べると、ヘキサラファンの効果《こうか》で**酵素《こうそ》がパワーアップ**。また、ヘキサラファンの継続的《けいぞくてき》な摂取《せっしゅ》は、**記憶力《きおくりょく》など脳《のう》の認知機能向上《にんちきのうこうじょう》**に効《こう》果的《かてき》であるとも考《かんが》えられています。

ワサビの機能性を研究する
奥西勲くん
（農学博士）

江口文陽くん
（東京農業大学 学長）

（毒キノコの言い分③）

画期的《かっきてき》な治療薬《ちりょうやく》になる!?

ベニテングタケが持《も》つ毒《どく》の成分《せいぶん》から抽出《ちゅうしゅつ》したアミノ酸《さん》や脂肪酸《しぼうさん》が、これまで治《ち》療薬《りょうやく》がなかった**パーキンソン病《びょう》の治療《ちりょう》**に役立《やくだ》つことがわかりました。パーキンソン病《びょう》は脳《のう》から筋肉《きんにく》に指令《しれい》を伝《つた》えるドーパミンが減《へ》ることで起《お》こる病気《びょうき》で、身体《からだ》が動《うご》かしにくくなったりします。これに対《たい》し、ベニテングタケから抽出《ちゅうしゅつ》した**モノエタノールアミン**などを含《ふく》む物質《ぶっしつ》をマウスに投与《とうよ》した実験《じっけん》では、ドーパミンの生産性《せいさんせい》が大《おお》きく高《たか》まることがわかりました。これからさらに研究《けんきゅう》が進《すす》めば、**毒《どく》キノコが画期的《かっきてき》な治療薬《ちりょうやく》になる**かもしれません。

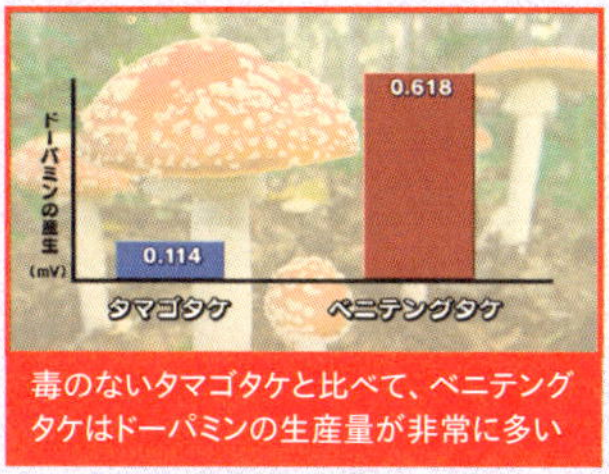

毒のないタマゴタケと比べて、ベニテングタケはドーパミンの生産量が非常に多い

判定《はんてい》

生《い》き延《の》びるために そこまでやっちゃいます？

ワサビは、自分たちが繁栄《はんえい》するために辛《から》み成分《せいぶん》を根《ね》から放《ほう》出《しゅつ》して、まわりの植物《しょくぶつ》の成長《せいちょう》をジャマしています。しかしこの成分《せいぶん》は自分《じぶん》にも効《き》いてしまうので、野生《やせい》のワサビは水《みず》が流《なが》れている場所《ばしょ》など、土中《どちゅう》の辛《から》み成分《せいぶん》がとどまりにくい場所《ばしょ》に生《は》えています。一方《いっぽう》毒《どく》キノコの毒《どく》は、それを食《た》べた動物《どうぶつ》が死《し》ぬと、その死骸《しがい》が植物《しょくぶつ》たちの栄養《えいよう》となって森《もり》が豊《ゆた》かになり、植物《しょくぶつ》の根《ね》から生《は》えるキノコが繁栄《はんえい》する仕組《しく》みなのでは、という説《せつ》もあります。いずれも自然界《しぜんかい》で生《い》き残《のこ》るための戦略《せんりゃく》ですが、こっそり周《まわ》りに辛《から》みを流《なが》したり無毒《むどく》のキノコにそっくりな姿《すがた》で生《は》えてきたり、やり方《かた》がちょっと悪《わる》だくみっぽい!? 自分では動《うご》かずに周《まわ》りを陥《おとしい》れる植物界《しょくぶつかい》2大《だい》ヴィラン、どちらもラスボス級《きゅう》！（「ヴィランの言い分」制作スタッフ）

この緑色《みどりいろ》のボディに
ワビサビがあるんだ！

危《あぶ》ないから私《わたし》たちには
むやみに触《さわ》らないでね！

ワサビさん、毒《どく》キノコさん、大人《おとな》になったら仲良《なかよ》くなろうね！

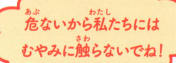

ヴィランの控《ひか》え室《しつ》

4

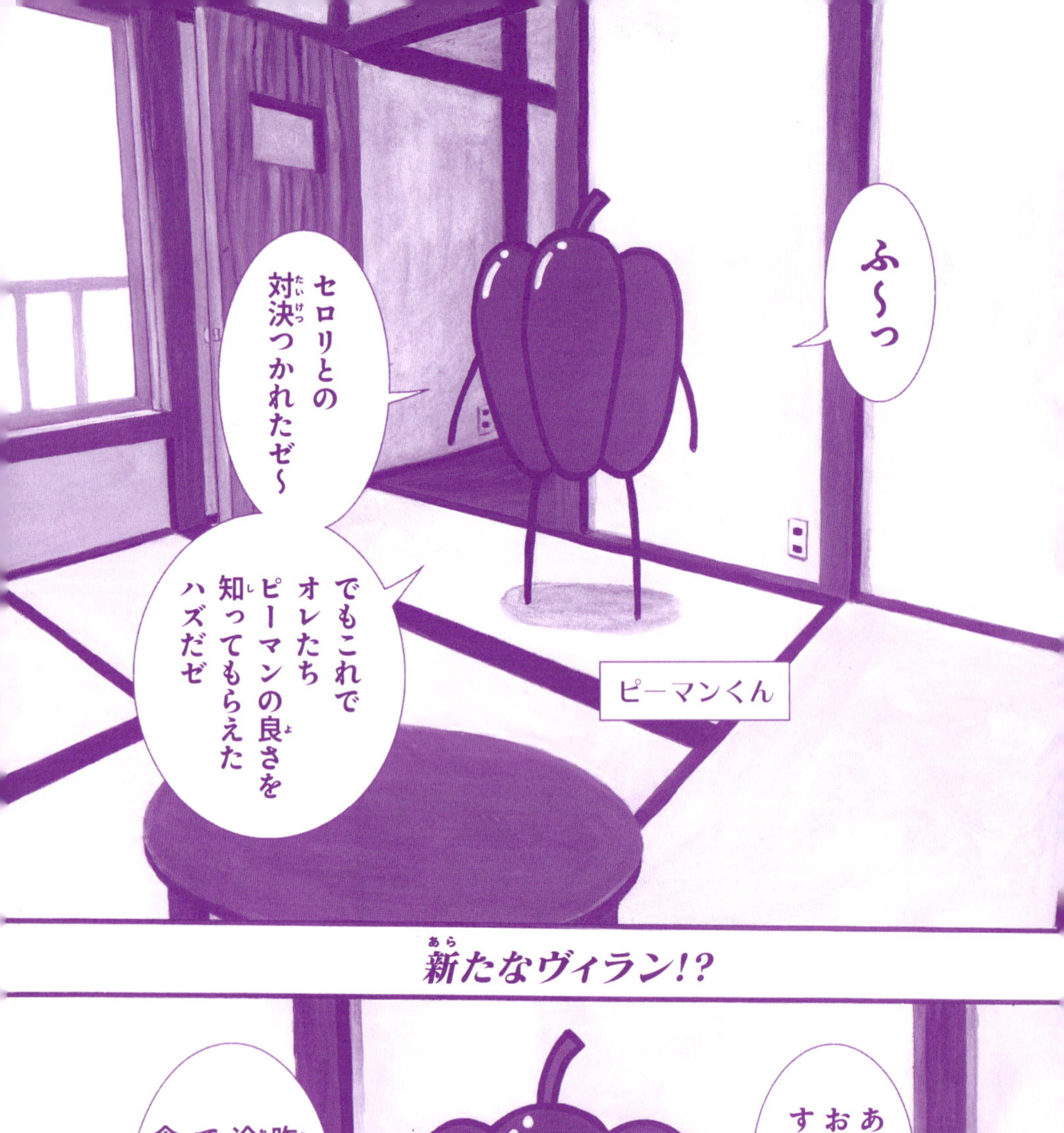
ふ〜っ
セロリとの対決《たいけつ》つかれたゼ〜
でもこれでオレたちピーマンの良《よ》さを知《し》ってもらえたハズだゼ
ピーマンくん

新《あら》たなヴィラン!?

あ〜おなかすいた〜
昨日《きのう》買《か》った冷凍《れいとう》チャーハンでも食《た》べるか〜

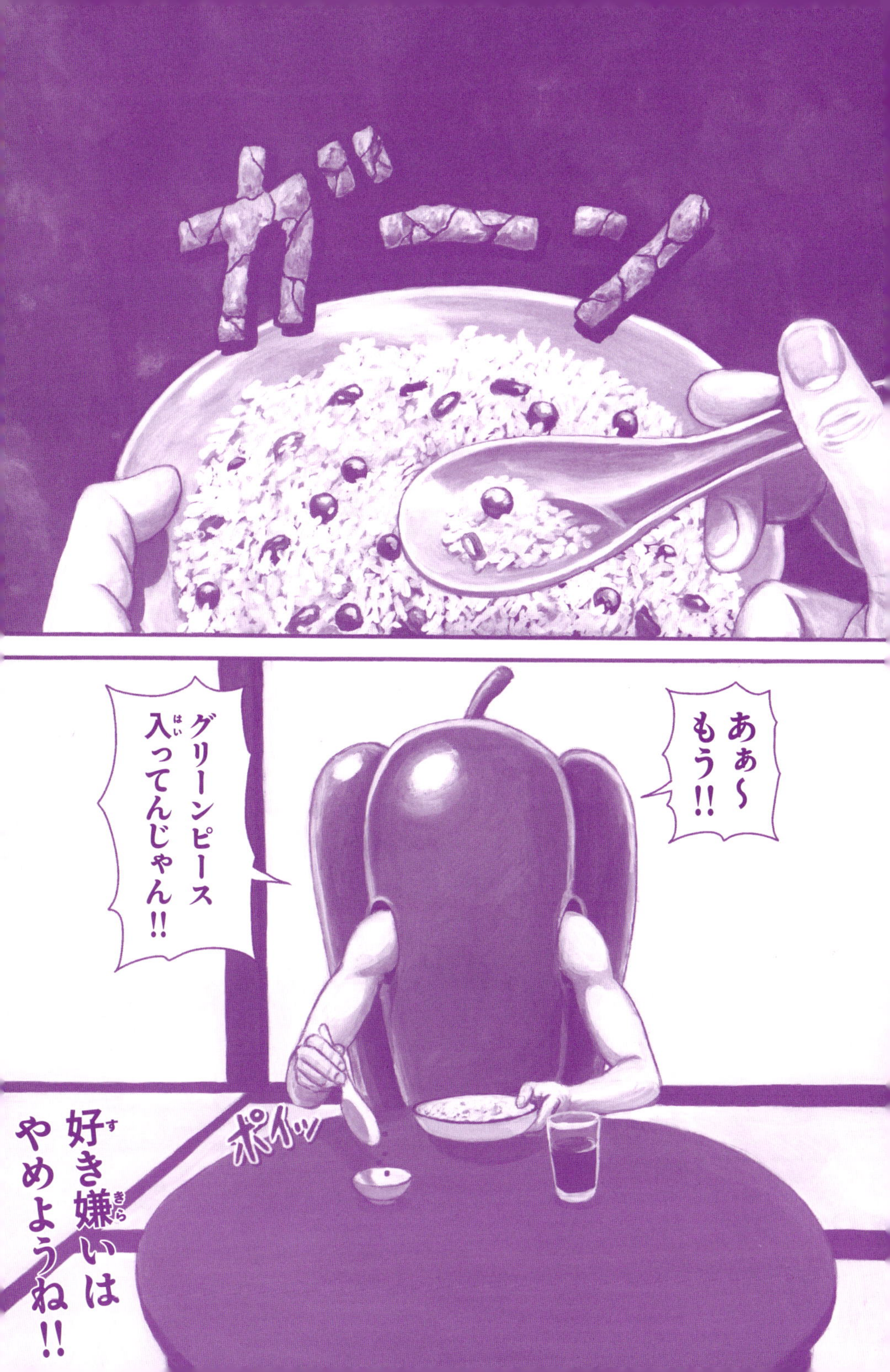
ガーン
あぁ〜もう!!
グリーンピース入《はい》ってんじゃん!!
ポイッ
好《す》き嫌《きら》いはやめようね!!

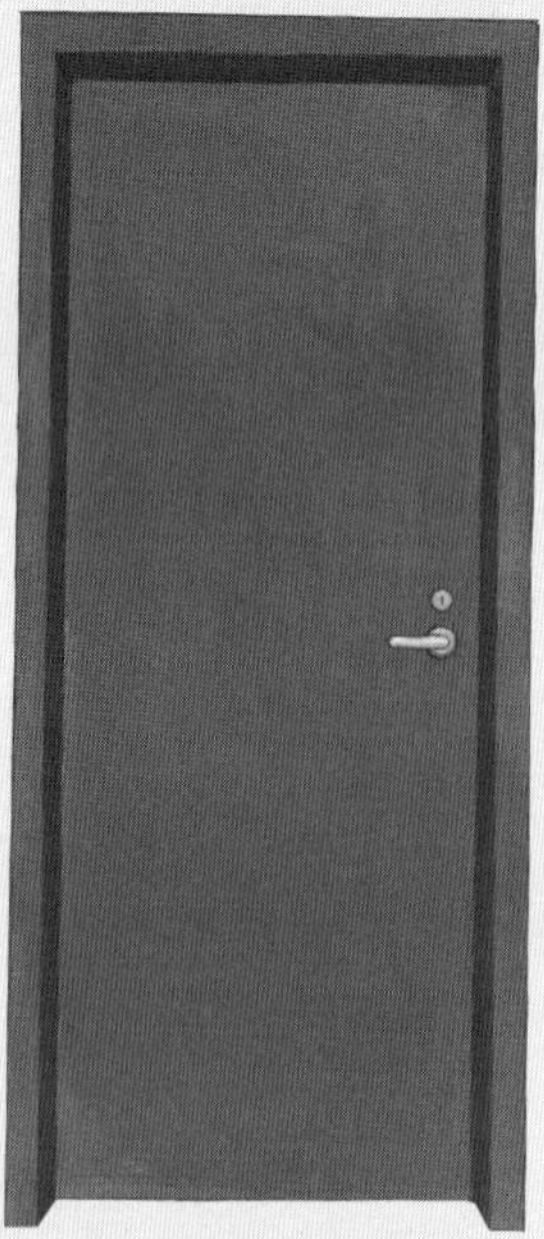

ここまで読《よ》んでくれてありがとう！

どうだった？
少《すこ》しはボクたちのこと、
好《す》きになったかな……？

おわりに

最後《さいご》までお読《よ》みいただき、ありがとうございました。『ヴィランの言《い》い分《ぶん》』という番組《ばんぐみ》をきっかけに生《う》まれたこの書《しょ》籍《せき》が、みなさんにとって新《あら》たな発見《はっけん》や視点《してん》を提供《ていきょう》するものになっていれば、これ以上《いじょう》の喜《よろこ》びはありません。

番組《ばんぐみ》では、「汚《きたな》い」「有害《ゆうがい》」「醜《みにく》い」と世間《せけん》から嫌《きら》われる存在《そんざい》に目《め》を向《む》け、その背後《はいご》にある理由《りゆう》や物語《ものがたり》を掘《ほ》り下《さ》げてきました。

汚《きたな》いものを汚《きたな》いまま、有害《ゆうがい》なものを有害《ゆうがい》なまま、醜《みにく》いものを醜《みにく》いままに捉《とら》えるのではなく、「なぜそう見《み》えるのか」「その奥《おく》にあるものは何《なに》か」を考《かんが》えることで、新《あら》たな視点《してん》を得《え》ることができます。これこそが、番組《ばんぐみ》を通《つう》じて伝《つた》えたかったメッセージです。

書籍《しょせき》として改《あらた》めて番組《ばんぐみ》を振《ふ》り返《かえ》る中《なか》で、私《わたし》たち自身《じしん》も「好《す》き」や「嫌《きら》い」の見方《みかた》が少《すこ》し変《か》わったように思《おも》います。この本《ほん》を手《て》に取《と》ってくださったみなさんにも、そんな小《ちい》さな変化《へんか》や気《き》づきが生《う》まれることを願《ねが》っています。

『ヴィランの言《い》い分《ぶん》』は、これからも新《あら》たな物語《ものがたり》を届《とど》け続《つづ》けます。どうぞ引《ひ》き続《つづ》き応援《おうえん》いただけますと幸《さいわ》いです。ありがとうございました。

NHK
ヴィランの言い分
制作スタッフ一同

番組紹介

『ヴィランの言い分』って？

ゴキブリ、ピーマン、ムダ毛……。「汚い」「有害」「醜い」と、世間から忌み嫌われる存在を"ヴィラン"として取り上げ紹介する番組。最新研究で解き明かされる驚きの能力の数々で、実はちょっぴり魅力的な、ヴィランの本当の姿に迫ります！「ゴキブリ」の回は『第39回ATP賞テレビグランプリ』情報・バラエティ部門にて奨励賞を受賞。放送後1週間はNHKプラスで視聴可能。

番組スタッフ

出　演	八嶋智人　久保田祐佳
構　成	櫻井宏昭　上野耕一郎
演　出	**クリエイティブ ネクサス** 笠原正己　太田 壮　田中大瑞　矢島理恵子　實川真規　久保田智咲　久間一平　小笠原豪　阿部華子　元木風香　櫻井昂希　加藤夕希　山田みう **ポスト** 伊藤嘉彦　柏原有輝　佐藤憲吾　河野稚奈　京和幸　藤井智康　中川実尚子　清水裕香　中村貴一　宮原正太朗　都筑康仁　吉田朱里　加藤大悟　高橋彩夏　権田渉
美　術	NHKアート　小野裕之
ヴィラン衣装制作	服部弘弐　浅利真友子
プロデューサー	NHKエデュケーショナル　金秦希 クリエイティブ ネクサス　中川幸美　山崎成実　安田真帆　中村裕子 ポスト　玉井佑実　安孫子礼菜　平野桃子
制作統括	NHK　原良太朗 NHKエデュケーショナル　松本康男　林幹雄

本誌スタッフ

監　修	NHK『ヴィランの言い分』制作班 松本康男、林 幹雄
ライター	原 航平
編　集	恩田栄佑 続木順平（KADOKAWA）
カバーイラスト・マンガ	ミヤタキョウゴロウ
ブックデザイン	飯村大樹
本文デザイン協力	松川佑子
校　正	株式会社文字工房燦光
協　力	株式会社NHKエデュケーショナル

Special Thanks
本誌に登場したすべてのみなさま

嫌われ王対決 ヴィランの言い分

2025年1月29日　初版発行

監修・制作　NHK「ヴィランの言い分」制作班

発 行 者　山下 直久

発　　行　株式会社KADOKAWA

　　　　　〒102-8177　東京都千代田区富士見2-13-3

　　　　　電話　0570-002-301（ナビダイヤル）

印 刷 所　大日本印刷株式会社

製 本 所　大日本印刷株式会社

本書の無断複製（コピー、スキャン、デジタル化等）並びに無断複製
物の譲渡および配信は、著作権法上での例外を除き禁じられています。
また、本書を代行業者などの第三者に依頼して複製する行為は、たと
え個人や家庭内での利用であっても一切認められておりません。

◎お問い合わせ
https://www.kadokawa.co.jp/
（「お問い合わせ」へお進みください）
※内容によっては、お答えできない場合があります。
※サポートは日本国内のみとさせていただきます。
※Japanese text only

定価はカバーに表示してあります。
©NHK 2025 Printed in Japan
ISBN978-4-04-607254-2 C0037